Rudolf Pörtner (Hrsg.)
Weihnachten nach dem Krieg

Rudolf Pörtner (Hrsg.)

Weihnachten nach dem Krieg

Erinnerungen an 1945

ECON

Die Deutsche Bibliothek – CIP-Einheitsaufnahme

Weihnachten nach dem Krieg:
Erinnerungen an 1945 / Rudolf Pörtner (Hrsg.). –
Düsseldorf: ECON, 1995
ISBN 3-430-12959-1
NE: Pörtner, Rudolf (Hrsg.)

Lektorat: Claudia Schlottmann
Gesetzt aus der Garamond, Linotype
Satz: Heinrich Fanslau GmbH, Düsseldorf
Papier: Papierfabrik Schleipen GmbH, Bad Dürkheim
Druck und Bindearbeiten: Bercker Graphischer Betrieb GmbH, Kevelaer
Printed in Germany
ISBN 3-430-12959-1

Inhalt

Vorwort

Das vorliegende Buch geht auf eine Anregung des unvergessenen Hanns Joachim Friedrichs zurück. Der langjährige Moderator der »Tagesthemen« hat eine Reihe von Autoren aus seinem Freundeskreis gewonnen und von der Nützlichkeit überzeugt, die ersten sieben bis acht Monate nach der totalen Niederlage des Jahres 1945 aus der Perspektive des Weihnachtsfestes zu betrachten. Er hat Anregungen gegeben, Erfahrungen vermittelt, Wünsche geäußert, und selbstverständlich wollte er auch das Vorwort schreiben, um dem unbekannten Leser Sinn und Zweck des Unternehmens zu erläutern.

Als er starb, waren knapp zwei Drittel der Arbeit geleistet. Der nunmehrige Herausgeber sieht sich schon aus diesem Grund zu der Erklärung verpflichtet, daß er das von »Hajo« Friedrichs geplante und mit der ihm eigenen sanften Führungshand mobilisierte Projekt lediglich zu Ende geführt hat.

Verschiedene Herausgeber hinterlassen zwar unterschiedliche Spuren, aber der Stabwechsel hat das Grundkonzept nicht in Frage gestellt. Es geht in diesem Buch nicht allein um Weihnachten 1945. Das erste Christfest nach der bedingungslosen Kapitulation des »Dritten Reiches« hat hier eine übergeordnete Funktion. Es ist ein Prisma der Ereignisse, die dem Zusammenbruch folgten, ein Brennspiegel, der die Leiden und Freuden, die Ängste und Ahnungen der geschlagenen und um ihr staatliches Dasein gebrachten Deutschen unter dem Regime der Sieger bündelt.

Es ist bekannt, daß dieses Regime nicht den vorher gehegten Erwartungen entsprach – so weit von »Erwartungen« überhaupt die Rede sein kann. Es gab kein »spontanes« Strafgericht, weder im Namen der Sieger noch im Auftrag der inneren Gegner des Nazismus; die Masse der hitlertreuen Funktionäre kam, trotz »Nürnberg«, glimpflich davon. Andererseits blieben aber auch die Hoffnungen der Widersacher des elend verendeten Gestapo-Staates fürs erste unerfüllt. Die ersehnte Morgenröte der Freiheit ließ auf sich warten. Die Alliierten befahlen, und sie verlangten, daß ihre Befehle strikt ausgeführt wurden. Begriffe wie Selbstbestimmung oder Selbstverantwortung hatten, wie zuvor, nur geringen Kurswert.

Das Generalthema des Jahres 1945 war also nicht die Wiederherstellung demokratischer Strukturen, sondern das Überleben nach dem Überleben. Es war ein Notjahr ohnegleichen, das den Betroffenen sämtliche apokalyptischen Plagen auf einmal servierte: Hunger und Armut, Arbeitslosigkeit und Wohnungsmangel, Notzucht und Verachtung – physische und psychische Qualen, wie sie das ausgeblutete Land sei dem Dreißigjährigen Krieg nicht mehr erlebt hatte.

Die nachfolgenden Erinnerungen wissen ein Lied davon zu singen, ein »garstig Lied«. Ohne wehleidig zu werden, haben sich unsere Autoren die Gelegenheit, Inventur zu machen, nicht entgehen lassen und auch Dinge und Ereignisse beim Namen genannt, die meist schamhaft verschwiegen werden. Ihre Berichte sind daher nicht nur ein Kaleidoskop des Elends, sondern auch eine Fundgrube der Information. Die älteren Leser werden vieles von dem, was sie selbst durchgestanden haben, bestätigt finden. Aber auch die jüngeren Interessenten werden sich der rauhen Sprache der Tatsachen nicht entziehen können. Tatsachen wie diese:

Niedergewalzte Städte, ausgebrannte Bahnhöfe, gesprengte Brücken, zerbombte Straßen. Millionen Menschen unterwegs: Flüchtlinge, Vertriebene, Evakuierte, entlassene Soldaten. Fahrräder, Handkarren und Pferdewagen die einzigen Transportmittel. Die Autobahnen ein einziger Fußgängerboulevard. Überall Platznot, drangvolle fürchterliche Enge. Die Dörfer von marodierenden Fremdarbeitern heimgesucht, die Bauern und mehr noch die männerlosen Bäuerinnen in steter Angst vor nächtlichen Überfällen. Drangsal und Demütigung, Mangel und Misere, wohin man blickte.

Und dann der Hunger, brennender kreatürlicher Hunger. Wer auf die amtlich zugeteilten Rationen angewiesen war, die zwölfhundert, tausend oder gar nur achthundert Kalorien, die die Sieger den Besiegten bewilligten, war zu sicherer Auslöschung verdammt. Man konsumierte daher alles, was eßbar war. Ein mit Sirup gesüßter Kleiebrei galt als Delikatesse, ein Säckchen Kartoffeln als Lebensversicherung, Pferdefleisch als königlicher Genuß. Selbst Hunde und Katzen waren ihres Lebens nicht mehr sicher.

Ähnlich stand es mit dem, was in der Amtssprache »textile Versorgung« genannt wurde. Männer begnügten sich mit abgelegten, abgewetzten Militärklamotten und den Relikten großväterlicher Hinterlassenschaften. Frauen trugen Kleider aus Gardinen oder Bettlaken, Fallschirmseide oder emeritierten Hakenkreuzfahnen, die heranwachsenden Töchter Pullover aus Mullbinden, Kleinkinder Strampelanzüge aus Kniewärmern der verblichenen Wehrmacht.

11

Die Chronisten, die in diesem Buch zu Wort kommen, sind sich allerdings auch darüber einig, daß der tägliche Überlebenskampf erstaunliche Kräfte freisetzte. Man lernte sich zu bescheiden, man lernte aber auch sich zu wehren. Man lernte Rosengärten in Gemüseplantagen zu verwandeln, Eigenbautabak auf dem Küchenherd zu »fermentieren«, Schnaps aus faulen Pflaumen zu brennen, Kohlezüge zu bespringen und das schwarz erhandelte Schwein mit Beil und Brotmesser zur Strecke zu bringen. Die Jahre der nackten Not waren auch die Jahre der »Schwejks«, der Eulenspiegel, der wendigen Anpasser, der Gesetzesverächter, die es – erfreulicherweise – auch auf seiten der Besatzer gab.

Die Norm war das nicht. Der Umgang mit den neuen Herren war fürs erste nicht gerade ersprießlich, da viele von ihnen die lakonische Feststellung des amerikanischen Generals Eisenhower, nicht als Befreier, sondern als Sieger gekommen zu sein, allzu weitherzig auslegten. Zwar ist es in den westlichen Besatzungszonen nicht, wie in der SBZ, zu Massenvergewaltigungen und anderen Akten enthemmter Willkür gekommen, doch mußten die Deutschen auch hier mit Hochmut und Blasiertheit, gelegentlich auch mit kolonialer Reitpeitschenmentalität fertig werden: Verhaltensmustern, die so gar nicht zu den Missionsfanfaren der Umerziehungsfunktionäre paßten, die sich schon bald nach dem Einmarsch an die Arbeit machten.

Arroganz und Besserwisserei auf der einen, die penetrante Beschwörung der demokratischen Evangelien auf der anderen Seite waren häufig schwer zu ertragen – die hier gesammelten Notizen und Bekenntnisse machen daraus keinen Hehl.

Sie verschweigen aber auch die positiven Entwicklungen nicht, die – öffentlich zunächst kaum spürbar – den grauen Alltag des gegenseitigen Mißverstehens zumindest »im

Westen« langsam veränderten. Die Notwendigkeit der gemeinsamen Arbeit führte ebenso notwendig zu einem allmählichen Abbau der Vorurteile. Als Mitte des Sommers die ersten unzensierten Zeitungen erschienen, die alten demokratischen Parteien wiederbegründet und neue gegründet wurden und die politischen Kontakte zwischen Siegern und Besiegten sich stetig verstärkten, begannen die Deutschen – trotz allem – zu ahnen, daß zumindest die Westmächte den aufrichtigen Wunsch hegten, sie in die Gemeinschaft der freien Völker zurückzuführen.

Daß diese tastenden Annäherungen mit der zunehmenden Entfremdung der Okkupationsmächte korrespondierten, daß die Gegensätze zwischen West und Ost schon »in Potsdam« nicht mehr zu kaschieren waren, gehört heute zu den Elementarerfahrungen der Nachkriegszeit. Damals zeichneten sich diese Veränderungen unterschwellig in der Tatsache ab, daß Befreier und Befreite einen auf gegenseitigem Respekt beruhenden Modus vivendi fanden.

So war das Weihnachtsfest 1945 bei aller materiellen und seelischen Not doch ein Fest der Hoffnung, einer noch zaghaft sprießenden, aber doch gegenwärtigen Hoffnung.

Rudolf Pörtner
Bonn, im Herbst 1995

HANS WALTER BERG

Asyl auf dem Rittergut Meyenburg

Nach der deutschen Kapitulation im Mai 1945 war ich mit den Resten meines Regiments im nördlichen Italien in Gefangenschaft geraten und in einem Lager am Strand von Rimini interniert worden. Da mich eine Einstufung als Akademiker oder Reserveoffizier bei den bevorstehenden Entlassungen eher benachteiligt hätte, gab ich als Beruf »Landarbeiter« an. Auf diese Weise gehörte ich schon im Herbst 1945 zu dem ersten Schub der Heimkehrer. Offenbar meinte man, ich könne einen wichtigen Beitrag zur Reaktivierung der deutschen Landwirtschaft leisten und so bei der Überwindung der Versorgungsengpässe in der Heimat behilflich sein.

Ich hatte mir ausgerechnet, inzwischen Vater geworden zu sein und vermutete meine kleine Familie im Schoße der Großfamilie auf dem Landsitz Meyenburg im nördlichen Hinterland der Hansestadt Bremen. In der Tat hatte meine Frau, als Enkelin des Patriarchen Anton Dietrich von Wersebe und seiner Frau, zusammen mit anderen heimatlos gewordenen Mitgliedern des großen Clans und zahlreichen Flüchtlingen, vor allem aus Ostpreußen, Zuflucht im großen alten Gutshaus der Wersebes gesucht. Das Rittergut, das sich seit dem 13. Jahrhundert im Familienbesitz befindet und als befestigte Wasserburg im Laufe seiner Geschichte immer wieder gegen feindliche Grundherren verteidigt wer-

15

den mußte, hatte seinen Bewohnern stets Schutz geboten. Auch in den turbulenten Zeiten des Kriegsendes war das »Schloß«, wie die Meyenburg von den Bauern des gleichnamigen Dorfes respektvoll genannt wurde, wiederum Zufluchtsort für zahlreiche Menschen geworden. Mit seinen ausgedehnten Ländereien, den Milchkühen, Schweinen und dem zahllosen Federvieh war das Gut nicht der schlechteste Platz zum Überleben. Die Gutsherren, die immer schon ein gastfreies Haus geführt hatten, machten die Türen weit auf und teilten mit allen, was Küche, Keller und Landwirtschaft hergaben.

Es war eine äußerst bunte Gesellschaft, die das Kriegsschicksal in dem dicken alten Gemäuer der Meyenburg zusammengewürfelt hatte. Der Jüngste war unser im August geborener Sohn Ekkehard, der Älteste der 80jährige Chef des Hauses, der lange Zeit Vorsitzender der Bremer »Ritterschaft« gewesen war, einer Ständeorganisation der Rittergutsherren der Gegend, und der nach wie vor mit höflicher Verbeugung als »Herr Präsident« angesprochen wurde. Stolz war der greise Herr auch darauf, daß er sich als Jurist im Dienste des Fürsten zu Schaumburg-Lippe die Titel »Kammerherr« und »Hofkammerrat« erworben hatte. Seine Zuständigkeit für die Verwaltung der fürstlichen Güter und Ländereien in Ungarn und Slavonien endete mit dem Ersten Weltkrieg und dem Zerfall des österreichisch-ungarischen Kaiserreichs. Familiäre Beziehungen zu diesem Teil Europas bestanden schon seit der Mitte des vorigen Jahrhunderts, als von Wersebes in den Dienst der österreichischen Monarchie getreten waren und als hochdekorierte k. u. k.-Generäle in Ungarn seßhaft wurden. An diese Episode der von Wersebeschen Familiengeschichte wurden wir erinnert, als kurz vor Weihnachten eine stramme, aber völlig abgerissene und erschöpfte, etwa 20jährige Frau zu Pferde auf den Hof gerit-

16

Die Meyenburg

Dr. Hans Walter Berg
mit Frau Charlotte
und Sohn Ekkehard
im Oktober 1945

ten kam und um Asyl in der Meyenburg bat. Der Neuzugang entpuppte sich als Cousine Gertrud von Wersebe aus Ungarn, die sich, vor den Russen und einheimischen kommunistischen Revolutionären fliehend, mit acht Pferden am Halfter auf den Weg zu ihren norddeutschen Verwandten gemacht hatte. Nur ein Pferd war ihr geblieben, alle anderen hatte sie auf ihrer anderthalbtausend Kilometer langen, abenteuerlichen Flucht zurücklassen müssen. Mit Pferd und einem alten Wagen aus der Meyenburger Remise sorgte sie in den folgenden Monaten für Personen- und Gütertransporte in die dreißig Kilometer entfernte Stadt.

Auch die anderen Flüchtlinge machten sich nützlich, so gut sie eben konnten. Da gab es Schwester Lina, eine tüchtige und energische Hebamme aus Ostpreußen, die, in Ermangelung ärztlichen Beistands, unserem Sohn auf die Welt verholfen hatte und anderthalb Jahre später unserer Tochter Annette denselben Dienst erweisen sollte. Auch im Dorf wurde die Hilfe der resoluten Ostpreußin oft und gern in Anspruch genommen, namentlich von Frau Kirchhoff, der Meyenburger Melkerin, die, ohne festen Mann, jedes Jahr ein Kind in ihrer kleinen reetgedeckten Kate zur Welt brachte.

Eine gelernte Schneiderin verwandelte mit viel Geschick die Uniformen der Kriegsheimkehrer in Zivilanzüge und die Schonbezüge der Möbel aus dem Saal der Meyenburg und alte Vorhänge in Kleider oder Jacken und Hosen für die vielen Kinder im Hause.

Eine besondere Perle war Fräulein Stein, eine Köchin, auch aus Ostpreußen, die sich durch ihre Flucht mehr dem Dienst bei einem unangenehmen Nazipotentaten als möglichen Greueltaten russischer Soldaten entzogen hatte. Mit ihren in Friedenszeiten auf ostdeutschen Gütern erprobten Fähigkeiten führte sie mit Hilfe einer Reihe junger Frauen den vielköpfigen Meyenburger Notstandshaushalt. Sie war die wichtigste Stütze der Gutsherrin Elsa von Wersebe, einer vollendeten Dame von siebzig Jahren, die mit großer Umsicht und mit vorbildlicher persönlicher Disziplin dafür sorgte, daß das Zusammenleben so vieler Menschen unterschiedlicher Herkunft unter ihrem Dach in geordneten Bahnen verlief.

Als Landwirtschaftseleve im Betrieb geführt (auf diese Weise stand uns ein halbes Schwein im Jahr zu!), oblag es mir, der ich mich nicht durch übermäßige Begabung für diese Art des Broterwerbs auszeichnete, überall dort einzuspringen, wo Männerkraft, aber wenig Agrarkenntnisse gefordert waren. Ich schlug Holz, stach Torf und half beim Einfahren der Ernte. Auch zum nächtlichen Wacheschieben auf den Feldern wurde ich eingesetzt. Abwechselnd mit den Bauern des Dorfes versuchten wir auf diese Weise, die Ernte vor im »Kohlenklau« geübten Dieben zu schützen. Dabei drückten wir jedoch gelegentlich aus Verständnis für die Versorgungsnöte der Städter beide Augen zu, zumal wir selber dank der gutseigenen Landwirtschaft keinen Hunger zu leiden hatten. Hermann, ältester Sohn der Gutsbesitzer, der mit seiner Frau und seinen fünf Kindern selber schon eine große Familie zu versorgen hatte und den landwirtschaftlichen Betrieb führte, hatte mir ein kleines Stück Land zugewiesen, auf dem ich mich im Anbau von Zuckerrüben übte. Er hatte mir auch einige Hühner überlassen, die wir auf einer Insel im Burggraben hielten. Die Eier, die sie legten, wurden jedoch meistens zur Beute des Hofhundes, dessen Fell dank einer für diese Zeiten außergewöhnlich proteinhaltigen Diät besonders schön glänzte.

Daß man sich bei uns satt essen konnte, hatte sich auch bei unseren städtischen Freunden herumgesprochen, die uns gern für ein paar Tage besuchten und ebenso gern von uns verköstigt wurden, vor allem dann, wenn sie mir bei den

»groben Dienstleistungen«, die ich zu verrichten hatte, zur Hand gingen. Einer dieser Besucher war mein Freund Helge Merz, ehemaliger Salem-Schüler und Rhodes Scholar in Oxford. Mit ihm zusammen plante ich in langen nächtlichen Gesprächen die Gründung eines internationalen Landschulheims. Doch leider fehlte uns damals noch das nötige Startkapital. Jahre später aber wurde dieser Traum von Helge und seinen Brüdern verwirklicht.

Meine Frau, unser Kind und ich bewohnten zwei Räume im Haus. Ein großes, aber eiskaltes Schlafzimmer mit vier hohen Fenstern nach Norden und Osten und ein angrenzendes Wohnzimmer, das ein alter Kachelofen notdürftig erwärmte. Hinter dem Ofen hatte ich Torf und nasses Holz zum Trocknen gestapelt, und die Feuchtigkeit war aus den Scheiten in die Wand gezogen und bildete malerische Schimmelpilzplacken auf der sich ablösenden Tapete. Auf einer Leine hingen alte und weich gewordene Wappenservietten zum Trocknen, die unserem Sohn als Windeln dienten, und wassergefüllte Flaschen wurden im Ofenloch für die klammen Betten aufgeheizt. Gleich neben dem Ofen hatte ich einen wackeligen Kartentisch aufgestellt und mit einer uralten Remington-Schreibmaschine beschwert, auf der ich mich in meiner freien Zeit schriftstellerisch betätigte. Gestützt auf Notizen, die ich mir während einer zweijährigen abenteuerlichen Weltumrundung vor dem Krieg gemacht hatte, schrieb ich an einem ausführlichen Reisetagebuch mit dem Titel »Buntes Mosaik der Welt«. Abwechselnd mit einem Bruder des Patriarchen, dem ausschließlich den schönen Künsten frönenden Familienoriginal Hartwig von Wersebe (Hatti), der abends interessierten Zuhörern bei flackerndem Licht aus »Tristram Shandy« vorlas, gab ich gelegentlich das eine oder andere Kapitel meiner Reisememoiren zum besten und entführte mich und mein Publikum nach Amerika, Hawaii und Japan, auf Dschunken im Chinesischen Meer, nach Shanghai und Peking, in die Dschungel Malaysias und nach Indien.

In der Vorweihnachtszeit schwoll der Gutshaushalt auf über vierzig Personen an, und während zunächst noch alle aus einem »Topf« verpflegt worden waren, wurden nun verschiedene Küchen und Kochstellen im Haus eingerichtet. Unsere Küche, die in einem Badezimmer provisorisch installiert wurde, lag am anderen Ende des Hauses, etwa fünfzig Meter von unseren Wohnräumen entfernt. Auf einem Kohleofen wurden in großen Bottichen abwechselnd Windeln, Rübensirup und Graupensuppe gekocht. Aus allen Ritzen eines gußeisernen Ofenrohrs, das quer durch die Küche zum Fenster verlief, drang der Qualm in dicken Schwaden. Fast jeder Unterhaushalt destillierte seinen eigenen Schnaps, und weil ein solcher Prozeß viele Stunden dauerte und die Küche während dieser Zeit zu nichts anderem zu gebrauchen war, mußte die Schnapsherstellung auf die Nacht verlegt werden. Ich entwickelte beträchtlichen Ehrgeiz und mit der Zeit eine allseits gerühmte Fertigkeit in der Kunst des Brennens.

Die Tage sind kurz zu dieser Jahreszeit, und da die Dunkelheit und ein oft steifer, kalter Wind, der vom nahen Meer her über die Marschen blies, die Menschen schon früh am Abend in den Schutz der Meyenburger Mauern trieb, entwickelte sich unter den Bewohnern des Hauses ein geselliges Leben (bei dem der Schnaps des jeweiligen Gastgebers eine nicht unbedeutende Rolle spielte). Es wurde diskutiert und erzählt, und die Gespräche, die geführt wurden, waren geprägt von einer tiefen Nachdenklichkeit und von den Erschütterungen, die das »Tausendjährige Reich« und der Krieg in jedem von uns auf die eine oder andere Weise hinterlassen hatte. Die Stimmung im Gutshaus war eine

21

Mischung aus Trauer und Hoffnung. Jeder hatte ihm nahestehende Menschen und manche ihren ganzen Besitz und ihre Heimat verloren. Den einen war bei der Last schmerzlicher Erinnerungen nicht nach Weihnachten zumute. Die anderen schöpften aus ihrem Überleben den Glauben, daß ihnen auch im Frieden die Gunst des Schicksals erhalten bleiben würde. Bei mir selber überwog damals das Gefühl, noch einmal davongekommen zu sein. Nach drei Verwundungen in erbarmungslosen Wintergefechten in Rußland und, fast noch schlimmer, den Bombennächten im Heimaturlaub war ich einfach nur froh, daß die Waffen jetzt endlich schwiegen und daß der jahrelang überall drohende Tod die Überlebenden »auf Urlaub hatte gehen lassen«, wie es im Landserjargon hieß. Mein Bruder und mein bester Freund waren gefallen, und auch die von Wersebes hatten einen ihrer Söhne im Krieg verloren, aber ich lebte, meine Frau lebte, und wir hatten einen Sohn und waren dankbar für die Geborgenheit und Wärme, die uns umgab. Darüber hinaus hatte meine zweijährige Reise um die Welt vor dem Ausbruch des Krieges meinen Blick und mein Verständnis für den kulturellen Reichtum und die Probleme der schier endlosen Völkervielfalt auf unserer Erde geschult. Diese Erfahrungen hatten mein Mißtrauen und meine Abneigung gegenüber den schrecklichen Vereinfachern geweckt, die mit einem von Staats wegen verordneten Freund-Feind-Denken so viele sinnlose Konflikte verursachten und schürten.

Während wir alle, die wir Zuflucht in dem alten Gutshaus gefunden hatten, uns in dieser Atmosphäre auf das nahende Weihnachtsfest vorbereiteten – ich schrieb an einer Kindergeschichte (auch für Erwachsene), die meinen kleinen Helden im Traum in die weite Welt hinaus reisen ließ, andere backten, nähten, strickten, bastelten oder übten sich im Musizieren und Singen von Weihnachtsliedern –, meldete mir eines der Kinder im Hause, daß ein Amerikaner in einem Jeep auf dem Hof vorgefahren sei und mich sprechen wolle. Bei dem geheimnisvollen Fremden in der Uniform eines Offiziers der US-Streitkräfte handelte es sich um meinen alten Schulfreund Gordian Troeller, mit dem ich von der Sexta bis zur Sekunda dieselbe Schulbank gedrückt hatte. Die aus Luxemburg stammenden Troellers hatten die Zeichen der Zeit früh erkannt und gleich zu Beginn der Naziherrschaft Deutschland verlassen. Als Presseoffizier war Gordian zusammen mit den amerikanischen Invasionstruppen wieder zurück nach Deutschland gekommen und wurde später ein renommierter Zeitschriften-, Rundfunk- und Fernsehautor, meistens auf der Suche nach den »Stiefkindern des Glücks« in der Dritten Welt. Wir haben uns im Laufe der Jahre wiederholt irgendwo auf dem Globus wiedergesehen, aber schon die erste Nachkriegsbegegnung in der Meyenburg wurde zu einem völkerverbindenden Ereignis, standen wir uns doch als persönlich befreundete Repräsentanten zweier verfeindeter Nationen gegenüber.

Wir feierten unser Wiedersehen, an dem sich der ganze Irrsinn des Krieges und die Zufälle des Schicksals manifestierten, mit Bourbonwhiskey und Camel-Zigaretten. Ein wahres Fest für uns, die wir sonst im wesentlichen auf die Ernte aus Eigenanbau angewiesen waren. Zu diesem Zweck hatte ich einen Teil des Meyenburger Rosengartens in eine kleine Tabakplantage umgewandelt, und wir trockneten die großen, gelben Blätter neben den Windeln auf der Wäscheleine im Wohnzimmer. Gelegentlich gingen wir auch eine 85jährige Tante um eine milde Gabe aus ihrem Zigarettenkontingent an. Sie pflegte diese Kostbarkeit in einem großen Schrank zwischen ihrer Bettwäsche aufzubewahren, so daß die begehrte Ware meist schon leicht angeschimmelt war, wenn die alte Dame sie stirnrunzelnd an uns weitergab.

Am dritten Advent besuchte uns meine Mutter. Nur fünfzig Kilometer Landstraße und die Weser trennten Varel, wo sie wohnte, von Meyenburg. Aber damals bedeutete das eine mühsame Tagesreise, bei der man zudem auf die Hilfe anderer angewiesen war. Ein mit ihr befreundeter Bauer brachte sie mit seinem Pferdewagen bis zur Weserfähre, und ich holte sie mit Cousine Gertruds Fuhrunternehmen auf unserer Seite des Flusses ab. Mit ihr waren eine Reihe wichtiger Dinge gereist, die sie uns zur Komplettierung unseres Hausstandes zu Weihnachten schenkte: vor allem ein Radio mit Plattenspieler in einem fahrbaren Gehäuse, also eine nützlich-gediegene Kreation aus der Vorkriegszeit, und eine große Wachsputte mit lieblichem Raphaelgesicht. Der Engel wurde eingeschmolzen, und meine Mutter half uns, daraus Dutzende von Weihnachtskerzen zu ziehen. Der Wachsgeruch vermischte sich mit dem der braunen Kuchen, die nach einem alten Rezept der Familie überall im Haus gebacken wurden und erhöhte so die Vorweihnachtsstimmung, die jeden von uns immer mehr in ihren Bann zog.

Und dann kam schließlich der Tag, an dem der alte Herr von Wersebe mit seinen zwei Söhnen in seinen Wald ging, um die schönste Fichte als Weihnachtsbaum auszusuchen. Der mächtige Baum wurde im Saal im ersten Stock des Hauses aufgestellt. Seine Spitze berührte die hohe Decke, und blankpolierte, rotbackige Äpfel wurden als einziger Schmuck an die weit ausladenden Äste gehängt. So war es Tradition.

Am Abend des 24. Dezember 1945 versammelten sich alle Bewohner des Hauses in der großen Diele unter dem schweren Adventskranz, der von der Decke hing. Die vier Kerzen, die darauf brannten, tauchten die Halle in ein schummeriges Licht. Dann ging es gemeinsam in die kalte Nacht hinaus, durch die Kastanienallee und die dunkle Dorfstraße entlang zur Kirche. Die Türen der strohgedeckten Bauernhäuser links und rechts der Kopfsteinstraße öffneten sich, und vermummte Gestalten traten heraus und schlossen sich, kurze Worte des Grußes wechselnd, dem Zug an. Die Glocken läuteten und wiesen der dörflichen Gemeinde den Weg durch die Dunkelheit.

Das Kirchenschiff wurde von zwei kerzenbestückten hohen Tannen, die zu beiden Seiten des schönen alten Holzaltars aufgestellt waren, spärlich beleuchtet. Der Dorfschullehrer zog alle Register der Orgel, und einer seiner Schüler trat den Blasebalg, um Luft in die vielen Pfeifen zu pumpen. Die Gemeinde sang, von der vollen Stimme des Pastors unterstützt,»Vom Himmel hoch, da komm' ich her« und »Es ist ein Ros' entsprungen«. Dann folgten die Dankesworte des Pfarrers für dieses Weihnachtsfest in Frieden nach sechs Jahren schrecklicher Kriegserfahrungen, und die Gesichter der hier versammelten Menschen verrieten, wie sehr er ihnen damit aus der Seele sprach.

Während draußen der Wind den Regen gegen die Kirchenfenster peitschte, trugen Schüler der Dorfschule die Weihnachtsgeschichte vor:»Es begab sich aber zu der Zeit, daß ein Gebot vom Kaiser Augustus ausging ...« rezitierte ein Junge, der seiner Aussprache nach wohl aus Schlesien stammte.»Da machten sich auch auf Josef aus Galiläa aus der Stadt Nazareth in das jüdische Land zur Stadt Davids, die da heißt Bethlehem ...« – »Auf daß er sich schätzen ließe mit Maria, seinem angetrauten Weibe, die war schwanger...« übernahm ein Mädchen aus Meyenburg den Vortrag. Mühsal und Schrecken auf einer oft wochenlangen Flucht bei Eis und Schnee hatten viele der Menschen, die an diesem denkwürdigen Gottesdienst teilnahmen, gerade erst überstanden. Sie konnten die Not nachempfinden, die Maria und Josef im Stall der Herberge von Bethlehem umgab. Und als zwei weitere Schulkinder, ein Junge und ein Mädchen, gemeinsam die himmlischen Heerscharen darstellend, vom »Frieden auf Erden« sprachen, war uns wohl allen die tiefe Bedeutung dieser Worte bewußt. Das Läuten der Glocken begleitete uns noch auf dem Heimweg. Die zahlreichen Kinder konnten gar nicht schnell genug zurück in das Gutshaus kommen, dessen dunkle Silhouette sich hinter den kahlen Ästen der großen, alten Bäume gegen den nächtlichen Himmel abzeichnete. Die Backen der Jüngsten glühten, nicht nur vor Kälte, sondern vor allem vor Aufregung und Vorfreude auf die bevorstehende Bescherung, während wir warteten, bis die Kerzen am Weihnachtsbaum angezündet waren. Die großen Flügeltüren zum Saal öffneten sich, und der Weihnachtsbaum strahlte im Glanz seiner vielen Kerzen. Unter dem Baum hatte die Krippe ihren Platz gefunden, und ein einziger Strohstern, an einem Ast darüber, wies den Heiligen Drei Königen den Weg dorthin. Es roch nach Äpfeln und Nüssen und braunen Kuchen, und die zwei zimmerhohen, weißen Porzellanöfen, die schon Tage vorher mit einigen Ster Holz gespeist und aufgeheizt worden waren, sorgten für eine wohlige Wärme im Weihnachtszimmer. Nachdem mit viel Stimmaufwand der Kleinen die vorwiegend selbstgebastelten Geschenke – Gestricktes, Gemaltes, Gedichtetes – ausgetauscht und die klassischen Weihnachtslieder gesungen worden waren, begann ein kleines Familien-Kammerorchester – Flügel, Geige, Bratsche und Querflöte – zu musizieren. Andächtig und heiter verfolgten der alte Herr von Wersebe und seine Frau das fröhliche Treiben ihrer zahlreichen Nachkommenschaft.

Höhepunkt des 25. Dezember war ein festliches Weihnachtsessen, das für den frühen Abend angesetzt war. Die Vorbereitungen hierfür hatten schon Tage vorher begonnen, und das geschäftige Treiben in der großen Gutsküche unter dem Kommando von Fräulein Stein hatte den ganzen Tag angedauert. Die köstlichen Gerüche, die durch das Haus zogen, ließen den bevorstehenden Gaumenschmaus schon Stunden vorher erahnen. Schließlich rief der Gong die Familie in das grüngetäfelte Eßzimmer mit dem mächtigen Kamin. Die Tafel war bis auf das Äußerste verlängert, festlich gedeckt und mit Tannen- und Mistelzweigen dekoriert. So spartanisch in der Meyenburg aus Prinzip auch in guten Zeiten gegessen wurde, so großzügig und großartig war für diesen Tag gekocht worden. Es gab eine delikate und besonders kräftige Fleischbrühe, danach Gänsebraten, gefüllt nach Ostpreußenart, dazu Kartoffelklöße und Rotkohl und als Reverenz an das Königshaus Hannover, dem man sich sehr verbunden fühlte, zum Nachtisch »Welfenspeise«. Dazu hatte der alte Herr seinen besten Rotwein, den er vor dem Zugriff fremder Soldaten hatte retten können, aus dem Keller geholt. Es war an nichts gespart worden. Weihnachten war in jeder Hinsicht eine Ausnahme, ein ganz und gar besonderes Fest, und ich glaube, wir alle haben das nie mehr so sehr empfunden wie damals, Weihnachten 1945.

Nach den Feiertagen begann auch in der Meyenburg wieder die triste Normalität des Alltags, der überschattet war von der Sorge um die eigene berufliche Zukunft in einem Land, das schwer unter den Folgen des selbstverschuldeten und verlorenen Krieges zu leiden hatte. Mir kam in dem verbreiteten Stimmungstief ein glücklicher Zufall zu Hilfe. Durch die Rundfunknachrichten erfuhr ich, daß einer meiner besten amerikanischen Freunde, »Micky« Boerner, aus der Zeit unseres gemeinsamen Studiums an der Michigan University in Ann Arbor in der alliierten Kontrollbehörde für Öffentlichkeitsarbeit und damit auch für die Neuordnung des deutschen Pressewesens und Rundfunks zuständig war. Ein Blitztelefonat nach Berlin und ein sofortiges Treffen stellten unsere unterbrochene Verbindung wieder her. Und dieser hatte ich es zu verdanken, daß ich später bei der neugegründeten Zeitung »Weser Kurier« in Bremen als politischer Redakteur eingestellt wurde. So begann für mich eine Tätigkeit, die mein weiteres berufliches Leben bestimmen sollte und mir als Sprungbrett diente, um über dreißig Jahre aus dem damals noch geheimnisvollen Asien berichten zu können.

Zwischen den Zeiten

Es war das erste Weihnachten nach dem Krieg. Es war auch das erste Weihnachtsfest, das Willy und ich zusammen feiern sollten. Aber natürlich kam etwas dazwischen – wie fast immer in diesen Jahren.

Es war Deutschland, das uns stets dazwischen kam, so auch diesmal: sowohl Deutschlands jüngste Geschichte als auch die deutsche Gegenwart. Deutschland lag in Quarantäne in dieser ersten Zeit nach dem Krieg. Die Deutschen waren eingesperrt, und wir anderen waren ausgesperrt. Ohne einen überzeugenden Beweis dafür, daß man dort etwas Wichtiges zu tun hatte, kam man nicht hinein.

Im Oktober waren wir aus dem Stockholmer Exil nach Oslo zurückgekehrt. Während der deutschen Besetzung Norwegens war Willy Leiter des Pressedienstes des norwegischen Widerstandes in Schweden gewesen. Ich arbeitete in der Botschaft der norwegischen Exilregierung. Im Spätsommer erledigten wir unsere letzten Verpflichtungen in Stockholm, und nun wohnten wir in einer Pension in der Osloer Pilestredet.

Das Leben in Oslo war dabei, sich wieder zu normalisieren nach dem Glücksrausch der Befreiung, der den ganzen Sommer über angehalten hatte. Wir fuhren mit der U-Bahn zum Holmenkollen und machten dort lange Spaziergänge. Wir konnten zum Hafen gehen und frisch gekochte Krabben kaufen.

Das Essen war immer noch unzureichend, nur Fisch gab es überall. Es roch auch überall nach Fisch: nicht nur in den Gaststätten, sondern in der ganzen Stadt. Fleisch, Kaffee und Zucker zum Beispiel waren rationiert. Die Menschen waren schlecht gekleidet und trugen abgenutzte Schuhe. Uns, die wir als gutgekleidete »Schweden« umhergingen, schauten sie hinterher.

Dennoch waren alle von Optimismus geprägt. Wir gingen einer neuen Zeit entgegen!

Das galt in allererster Linie für diejenigen, die aus den deutschen Konzentrationslagern zurückgekehrt waren. Einar Gerhardsen, bis zur Besatzung Osloer Oberbürgermeister und jetzt der neue Ministerpräsident, hatte mehr als vier Jahre gesessen. Halvard Lange, der neue Außenminister, war aus Sachsenhausen gekommen. Trygve Bratteli, der spätere Ministerpräsident, verließ sein Nacht-und-Nebel-Lager auf einer Trage, als die »Weißen Busse« des Grafen Bernadotte die skandinavischen Häftlinge aus den deutschen KZs holten. Jetzt steckten sie alle bereits mitten in der Arbeit.

Ich traf auch Ingo Scheflo wieder, einen politischen Journalisten, der in der Stockholmer Zeit eng mit Willy befreundet gewesen war. Eine Zeitlang hatte er bei mir gewohnt. Jetzt wohnten wir Wand an Wand in derselben Pension. Er war schon 1944 illegal nach Norwegen zurückgegangen. Nachdem er ein Jahr lang die einzige Untergrundzeitung, die den ganzen Krieg hindurch erschienen war, redigiert hatte, kam er bei der Befreiung wieder ans Tageslicht.

Ich hatte einen Job im Büro der Arbeiterpartei. Zum Jahreswechsel sollte ich bei der neuen Illustrierten »Aktuell« anfangen. Willy schrieb für die Tageszeitung der Partei, »Arbeiderbladet«, über deutsche Angelegenheiten. Es wurde schnell beschlossen, daß er über den Kriegsverbrecherprozeß in Nürnberg berichten sollte. Er wurde als norwegischer *War Correspondent* bei der Militärregierung akkreditiert.

Anfang November flog er nach Deutschland – ein Wiedersehen nach zehn Jahren. Seit 1933 hatte er im norwegischen Exil gelebt und sich nur 1936 einige Zeit illegal in Berlin aufgehalten. Norwegischer Staatsbürger war er während des Krieges in Stockholm geworden.

Es wurde eine schwierige Zeit der Trennung. Wir hatten angenommen, der Nürnberger Prozeß wäre schnell beendet, so daß Willy Weihnachten wieder in Oslo sein könnte, aber da täuschten wir uns. Der Prozeß dauerte mit einer kurzen Unterbrechung über Weihnachten und Neujahr bis weit in das Jahr 1946 hinein. Die Frage war, ob und wie wir zusammenkommen könnten.

Das war gar nicht so leicht...

Allein miteinander in Kontakt zu kommen, um sich zu verabreden, war schon ein Problem. Für Privatpersonen war es unmöglich, nach und von Deutschland aus zu telefonieren. Nur amtliche Gespräche waren gestattet. Man durfte schreiben, aber Briefe waren unendlich lange unterwegs, besonders nach Deutschland hinein. Sie mußten die Zensur der Militärregierung passieren, und für diese war es eine Ehrensache, langsam zu arbeiten. Aus Deutschland heraus ging es etwas besser, weil Willy bei den Amerikanern im internationalen »Press Camp« auf dem Schloß des Bleistiftkönigs Faber saß. So konnte er die Militärpost benutzen, deren Sendungen bevorzugt befördert wurden. Willys Briefe kamen ziemlich schnell bei mir in Oslo an, während er auf meine Antworten wochenlang warten mußte. Das beunruhigte ihn und strapazierte seine Nerven. Wenn er meine Reaktionen auf seine diversen Vorschläge erhielt, war er mit seinen Gedanken schon ganz woanders angelangt.

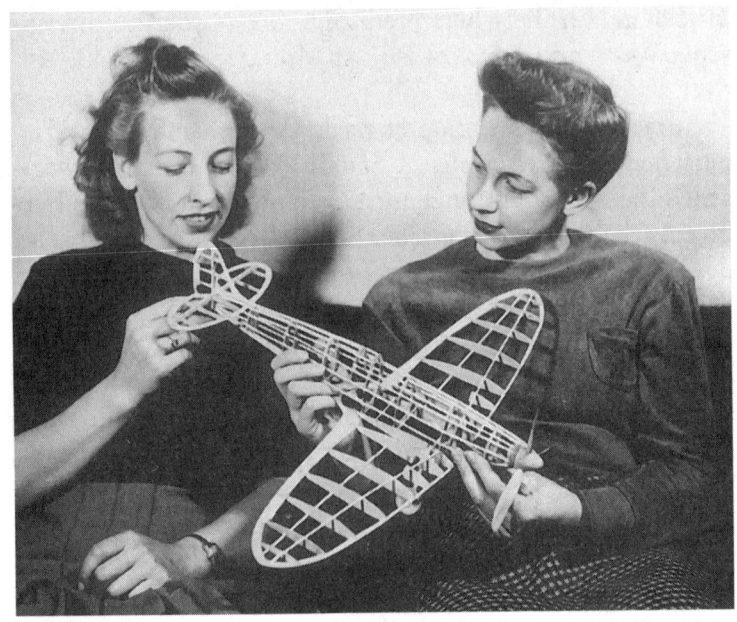

Meine Schwester Tulla (links) und ich. Sie war auch während des Krieges
nach Stockholm geflüchtet.

Willy Brandt (1945 in Stockholm)   Selbstporträt (1944/45)

Er schrieb mir jeden Tag und ließ dabei die Gedanken frei schweifen. Das war eine enge Männerwelt im Pressecamp: »Wir liegen zu acht in jedem Zimmer. Es gibt keinen Ort, an dem man allein sein kann. Im Arbeitsraum sitzen mindestens dreißig, maximal hundert Mann an der Schreibmaschine.« Jeden Morgen wurden sie in Bussen in den Justizpalast gefahren, wo der Prozeß stattfand, und nachmittags wieder zurück, nachdem sie ihre Berichte über die Verhandlung des Tages und über die neuesten Dokumente, die die Anklage untermauern sollten, übermittelt hatten. Willy arbeitete abends und zwischendurch am Tage an einem Buch über Deutschland, das im Laufe des Winters fertig werden sollte. In einem seiner Briefe schrieb er: »Hier werden große Mengen äußerst wichtiger Dokumente vorgelegt, an die ich niemals herankäme, wenn ich nicht hier wäre. Auf diesem Weg lerne ich viel über die Geschichte der vergangenen zwölf Jahre. Das wird mir nicht nur bei der Fertigstellung des Deutschlandbuches von Nutzen sein, sondern bei meiner ganzen künftigen Arbeit.«

Er schrieb auch einiges über das, was er zu essen bekam. Es herrschte Mangel damals, auch in Norwegen, und das spiegelte sich in seinen Bemerkungen über das Essen. Bereits auf dem Weg nach Deutschland – er mußte via Stockholm und Kopenhagen nach Bremen fliegen – notierte er, er habe auf dem Stockholmer Flugplatz Zigaretten, einen Apfel und eine Packung Schokolade kaufen können: mit dem schwedischen Fünfkronenstück, das ich ihm geschenkt hatte. Im Flugzeug bekam er »ein wunderbares Eß-Paket mit Rindersteak und anderen schönen Sachen«. Als er bei alten Freunden in Kopenhagen übernachtete, »bewirteten sie mich mit Fleisch, Käse, Eiern und Aquavit«! In Bremen bekam er amerikanische Armeeverpflegung, trank Kaffee und rauchte Zigaretten, wovon normale Menschen in

Deutschland zu dieser Zeit nur träumen konnten. In Nürnberg war das Essen anfangs etwas spartanischer, aber später wurde es besser. »Das mit dem Essen mußt Du nicht falsch verstehen. Mir geht es in dieser Hinsicht viel besser als Dir. Auch bekomme ich genug zu rauchen . . . Am schlimmsten ist es mit Getränken – damit meine ich nicht die starken Sachen, denen gegenüber ich seit gestern abend eine etwas reservierte Haltung einnehme, sondern Bier, das nicht erhältlich ist, und Wasser, das man nicht trinken kann.« Er war entzückt, als er eine US-Armee-Ration bekam: »Sie bestand aus einigen Keksen, hochkonzentrierter Schokolade mit Eiern, Vitaminen und anderen schönen Sachen sowie einer Tasse Kaffee – der Kaffee befindet sich in einer kleinen Tüte; man braucht den Inhalt nur in heißem Wasser aufzulösen. Zucker liegt bei. Danach Kaugummi und Zigaretten.« Das, so meinte er, sei besser als der Fisch in den Osloer Restaurants.

Willy machte viele verschiedene Vorschläge, wie wir Weihnachten zusammensein könnten. Ursprünglich hatte er gemeint, wir sollten uns in Oslo treffen. Nach und nach kam er zu der Auffassung, daß er Heiligabend bei seiner Mutter in Lübeck verbringen sollte – zum ersten Mal seit 1932 – und daß es am besten wäre, wenn ich ebenfalls nach Lübeck käme.

»Es wird ein etwas kümmerliches Weihnachten in Lübeck werden«, schrieb er, »aber was spielt das für eine Rolle, wenn wir nur zusammensein können?« Und er warnte mich: »Du wirst Dich auch mit sehr guten Nerven ausrüsten müssen. Man wird hier nämlich Zeuge vieler entsetzlicher Dinge . . . Ich fürchte, es wird Dir noch schwerer fallen als mir, gegenüber vielem, was einem zwangsläufig begegnet, eine dicke Haut zu behalten.«

Vielleicht könnte ich ja, so meinte er, meinen künftigen Chef bei »Aktuell« dazu bewegen, mich als Journalistin nach Deutschland zu schicken, am besten mit ihm zusammen nach Nürnberg. Die Kosten ließen sich auf die Reise selbst und einige Dollar Taschengeld begrenzen. Es war nichts als eine schöne Gedankenspielerei. Ich sollte mit Beginn des neuen Jahres in der Bildredaktion anfangen und würde erst später Gelegenheit bekommen zu beweisen, ob ich auch schreiben konnte. Es war etwas viel verlangt, daß der Chefredakteur mich gleich zur Auslandskorrespondentin machen sollte. Schlimm genug, daß ich meine neue Tätigkeit damit beginnen mußte, für die erste Woche Urlaub zu beantragen.

Inzwischen war klar: Jeder von uns würde Weihnachten bei seiner Mutter verbringen – Willy in Lübeck und ich in Hamar –, um uns gleich danach in Kopenhagen zu treffen und nach Stockholm weiterzufahren: eine Woche ganz für uns. (»Wir können auch in Kopenhagen bleiben«, schrieb Willy, »das Essen ist mindestens so gut wie in Stockholm.«)

Ich freute mich, nach Hause zu Mutter zu fahren und die traditionellen Rippchen mit Schmorkohl zu essen. Dabei handelte es sich um die Überbleibsel des »Villa-Schweins« Adolf. Während des Krieges hielten viele ein sogenanntes »Villa-Schwein«, ein illegal »organisiertes« Ferkelchen, das heimlich im Schuppen gemästet wurde, um seine Tage in der Küche zu beschließen. Selbstverständlich war das streng verboten. Zur Strafe hießen die Schweine Adolf oder Rudolf oder Hermann. So war es irgendwie leichter, von ihnen Abschied zu nehmen.

Mutter hatte im Herbst 1944 ihren letzten Schlaganfall gehabt und ging am Stock. Aber ihre Laune war beinahe unverändert. Und wir feierten ein richtiges Weihnachten: Decke, Wände und Fußboden frisch gereinigt, mit Weihnachtsbaum und Weihnachtsliedern, mit meinen drei

Schwestern, die kamen, und den Nachbarn, die wir besuchten.

Nach zwei Tagen zu Hause fuhr ich morgens nach Oslo zurück, und abends nahm ich den Nachtzug nach Kopenhagen – mit zwanzig dänischen Øre in der Tasche für eine Straßenbahnfahrkarte. Willy hatte in seinem letzten Brief geschrieben, er werde alles tun, um vor mir in Kopenhagen einzutreffen: er werde versuchen, auf dem Bahnsteig des Hauptbahnhofs zu sein, wenn der Nachtzug aus Oslo ankomme. Doch er könne nicht versprechen, daß er es schaffen werde. Sei er nicht dort, sollte ich mit der Straßenbahn zu seinen deutschen Freunden fahren und dort warten.

Im Zug von Oslo saß ich in einem Abteil zusammen mit einer Frau, die ihren Mann zum ersten Mal seit sieben Jahren wiedersehen sollte. Er war Kapitän auf einem norwegischen Handelsschiff und während des ganzen Krieges auf See gewesen. Wir schütteten einander unsere Herzen aus, und sie lud mich für den Fall, daß niemand mich abholte, in das Hotel ein, das ihr Treffpunkt war. Aber als ich in Kopenhagen aus dem Zug stieg, stand Willy da, und ich vergaß alles andere.

Dann reisten wir zusammen nach Stockholm. Wir feierten Wiedersehen, und wir feierten Weihnachten. Wir zogen in dieselbe Pension, in der wir bis zum Schluß in Stockholm gewohnt hatten. In den nächsten Tagen erlebten wir von neuem unsere schwedischen Jahre, die jetzt vorbei waren, und nahmen einen Vorschuß auf die kommenden Jahre. Am Silvesterabend saßen wir fast ganz allein im Restaurant Anglais und hatten an uns selbst genug.

Willy sollte am 8. Januar wieder in Nürnberg sein und mußte deshalb einige Tage früher abreisen. Ich fuhr mit dem Zug nach Oslo zurück. Nun konnte jeder von uns sich nur erneut mit Geduld wappnen – und auf den nächsten Brief warten.

Leo Brawand

Kleine Lichtblicke

Einen Tannenbaum hatten wir nicht – wozu auch, was hätten wir denn an die Zweige hängen sollen? Kerzen, Glaskugeln und Lametta waren beim nächtlichen Angriff auf Hannover im März 1945 in Flammen aufgegangen. Dafür hatte ich den letzten strahlenden »Tannenbaum« der Engländer am Himmel noch deutlich im Gedächtnis: jene Magnesiumlichter, mit denen die vorausfliegenden Pilotflugzeuge den Bombern ihre Ziele anwiesen – ganz Deutschland nannte sie Tannenbäume.

Friede auf Erden war auch nicht, wenngleich nicht mehr geschossen und gebombt wurde. Alle Haustüren, sofern die Häuser noch standen, alle Keller, in denen noch Menschen hausten, waren mit Brettern und Bohlen verbarrikadiert, denn, wie es der britische Augenzeuge Major G. H. Lamb nach London meldete: »Tausende zwangsverschleppter Ausländer ziehen marodierend, mit Gewehren und Messern bewaffnet, durch die trümmerübersäten Straßen. Sie plündern, rauben und morden. Die Stadt Hannover ist wie eine einzige offene Wunde.«

Wir, die wir nach der Ausbombung zu zehnt in unserer Gartenlaube im Vorort Hainholz untergekrochen waren, gingen mit Nachbarn abwechselnd in der Gartenkolonie »Streife«, mit Stöcken bewaffnet. Tagsüber spielten die Kinder meiner Schwester, die ich über die »grüne Grenze« vom

Russen aus Naunhof bei Leipzig geholt hatte, in und um jenen stehengebliebenen Panzer, der, mit drei scharfen Granaten bestückt, vor dem Hainholzer Bahnhof stand. Oben über die Brücke rollten die »displaced persons«, die ehemaligen Fremdarbeiter, in langen Zügen in die Heimat – auf den Lokomotiven noch die Aufschrift »Räder müssen rollen für den Sieg!«

Hannover war so zerstört, daß die Baubehörde ernsthaft erwog, sie nicht in der City-Trümmerlandschaft – nur das »Anzeiger-Hochhaus«, in dem ein Jahr später Rudolf Augstein mit seinem Nachrichtenmagazin (und mir) einziehen sollte, war unversehrt geblieben –, sondern weiter südlich auf freiem Feld wieder aufzubauen. Sechs Millionen Kubikmeter Schutt lagen auf den Straßen; acht Jahre würde es dauern, wenn täglich dreitausend Arbeitskräfte daran arbeiteten. Auf dem Engelbostler Damm, wo wir gewohnt hatten, war dafür bereits eine Lorenbahn in Betrieb. Unsere tägliche Lebensmittelration im Weihnachtsmonat betrug zwischen 1100 und 1200 Kalorien; manche alte Menschen fielen vor Hunger um und standen nicht wieder auf. Ich habe das selbst gesehen.

Was wir dachten, die wir an diesem Heiligen Abend mit sechs Erwachsenen und vier Kindern bei zwei »Hindenburglichtern« in der Gartenlaube hockten?

Ob vielleicht Hans, mein Schwager, doch noch aus Rußland zurückkommen würde? Bis dahin lag nur die Nachricht an meine Schwester vor, er sei vermißt. (Er kam nicht wieder.) Über meinen anderen Schwager, Wolfgang, den Bruder meiner späteren Frau, gab es schon traurige Gewißheit, überbracht durch Kameraden: Er war auf dem Rückzug an der ungarisch-österreichischen Grenze gefallen – einen Tag vor seinem 18. Geburtstag.

Der großen deutschen »Volksfamilie«, wie sie in der Goebbels-Propaganda immer schwärmerisch genannt worden war, erging es insgesamt nicht anders. Deutschland, durch eigene Schuld ausgeblutet, verfemt und der Rest in vier Teile zerrissen, schien keinerlei Chance mehr zu haben. Ein gewisser »Morgenthau«-Plan wollte, so hieß es, die Deutschen zu Getreidebauern und Viehzüchtern machen. Reparationen würden gezahlt werden müssen; die Besatzungsmächte, in Hannover die Briten, richteten sich auf »dreißig Jahre« ein.

Und wie die Millionen aus dem Osten hereinströmenden Flüchtlinge verkraftet werden sollten, blieb unvorstellbar. Schon ohne sie war die Versorgungslage katastrophal, und sie sollte noch schlechter werden. Laut Statistik des Stadtwirtschaftsamtes Hannover betrug die Wartezeit bis zur Zuteilung von

Männerwintermänteln 375 Monate,
Frauenmänteln 300 Monate,
Männeranzügen 200 Monate,
Damenschuhen 125 Monate,
Damenkleidern 120 Monate,
Kinderschuhen 68 Monate,
Schlüpfern 66 Monate,
Damenstrümpfen 24 Monate.

Einen Knabenmantel, so der traurige Clou der Tabelle, erhielt der »Knabe« erst im Alter von 38 Jahren.

Im Mikrokosmos unserer Gartenlaube galten die Gedanken näherliegenden Problemen. Da galt es zum Beispiel ständig zu verhindern, daß die Nachbarn erfuhren, daß mein Vater auf dem Schwarzmarkt ein Ferkel besorgt hatte, das jetzt hinter der Laube Fett ansetzen sollte. Jedesmal, wenn es unverhofft zu quieken anfing, begann einer von uns in hohen Tönen ein Lied zu singen oder zu pfeifen, um abzulenken.

Was auch keiner wissen durfte: Unter dem Dach der Laube lagerten drei Zentner griechischen Tabaks, die ich bei Kriegsende mit meinem Vater und Nachbarn im Wehrmachtsverpflegungslager am Mittellandkanal geplündert und in einem Pferdewagen – ohne Pferde, die waren längst geschlachtet – von Vinnhorst in die Laubenkolonie gezogen hatte. Mein Vater verfolgte den Plan, daraus Feinschnitt-Tabak zu fabrizieren (nur wie und womit?) und en detail schwarz zu verkaufen.

Auch berufliche Pläne standen zur Diskussion. Vater war Hilfspolizist gewesen – was ihn nicht am Plündern gehindert hatte –, aber er war schon gekündigt worden, weil er als Dolmetscher mit seiner Einheit in Polen gewesen war. Darüber sprach er nicht. Viel arbeiten konnte er nicht mehr; er litt an Tuberkulose (und starb drei Jahre später).

Vor allem! Was sollte ich selbst machen? Knapp 21 Jahre alt, mit 18 Jahren an der Ostfront schwer verwundet, aber immerhin hatte ich mein Examen an der Reichsaußenhandelsschule gemacht. Nur: Wo war das »Reich« geblieben. Und von Außenhandel war im Deutschland des Jahres 1945 weit und breit auch nichts zu sehen. Das bißchen Handel über die Grenzen lief über die JEIA, die »Joint Export Import Agency«, eine Behörde der Besatzungsmacht in der britischen Zone.

Um nicht auf der faulen Haut zu liegen und – noch wichtiger – um eine Lebensmittelkarte zu erhalten, hatte ich im Sommer als Lehrer für Betriebswirtschaft und Englisch an der privaten Handelsschule Buhmann angefangen. Aber mein Plan, Journalist zu werden, kam nur langsam voran – mit kleinen Meldungen und Glossen in der ersten Nachkriegszeitung Hannovers. Bei nur einer einzigen Doppelseite pro Tag – mehr war angesichts der Papierknappheit nicht möglich – standen die Chancen für einen beruflichen Aufstieg schlecht.

Einer der kleinen Lichtblicke war John aus Lancashire, »mein Tommy«, den ich auf dem Welfenplatz kennengelernt hatte und der bei mir Deutsch lernte; die Bezahlung erfolgte in Players Navycut-Zigaretten, womit man wieder allerlei eintauschen konnte. John kam dreimal die Woche, stellte sein Gewehr in unseren geretteten Schirmständer und hatte mit den deutschen Umlauten zu kämpfen. Beispielsweise in dem Satz, den er als ersten lernen wollte, um mit deutschen Mädchen anbandeln zu können. Er lautete in seiner Aussprache: »Fraulain, Sie sind hubbsch!«

Von ihm hatte ich einen Kuchen englischer Backkunst bekommen, mit grünen und roten Sweets darin, den ich am Heiligen Abend stolz auf unseren Gabentisch in der Laube stellte, gleich neben die vier Einmachgläser mit Stachelbeeren, die meine Mutter als Geschenke hingestellt hatte. Sie sagte: »Sonst habe ich nichts für euch«, und brach in Tränen aus.

Aber so schlecht sah es mit unseren Weihnachtsgaben gar nicht aus; sie bestanden ausschließlich aus dem, was wir im Mai plündern konnten. Für die Kinder hatten meine Schwestern Hemden aus jenem Stoffballen genäht, den ich aus einem Güterwaggon auf dem Hainholzer Bahnhof gestohlen und auf dem Rücken in den Garten geschleppt hatte. Als ich noch etwa fünfzig Meter entfernt gewesen war, hatte meine Mutter ihren Mann, den Polizisten, alarmiert: »Guck mal, Walter, der Kerl da mit dem Ballen!« Und kurz darauf: »O Gott, das ist ja Leo! Los, hilf ihm tragen!« Zu den Hemden bekam jedes der Kinder auch eine warme Jacke – geschneidert aus den schwarzen Panzerblusen, die Vater und ich gegenüber aus der Fabrik an der Schulenburger Landstraße geholt hatten.

Sogar Süßigkeiten waren da, für die Kinder und die Erwachsenen. Jeder bekam eine Dose »Schokakola«, wie wir sie als Soldaten kriegten, wenn es besonders heiß hergegangen war – auch Fliegerschokolade genannt. Ich hatte sie – in Panik von einem anderen Plünderer weggeworfen – unter einer Lokomotive gefunden, als noch geschossen worden war. Und der Clou bestand in richtigen rosafarbenen Bonbons, einem ganzen Karton voll. Den hatte mir ein gutmütiger schwarzer GI (die ersten Siegertruppen in Hannover waren Amerikaner) in den Provianthäusern am Mittellandkanal aufgebuckelt, nachdem er auf den Deckel zur Tarnung »Cheese« geschrieben hatte. Mutter schließlich nahm staunend eine graue Lederhandtasche in Empfang, gearbeitet aus geplünderten grauen Lederhäuten, von denen drei Stück als Lohn für den Handtaschenmacher draufgegangen waren.

Als Weihnachtsessen gab es drei Kaninchen, die sich mit dem Schwein Jolanthe den Stall geteilt hatten. Als später Gast kam dann noch ein Bekannter in unsere enge Herberge geschlichen, ein Handwerksmeister, der sich vor Fremdarbeitern verstecken wollte, die im Krieg bei ihm gearbeitet und es wohl nicht sehr gut gehabt hatten. Er zitterte, und Mutter meinte: »So ein kräftiger Mann und solche Angst!«

In dem Kanonenofen brannte das zersägte Holz, das wir als Balken aus der benachbarten ausgebombten Schule geholt hatten; so war es wenigstens warm. Aber die Gedanken an die Zukunft machten jeden von uns frösteln. Nur die Kinder, drei Jungen zwischen vier und sechs Jahren und das Baby Marion, waren glücklich mit der Schokolade und den Bonbons beschäftigt. Vater wußte bereits, daß er nicht Polizist bleiben konnte – seine Pistole und sein Säbel lagen weggeworfen zehn Meter von unserer Laube entfernt in einem zugeschütteten Bombentrichter. Eine der Schwestern war, ohne es zu wissen, Witwe; der Mann der anderen in Gefangenschaft. Ich selbst war von drei Maschinenpistolenkugeln ziemlich lädiert – 25 Reichsmark erhielt ich monatlich als »Dank des Vaterlandes« –, der linke Arm zerschossen (meine gerettete, jetzt für mich unnütze Ziehharmonika tauschten wir kurz darauf in einer »Tauschzentrale« gegen Schuhe).

Was sollte ich tun? Noch weiter studieren in Göttingen – ob das gehen würde? Oder einen Job als Dolmetscher bei den Engländern suchen? Oder in der Handelsschule bleiben? Eine eigenständige deutsche Presse würde es wohl so bald nicht wieder geben, nach allem, was geschehen war.

Zuerst hatten wir nichts von dem geglaubt, was uns da von KZs und Judenvernichtung berichtet worden war – alles »Feindpropaganda«, sagten einige. Aber dann übernahm ein befreiter KZ-Häftling den heilgebliebenen Friseurladen in Hainholz, und der konnte glaubhaft schildern, was da in deutschem Namen Verbrecherisches geschehen war; manches reimte man sich jetzt auch nachträglich zusammen. Ohne schuldig zu sein, schämten wir uns dafür. Noch größer war die Wut darüber, für was wir als »Kanonenfutter« hatten herhalten müssen.

Ja, Weihnachten 1945 hatten wir begriffen, was Feldmarschall Montgomery, der Oberbefehlshaber des ganzen Besatzungsgebiets der britischen Zone, meinte, wenn er in einer überall angeschlagenen »persönlichen Botschaft« den Deutschen erklärte, »warum unsere Soldaten Euch nicht beachten, wenn Ihr ihnen auf der Straße ›guten Morgen‹ wünscht und warum sie nicht mit Euern Kindern spielen«.

Der Feldmarschall hatte das ganze geschichtliche Sündenregister Deutschlands, vom Ersten Weltkrieg bis zur Kapitulation im Zweiten, aufgezählt und abschließend erklärt: »Jedes Volk ist für seine Führung verantwortlich, und solange sie Erfolg hatte, habt Ihr gejubelt. Darum stehen unsere Soldaten mit Euch nicht auf gutem Fuß. Es ist unser Ziel, das Übel des nationalsozialistischen Systems zu zerstören; es ist zu früh, um sicher sein zu können, daß dieses Ziel erreicht ist.«

Zwar hatte Montgomery mit seinem »Befehl Nr. 13« das erste strikte Fraternisierungsverbot gelockert; John aus Lancashire durfte mir die Hand geben und mit mir sprechen. Aber die Zukunft Deutschlands und meine eigene schienen mir düster; allein die Tatsache, daß ich noch lebte und Weihnachten feiern konnte – wenn auch in einer Art Stall, wie zu Christi Geburt –, allein das zählte und gab ein bißchen Zuversicht. Mein Leben hatte doch erst begonnen.

Unser erster Weihnachtsabend im Frieden verlief daher sehr still und nachdenklich. Kein Lied und auch kein Kindergedicht; Knecht Ruprecht hatte die bösen Deutschen in den Sack gesteckt und ließ den Knüppel tanzen!

Kinder des »Dritten Reiches«

Meine Familie hatte sich in Marburg zusammengefunden; ich war im Oktober '45 als letzte eingetroffen; was ich besaß, hatte in einem einzigen Koffer Platz. Ich verdiente mir meinen Lebensunterhalt mit Nähen: Kindermäntel aus gewendeten Soldatenröcken. Ich hatte zu Weihnachten für den, den ich liebte, der schwerkriegsbeschädigt war, der aus der russisch besetzten Zone angereist kam, einen Pullover aus nicht mehr verwendeten grauen Kniewärmern der Wehrmacht gestrickt. Hindenburglichter zur Weihnachtsbeleuchtung. »Only for army dogs« stand auf der Büchse Fleisch, die ich beschafft hatte; was für amerikanische Hunde gut war, mußte auch für uns genügen. Eine Sonderzuteilung an Weizenmehl und Zucker, aber auch an Freiheit: Die Ausgangssperre war auf 2 Uhr 30 in der Heiligen Nacht verschoben.

Meine Mutter, die nach einem Herzinfarkt wochenlang mit siebzehn anderen Patientinnen in einem Krankensaal lag, durfte für einige Tage »nach Hause« kommen, in dieses möblierte Zimmer, das nicht heizbar war, in dem Mahagonimöbel und Plüschsessel standen, mehr zum Schonen als zum Wohnen geeignet. Wir machten uns unsichtbar; trotzdem schlug die Sicherung durch, wenn wir auf den Heizspiralen des Elektroofens ein wenig kochten.

Aber: sie schossen nicht mehr! Auch dieser Satz stammt

nicht von mir. Joachim Quint, siebenjährig, Mosche genannt, das älteste der Flüchtlingskinder aus Poenichen, sagte immer wieder: »Sie schießen nicht mehr, Mama!« Es fielen keine Bomben mehr. Es wurde nicht mehr auf Eisenbahnzüge geschossen. Keine Tiefflieger...

Alles war neu, war aufregend. Als hätte ich bis dahin nichts oder doch nur das Falsche gelernt und gelesen. Aber das ließ sich nachholen. Die Bücherschränke waren gefüllt, man konnte Bücher ausleihen, alles konnte man ausleihen: Kleider und Schuhe.

Wir werden am Heiligen Abend zur Christvesper in die überfüllte Universitätskirche gegangen sein, wo die Michaelsbrüder ihre festlichen liturgischen Gottesdienste feierten. Habe ich damals den Gruß der Engel zum ersten Mal gehört? »Denn er hat seinen Engeln befohlen, über dir zu wachen bei Tag und Nacht.« Oder hat der Pfarrer über einen Text aus der Offenbarung des Johannes gesprochen? »Siehe da, die Hütte Gottes bei den Menschen! Und er wird bei ihnen wohnen, und sie werden sein Volk sein, und er selbst, Gott, wird mit ihnen sein; und Gott wird abwischen alle Tränen von ihren Augen, und der Tod wird nicht mehr sein, noch Leid noch Geschrei noch Schmerz wird mehr sein ...« War ich es, die das hörte? War es diese Maximiliane, die dachte: Warum erst in einer künftigen Stadt? Worauf wartet er noch? Er wird abwischen alle Tränen... Sie hatte Poenichen verloren, ihre Heimat im Osten; ich hatte weniger verloren, ein zerstörtes Elternhaus, was zählte das schon?

Sicher bin ich, daß wir am Ende dieses Gottesdienstes, wie im Krieg, stehend »Verleih uns Frieden gnädiglich, Herr Gott, zu unsern Zeiten« gesungen haben. Waren jetzt »unsere Zeiten« angebrochen? Wann und warum haben wir eigentlich aufgehört, diesen Choral zu singen? Rückblickend scheint mir, als wären wir Weihnachten '45 dem »Frieden auf Erden« näher gewesen als je zuvor und je danach. Noch wußten wir nicht, ob wir – wie ein Soldatenrock – zu wenden und weiterzuverwerten waren. Die großen Abrechnungen standen noch aus. Wir saßen unter Kanzeln, Kathedern und Bühnen und hörten aufmerksam die neuen Verkündigungen, wir: altgewordene, notreife Kinder des »Dritten Reiches« mit dem großen Nachholbedarf an Jungsein und Lebensfreude und dem untergründigen Gefühl – das man uns später radikal ausgetrieben hat –, auch an uns sei etwas wiedergutzumachen.

Wir werden in der Weihnachtsnacht getanzt haben, wir nahmen jede Gelegenheit zu tanzen wahr. In Marburg gab es ja alles noch, Parkettböden und Grammophone und sogar Jazz-Platten. Vermutlich habe ich damals das Lied von Mackie Messer aus der »Dreigroschenoper« zum ersten Mal gehört, schwankend zwischen Entrüstung und Vergnügen. Immer noch war ich, trotz fünf Jahren Kriegseinsatz, eine wohlbehütete Pfarrerstochter vom Lande. Bing Crosby sang auf dem Sender AFN »Dreaming of a white Christmas«. Nescafé und Camel-Zigaretten! Im Haus jenes Professors wohnte eine junge Adelige im besten Zimmer mit separatem Eingang, dort gingen gesunde, junge amerikanische Soldaten ein und aus. Keiner sah etwas, keiner hörte etwas, sondern wir aßen, was sie uns großzügig zukommen ließ ...

An den Hauswänden stand »Death is so permanent«. Vermutlich wußten die Amerikaner – an enge Durchfahrten und Altstadtgassen nicht gewöhnt – nicht, wie dieser Satz auf die Deutschen wirkte, sie wußten vieles nicht, und wir wußten vieles nicht. Wer Zigarettenkippen wegwirft, weiß nicht, wie denen zumute ist, die sich danach bücken. Und wie hätten wir ahnen sollen, daß wir das Wegwerfen so rasch lernen würden? Noch war nicht geklärt, ob die Sieger unsere

47

Befreier waren. Freund oder Feind? Die einfachsten Fragen mußten noch diskutiert werden.

Wir hatten die Hölle des Krieges und das Inferno des Kriegsendes überlebt. Ich vermute, daß ich damals davon überzeugt war, daß nun, wie bei Dante, das Paradies folgen würde, das Frieden hieß.

IGNATZ BUBIS
IM GESPRÄCH MIT KARL CORINO

Allein in Freiheit

KARL CORINO: Herr Bubis, unser Thema ist Weihnachten
1945. Hat es denn für Sie etwas Provokatorisches, wenn man
Sie nach diesem Fest fragt? Denn auf die Geburt des Messi-
as, die die Christen am 24. Dezember feiern, warten die
gläubigen Juden ja noch. Wie haben Sie das christliche Fest
eigentlich in Ihrer Kindheit erlebt, Sie sind ja in Breslau aufgewachsen?
IGNATZ BUBIS: Weihnachten war für mich nie ein Feiertag.
Ich bin in einem religiösen jüdischen Haus aufgewachsen –
und schon allein aus diesem Grund wäre ein Feiern des
Weihnachtsfestes für uns gar nicht denkbar gewesen. Es gab
allerdings jüdische Familien, die am 24. Dezember zwar
nicht die Geburt Jesus feierten, aber für die Kinder Weihnachtsbäume aufstellten und ihnen Geschenke überreich-
ten. Manche haben dieses Fest auch mit Chanukka verbunden. Chanukka ist im Judentum das Lichterfest zur Erinnerung an die Makkabäer, die mit nur wenig Öl noch acht Tage
ihr Licht brennen lassen konnten. Dieses jüdische Fest wird
im Laufe des Dezembers gefeiert. Sie – also jene liberalen
jüdischen Familien – wollten ihren Kindern damit den Eindruck vermitteln, daß im Judentum Kinder nicht anders
behandelt werden als bei den christlichen Nachbarn. Das
galt, wie schon gesagt, für meine Familie nicht.
Allerdings waren die Weihnachtstage für mich auch

49

immer Ferientage. Weihnachten 1945 – da war ich in Dresden. Ich habe zu diesem Zeitpunkt in Dresden gelebt, und soweit ich mich erinnere, habe ich diese Feiertage in Dresden verbracht und bin nicht nach West-Berlin gefahren, wo ich ebenfalls eine Wohnung hatte, das heißt, wo ich ein ständiges Hotelzimmer bewohnte.

Weihnachten 1945 war für mich ein Jahr nach der Befreiung: Ich bin am 16. Januar 1945 in Tschenstochau befreit worden. Es war das erste Mal, daß ich ohne Familienangehörige in Freiheit lebte. Der einzige nahe Verwandte, den ich damals noch hatte, war ein Bruder meiner Mutter, der sich in Berlin aufhielt und auch eine orthodoxe Familie gegründet hatte. Von dieser Familie haben lediglich die drei Söhne und mein Onkel und meine Tante den Krieg überlebt, während drei weitere Kinder im Holocaust umgekommen sind. Weihnachten 1945 habe ich zwar durchaus schon die Freiheit genießen können, aber als knapp Neunzehnjähriger – ich bin am 12. Januar 1946 neunzehn Jahre alt geworden – ohne Familie in Freiheit zu leben, da konnte ohnehin keine Chanukka- oder Weihnachtsfreude aufkommen. Das Leben war geprägt von den Erlebnissen zwischen 1939 und 1945. In diesen sechs Jahren geschah die Trennung von meinen zwei damals noch lebenden Geschwistern, einem Bruder und einer Schwester, die nach dem Einmarsch der Wehrmacht in Polen in den von den Sowjets besetzten Teil Polens geflüchtet waren, während ich mit meinen Eltern in dem Ort blieb, in den wir nach 1935 aus Breslau gekommen waren. Der Ort hieß Deblin. Meine Mutter ist dann 1940 verstorben, und mein Vater wurde 1942 nach Treblinka deportiert, wo er noch am Tag der Ankunft, wie ich heute weiß, umgebracht wurde. Es gab zwar zunächst nur Indizien, aber diese Indizien haben sich voll bestätigt, und nach dem 8. Mai 1945 mußte ich erfahren, daß auch meine Schwester und mein

Bruder nicht überlebt hatten. Da war die Freude über das eigene Überleben doch sehr getrübt.

KARL CORINO: Sie sind ja in Tschenstochau ausgerechnet in einem Arbeitslager gewesen. Erinnern Sie sich daran, wie sich die Wachmannschaften während der Weihnachtstage verhalten haben? Waren die da besonders unangenehm oder waren sie vielleicht mal einen Tick freundlicher als sonst?

IGNATZ BUBIS: Davon haben wir weder im positiven noch im negativen Sinne etwas gemerkt. In diesem Lager in Tschenstochau gab es SS-Wachen rund um das Lager. Mit denen kamen wir nicht in Berührung, denn sie haben lediglich darauf geachtet, daß keiner aus dem Lager fliehen konnte. Im Lager selbst gab es eine jüdische Ordnungspolizei und deutsche Aufseher, allerdings zivile Aufseher, Techniker, die uns bei der Arbeit überwacht haben. Ihre Überwachung bezog sich lediglich auf das Funktionieren der Maschinen. Sie achteten zum Beispiel darauf, daß man nicht zu lange wegblieb, wenn man zur Toilette ging, und trieben uns bei der Arbeit an. Ich weiß heute nicht einmal mehr, ob wir an den Weihnachtstagen gearbeitet haben oder nicht. Wir hatten eine Sechstagewoche und sonntags wurden ab und zu Sonderschichten gefahren. Aber eines weiß ich genau: eine besondere Behandlung am Weihnachtsfest gab es weder im positiven oder im negativen Sinne, weder in Tschenstochau noch in Deblin.

KARL CORINO: Es ist erstaunlich, daß dieses Fest 1945 bei Ihnen so vollkommen der Amnesie anheimgefallen ist, weil es ja doch das erste Friedenweihnachtsfest und Friedenschanukka war. Besondere Hoffnungen haben Sie offensichtlich nicht damit verbunden?

IGNATZ BUBIS: Nein, ich habe damit überhaupt keine Hoffnungen verbunden. Ich war froh um den Frieden, und es war ein Zeitpunkt, an dem ich noch nicht wußte, wohin ich mich schließlich begeben würde, um mein künftiges Leben zu gestalten. Manche Bekannte versuchten damals, illegal – zu einem kleinen Teil auch legal – nach Palästina aus-zuwandern; den Staat Israel gab es damals noch nicht. Andere versuchten, nach Amerika, Kanada, Australien aus-zuwandern. Ich selbst glaubte zu diesem Zeitpunkt, daß ich sehr wahrscheinlich nach Amerika auswandern würde. Allerdings war ich mir auch dessen nicht sicher und versuch-te zunächst einmal, mein Leben in irgendeine normale Bahn zu lenken. Dabei war ich auf mich ganz alleine gestellt, und das war das, was mich hauptsächlich beschäftigte.

KARL CORINO: Herr Bubis, ich danke Ihnen herzlich.

Das Paket

Der 24. Dezember 1945? Ja! Ich erinnere mich gut an diesen Tag, fast zu gut. Normalerweise sind Erinnerungen wie ein Bild aus Puzzlesteinen. Jahr für Jahr fällt einmal hier ein Plättchen hinaus ins Vergessen, einmal dort. Hat das Bild zu viele Lücken bekommen, holt sich die Phantasie mal dieses lose Stückchen aus anderen unvollständigen Erinnerungen, mal jenes, fügt es in die Lücken ein, und wenn es paßt, scheint das Gesamterinnerungsbild heil und unversehrt; man schwört, genau so war es, und doch stimmt vieles nicht mehr so ganz mit dem ursprünglichen Erlebnis überein. Allen, die sich nach fünfzig Jahren an einen bestimmten Tag erinnern sollen, wird es so gehen. Ich glaube aber, daß mir in meiner Erinnerung an den Weihnachtstag 1945 nur wenig Lücken entstanden, weil ich diesen Tag Jahr für Jahr wieder hervorgeholt und betrachtet habe, um dafür dankbar zu sein, daß sich Ähnliches nie wiederholte.

Am Morgen dieses 24. 12. 1945 habe ich noch herzlich gelacht. Ich wusch mich im Badezimmer meiner Großmutter mit eiskaltem Wasser, und dabei fiel mir auf, daß ein Hüftknochen so seltsam hervorstach. Ich hängte einen Kleiderbügel daran, und er hielt. Ich stellte mich auf die Waage: Sie zeigte 46 Kilo. Ich war 32 Jahre alt, und nur jemand, der sich wie ich seit der Pubertät mit qualvollen Hungerkuren und Diäten abgemüht hat, um bei 1,72 m Körpergröße ein vorschriftsmäßiges Gewicht von 70 Kilo zu erzwingen, und der an dem grausamen Modediktat immer gescheitert war, kann nachfühlen, warum ich lachte und strahlend zu Gromi lief, um ihr die für mich erfreuliche Entdeckung mitzuteilen. Ganz von selbst war dieses Wunder geschehen, und weit entfernt davon, mich um meine Gesundheit zu ängstigen, fühlte ich mich erleichtert wie ein Krüppel, der seinen Bukkel verloren hat und sich nun nicht mehr von »normalen« Menschen unterscheidet.

Aber die Großmutter lachte nicht. Sie war sehr klein und hatte nie mehr als 46 Kilo gewogen, auch nach sieben Geburten nicht. Sie fand das normal und sagte, ich solle mich anziehen, sie friere und habe Hunger. Wann es denn endlich Frühstück gebe. Außerdem wolle sie heute ins Westzimmer umziehen. Der Ostwind blase hier durch alle Ritzen, und der Kachelofen in diesem Zimmer halte die Wärme nur mit Briketts. Die hätte ich ja zu kaufen vergessen, obwohl sie mich dauernd daran erinnert habe. Wenn wir denn nun schon mit Reisig heizen müßten, sei der Kanonenofen im Westzimmer besser, denn der werde damit schneller heiß. Immerhin sei heute Weihnachten, und da wolle sie endlich einmal warm werden.

Meine Großmutter, genannt Gromi, meine vier kleinen Töchter im Alter von acht, sieben, drei und anderthalb Jahren und ich befanden uns im Sommerhaus der Familie im Ostseebad Ahrenshoop auf der Halbinsel Zingst in Mecklenburg-Vorpommern. Weil nach drei Bombennächten meine Rostocker Wohnung unbewohnbar geworden war, hielt ich mich mit den Kindern schon seit April 1942 hier auf. Gromi war mit mehreren Verwandten auf der Flucht aus Pommern Anfang März 1945 eingetroffen. Als dann das Dorf im April von den Russen besetzt wurde, waren 25 Verwandte und fremde Flüchtlinge im Haus gewesen. Nun waren sie alle entweder in ihre Heimat zwangsrückgesiedelt worden, hatten sich weiter auf den Weg nach Westen gemacht oder waren gestorben. Zuletzt hatte uns Gromis Schwester verlassen. Sie war immer sehr mager und ein schlechter Futterverwerter gewesen und hatte nicht wie ich viele Kilo Übergewicht zuzusetzen gehabt. Am ersten Adventssonntag war sie gestorben. Seitdem war die schon seit Jahren bettlägerige und pflegebedürftige Großmutter noch verwirrter und konnte oder wollte die tatsächlichen Verhältnisse nicht mehr erkennen oder wahrhaben. Sie glaubte mir nicht, daß es tatsächlich nichts zu essen gab, verdächtigte mich, heimliche Vorräte mit den Kindern alleine zu verzehren, schimpfte und schalt auf die tote Schwester, die so egoistisch gewesen war, sie allein zu lassen.

Die Halbinsel Zingst, heute auch Fischland oder Darß genannt, ist schmal, und die einzige gepflasterte Landstraße zum Festland führte damals nur bis Wustrow, sechs Kilometer von Ahrenshoop entfernt. Von da an war der oft schlammige Sandweg nur noch mit Pferdewagen befahrbar, Autos blieben stecken, und Pferde hatten die Nazis den Einheimischen schon im Krieg weggenommen. Früher waren die Fischlanddörfer mit einem Dampfer beliefert worden. Der hatte jetzt seinen Geist aufgegeben. Ausgerechnet auf diese Halbinsel mit dem unfruchtbaren, salzhaltigen Boden, auf der früher nur Fischer ihr ganzjähriges Auskommen fanden und das sonst von Sommergästen lebte, hatten die Sowjets Regimenter mit einem gewaltigen Bestand an Pferden stationiert, die die letzten Blätter von den Bäumen und Grashalme von den kargen Böden fraßen. Lebensmittellieferungen gelangten meist nur bis Wustrow. Auf dem Sandweg bis zu uns wurden langsame Pferdewagen überfallen und ausgeraubt. Das taten nicht Deutsche, sondern die russischen Soldaten selbst, auch wenn es sich um Lieferungen für das Militär handelte. Sie hungerten nämlich genau wie wir. Wenn eines der Pferde an Unterernährung starb, vereinte Russen und uns die gleiche Hast und Gier, sich gemeinsam aus dem Kadaver etwas Fleisch herauszuschneiden. Unser Haus lag ein wenig abseits von der Dorfstraße. Ehe ich erfuhr, daß es irgendwo etwas gab, war es schon an andere verteilt. Nur von einem Waggon Zuckerrüben hatte ich einmal einige Zentner abbekommen, und von diesen Zuckerrüben haben wir in diesem Winter 1945/46 vorwiegend gelebt. Reisig zum Heizen und Kochen hatte ich nur deswegen, weil unser sowjetischer Kommandant mich und andere junge Frauen zu Waldarbeiten zwang. Wir mußten häufig Kinder und Kranke allein lassen und unter der Aufsicht junger, Machorka rauchender Soldaten Bäume fällen, zersägen und aufstapeln. Wir wurden nicht einmal mit Brennholz entlohnt, und als wir uns für unsere Kinder zu Weihnachten ein Tannenbäumchen mitnehmen wollten, wurde auch das verboten.

Ich war deshalb am Tag zuvor im Dunkeln mit letzter Kraft noch einmal über die verschneiten Wiesen in den Wald gelaufen und hatte ein Bäumchen gestohlen. Wenn die Kinder schon nichts zu essen hatten und keine Geschenke bekamen, sollten sie wenigstens ein Bäumchen haben. Ich hatte es im Garten in einen offenen Schuppen gestellt.

Nachdem Gromi versorgt und ins Westzimmer umgebettet worden war, ging ich zu den Kindern hinunter, um auch sie zu waschen, anzuziehen und zu versorgen. Ich fand sie sehr aufgeregt und staunte mit ihnen über ein paar silberne Lamettafäden, die das Christkindchen über Nacht in die Stube gezaubert hatte. Ich sagte ihnen, nun müßte ich mal schnell in den Garten, um zu sehen, ob dort nicht auch der Herr Weihnachtsmann schon seine Spuren im Schnee hinterlassen habe.

Meine beiden größeren Töchter behaupteten seit einiger

Zeit, daß es zwei Weihnachtsmänner gäbe. Sie hätten zwar beide die Eigenschaft, sich sofort in einen gewöhnlichen Menschen zu verwandeln, wenn man wage, sie anzusehen, hätten aber unterschiedliche Namen und Aufgaben. Der eine heiße mit Vornamen Nico und mit Nachnamen Laus. Der könne fliegen und komme am 6. Dezember morgens früh durch die Wolken auf die Erde und stelle den noch schlafenden Kindern einen Teller mit einer brennenden Kerze, einem Apfel und ein paar Nüssen vor die Betten. Dann bummere er an die Tür, damit die Kinder aufwachten, und fliege ungesehen wieder davon. Der andere sei der Herr Ruprecht Weihnachtsmann. Der komme am 24. Dezember auf einem von Rentieren gezogenen Schlitten durch den Wald angereist und bringe Geschenke mit. Die übergebe er den Eltern, denn Kinder dürften ihn ja nicht sehen. Ich hatte den Kindern nicht widersprechen mögen, aber eines hatte ich ihnen ernsthaft klar gemacht: Dieses Jahr würde der Herr Ruprecht keine Geschenke mitbringen können. Mit Rentierschlitten würden die Russen keine Ausnahme machen und sie genauso überfallen, wie andere Transporte auch.

»Kommt denn dann der Herr Ruprecht gar nicht?« hatten die Kinder gefragt, und ich hatte geantwortet: »Ich hoffe doch, daß er anreist, um zu sehen, ob ihr artig gewesen seid, und ich hoffe doch, er wird euch wenigstens ein Tannenbäumchen mitbringen, das brauchen die Russen ja nicht.« Da hatten die Kinder gemeint: »Geschenke sind doch nicht so wichtig. Hauptsache, er kommt.«

Nun ging ich also nach draußen, um das Bäumchen zu holen . . . und erstarrte! Das Bäumchen ist gestohlen! Es ist weg! Spuren im Schnee zeugen von zwei Dieben.

Mir ist in diesen Nachkriegsjahren viel gestohlen worden. Die Not hatte bei manchen Menschen letzte moralische

Hemmungen abgebaut. Meist konnte ich aber mit einem Achselzucken darüber hinwegkommen. Futsch ist futsch. Diesmal fing ich an zu heulen. Ich hatte das Bäumchen ja selbst gestohlen, aber mit Mühe, mit Anstrengung, mit einem nächtlichen Fußmarsch durch den Schnee, in Gefahr, geschnappt zu werden, und aus einem herrenlosen Wald, in dem niemand das Fehlen eines kleinen Bäumchens bemerken würde.

Wer aber vier kleinen Kindern am Tag vor Heiligabend ein Tannenbäumchen stahl, hatte kein Herz, hatte eine niedrige Gesinnung, war ein Schurke! Trotz allem, was man mir von grauenhaften Untaten deutscher Menschen in den letzten Jahren schon erzählt hatte, war in mir die heimliche Hoffnung geblieben, das seien Gerüchte, das sei nicht wahr. Ich kannte doch niemanden, dem ich so etwas zutraute. Die Erkenntnis, daß diese Tannenbaumdiebe Deutsche waren, Dorfbewohner, die mich und meine Kinder kannten, deren Kinder vielleicht täglich mit meinen Kindern spielten, keine russischen Soldaten, sondern irgend jemand ganz in meiner Nähe, dem ich vielleicht vertraute, zerstörte etwas in mir und nahm mir mehr als dieses eigentlich wertlose Tannenbäumchen. Das war wohl der Grund, warum ich diesmal weinend ausrief: »So eine Gemeinheit! So eine Gemeinheit!«

Es war gut, daß die Diebe zu zweit gekommen waren. Sicher ein Ehepaar, das Kinder hatte, den gefährlichen Weg in den Wald scheute und gesehen hatte, wo ich mein Bäumchen versteckte. So konnte ich meinen Kindern die größere Fußspur als die des Ruprechts deuten und die kleinere als die des Diebes. Das tröstete sehr. Der liebe, liebe Weihnachtsmann war also doch da gewesen und hatte nach ihnen geschaut. Daß einige böse Menschen stahlen, war ja normal. Aber es gab Gott sei Dank auch gute Menschen, zum Beispiel den Onkel, der *das Paket* geschickt hatte.

Das Paket! Das Paket! Darauf konzentrierten sich nun alle irdischen Wünsche meiner so bescheiden gewordenen kleinen Mädchen. Und falls nichts für sie drin sein sollte, Gromi würde endlich einmal wieder satt werden, welche Freude!

Ja, es gab das Paket schon seit etwa acht Tagen. Es war zwar an Gromi adressiert, aber es war ein richtiges Paket! Seitdem die Russen im April den Ort besetzt hatten, war monatelang gar keine Post mehr aus den von Amerikanern, Franzosen und Engländern besetzten Gebieten zu uns gelangt. Gromi wollte das immer nicht glauben; sie unterstellte mir, ihre Briefe und Pakete zu unterschlagen. Alle ihre zahlreichen Kinder, Enkel, Urenkel, Verwandte und Freunde wohnten doch im Westen, und Post gebe es schließlich in jedem Land, auch in Rußland, warum sollte das plötzlich anders sein. Oder sei der Krieg vielleicht noch nicht zu Ende?

Wir hatten vom 8. Mai, dem Tag der Kapitulation, tatsächlich nichts bemerkt. Er war an uns vorübergegangen wie alle anderen Tage seit Ahrenshoop von russischen Soldaten und ihren Pferden wimmelte, wir behandelt wurden wie Kriegsgefangene und die gerechte Strafe dafür erhielten, daß wir Hitler und seine Genossen nicht an ihren Verbrechen gehindert hatten. Die Radios waren uns abgenommen worden. Post kam nicht, Telefone gingen nicht und Zeitungen wurden erst recht nicht zugestellt. Ich weiß nicht mehr, ob es im Juli oder August war, daß ich mir über das Ende des Krieges Gewißheit verschafft hatte. Wann die ersten Briefe eintrafen, weiß ich auch nicht mehr. Pakete waren jedenfalls noch nicht gekommen. Das Paket, das vor acht Tagen eintraf, war das allererste, das wir bekamen. Meine Kinder trugen es vorsichtig wie einen Schatz zu Gromi. Es sah unversehrt aus. Niemand hatte es bereits geöffnet und seinen

Inhalt geklaut. Ich wäre beinahe losgerannt, um eine Schere zum Aufschneiden des Bindfadens zu holen. Da fiel mir ein, daß ich die Strippe aufbewahren mußte und nicht zerschneiden durfte. Während dieses Zögerns sagte ich:»Willst du dieses Paket nicht bis Weihnachten aufheben?«

»Ja! Ja! Aufheben!« riefen die Kinder, und die liebe Gromi, der das Wasser schon im Munde zusammenlief vor Freude, etwas zum Beißen zwischen die Zähne zu bekommen, anstelle des Wassers, das mit Sirup und ein paar Zuckerrübenschnitzeln »angereichert« war, konnte dem Betteln der Kinder nicht widerstehen und willigte in das Opfer ein. Es war ein Opfer, auf den Heiligen Abend zu warten, denn an dem Tag würde sie nicht anders können, als mit den Kindern zu teilen. »Die Kinder müssen Weihnachten auch etwas zum Freuen haben, es ist sicher auch für sie etwas darin«, sagte sie.

Ich bezweifelte das, denn das Paket war beängstigend leicht. Ich bereitete die Kinder darauf vor, daß der Onkel vielleicht nur an seine Mutter, nicht aber auch an die Großnichten gedacht habe, die er gar nicht kannte. Aber schon allein die Vorstellung, am Heiligabend könne ein Paket aufgemacht werden, einerlei was darin war und für wen, setzte bei ihnen eine Riesenvorfreude in Gang, die uns alle die letzten acht Tage vor dem Fest euphorisch stimmte und beflügelte. Immer wieder unterhielt sich Gromi mit den Kindern darüber, was wohl darin sein könnte. Das Wort Kaffee wagte sie gar nicht auszusprechen. Der sei auch nichts für die Kinder, den müßte sie alleine trinken, und sie wolle doch zum Fest teilen. Aber ich spürte, Kaffee wäre das gewesen, worüber sie sich am meisten gefreut hätte. Die Kinder hofften auf Brote oder vielleicht sogar Kekse? Wenn ich vorwarnte, möglicherweise sei gar nichts zum Essen in dem Paket, sondern nur etwas zum Anziehen und Wärmen für die Urgroßmutter, widersprachen alle lebhaft. Gromi hatte dem Onkel doch geschrieben, daß die Tante verhungert war. Irgend etwas zum Essen sei ganz bestimmt darin, da gebe es keinen Zweifel.

Ich legte das Paket sicherheitshalber in ein ungeheiztes Zimmer, damit nichts verdarb, falls Lebensmittel darin waren. Aber nur nachts lag es dort ungestört. Tagsüber wurde es immer wieder hervorgeholt, angeschaut, befingert, wurde vorsichtshalber schon an der Schnur herumgeknuddelt, damit sie am Heiligabend leichter und ohne Schere aufging, und ich bewunderte die hungrige Großmutter, wie sie ihre Gier acht Tage lang bezwang.

Das Westzimmer mit dem Kanonenofen, auf dem wir an diesem Heiligabend statt in der kalten Küche auch den richtigen festen, mit Sirup gesüßten Kleiebrei kochen wollten, war das einzige Zimmer im Haus, das ich an diesem Tag heizte. Jemand hatte den um ihr Tannenbäumchen weinenden Kindern einen größeren Kiefernzweig geschenkt, mit dessen Nadeln man kokeln und weihnachtlichen Duft erzeugen konnte. Ich stellte ihn in eine Vase, schmückte ihn mit Lametta und Kugeln, stellte die alte Holzkrippe darunter, baute für die beiden Großen das alte Puppenhaus auf, mit dem meine Schwester und ich schon gespielt hatten, füllte in der Puppenküche einige Töpfchen mit Sirup, zog Puppenmutter und Puppenkindern sauber gewaschene Schürzen und einige neue Kleidchen an und hängte dann über das Haus ein Tuch, als wäre es etwas Neues und als hätten es meine Kinder noch nie gesehen. Dann zog ich Gromi ein frisches Nachthemd an und den Kindern sauber gewaschene Sonntagskleider, wusch und kämmte sie alle noch einmal und schickte die Kinder dann vor die Tür, um die Kerze anzuzünden und einen Klingelball für die Jüngste sowie ein Hündchen zum Nachziehen für die Zweitjüngste zu verstecken. Dieses Spielzeug hatten sie schon voriges Jahr zu Weihnachten bekommen, ich hatte es nun aber einige Monate weggeschlossen, damit es zum Fest neu erschien.

Das Paket lag eindrucksvoll auf Gromis Nachttisch. Ich klingelte mit dem kleinen Silberglöckchen, das schon so viele üppige Bescherungen eingeläutet hatte, und die Kleinen kamen feierlich hereingeschritten, die Anderthalbjährige ganz mutig vorne weg. Ich stimmte das Lied an »Vom Himmel hoch, da komm ich her«, und bis auf die Kleine sangen alle andächtig mit. Dann lasen die beiden Großen abwechselnd die Weihnachtsgeschichte aus der Bibel vor, und die Dreijährige überraschte mich mit einem Verschen, das ihr die beiden Großen beigebracht hatten. Das Tuch vom Puppenhaus wurde abgenommen, die Kleinen fanden Ball und Hündchen. Sie freuten sich, als wären es neue Geschenke, und sie fanden auch noch einige Nüsse unter Gromis Bett versteckt. Die Urgroßmutter hatte sie am Nikolaustag bekommen und für die Kinder trotz ihres nagenden Hungers bis zum Fest aufbewahrt. Nun saß sie aufrecht im Bett und freute sich über die Freude der Kleinen.

Während der ganzen Zeremonie hatten die Kinder aber immer wieder auf das Paket geschielt. Sie wußten, es kam als letztes dran, und geduldeten sich. Aber die Nüsse wurden nicht erst aufgeknackt. Die behielten sie in den Händen, als der große Augenblick kam und das Paket endlich aufgemacht werden sollte. Gromis Hände zitterten dabei so, daß sie doch nach einer Schere verlangte, um die Schnur endlich abzubekommen. Es dauerte eine Weile. Die vier Kinder saßen auf Gromis Bettrand, und uns allen, auch mir, lief das Wasser im Munde zusammen. Gott, wie mager sahen meine Lieben aus, wie groß waren ihre Augen, als sie sich da gemeinsam um das Paket bemühten.

Nun war es offen.

Eine Lage Zeitungspapier kam zum Vorschein, dann noch eine und noch eine. Sie wurden geschüttelt, ob etwas hinausfiele, aber nein. Die Kinder und Gromi gruben weiter. Immer aufgeregter warfen sie immer neues Zeitungspapier auf den Boden. Ganz unten drin erschien etwas. Es war in Seidenpapier eingewickelt, und als das entfernt war, zeigte sich glänzend und grün ein kleiner *Kunststoffbecher*. In ihm steckte ein Zettel, und auf den hatte eine Sekretärin mit der Schreibmaschine geschrieben: »Freue Dich, Mutter! Wir produzieren wieder!«

Gromi und die Kinder brachen gleichzeitig in lautes Weinen aus. Ich hatte zwar befürchtet, daß in dem Paket keine Lebensmittel waren, weil es so verdächtig leicht gewesen war. Aber ich hatte doch angenommen, es wären wenigstens ein paar Stückchen Schokolade oder Kekse darin versteckt. Nicht einmal eigenhändig unterschrieben oder selbst adressiert hatte der Onkel das lieblose Paket. Er hatte alles seiner Sekretärin überlassen, die wohl nicht wußte, wie es in der Ostzone aussah. Auch ich hätte fast geweint und war sehr böse.

Gromi schrie: »Schmeiß das Zeug ins Feuer! Was soll ich damit!« Ich nahm den ekligen grünen Becher und warf ihn mit Schwung in den Kanonenofen. Ein Knall und eine explosionsartige Stichflamme ließen uns alle noch einmal aufschreien, richteten aber keinen Schaden an. Die Kinder sammelten das Zeitungspapier auf, um noch mehr Feuer zu machen, doch mir kam eine Idee: »Halt!« rief ich, »wir sind ja dumm! Das Geschenk war nicht der Becher, sondern sind die Zeitungen! Wir haben doch seit April keine Zeitungen mehr gesehen!«

Ich begann, das viele Papier zu glätten und zu ordnen. Nachdem wir alle den süßen, diesmal sogar ziemlich festen Kleiebrei gegessen hatten und die Kinder mit dem Puppen-

haus spielten, las ich Gromi alles vor, was in den Einwickel-
fetzen zu lesen war. Manches, was in der Welt drüben, wo
die Russen nicht waren, geschehen war, begriffen wir nicht
ganz, weil die Artikel immer just an den interessantesten
Stellen durchgerissen waren und sich das Anschlußstück
nicht finden ließ. Es klang für uns aber alles so *normal*, so
wie *früher*, vor dem Krieg, als hätte sich die Welt drüben in
den neun Monaten nach Kriegsende wieder normalisiert. Es
gab sogar *Werbung* für *Waren!* Darüber mußten wir lachen.
Wann würde es wohl hier wieder so weit sein, daß man für
den Kauf von Waren würde werben und locken müssen!
Wenn es hier irgendwann tatsächlich wieder irgendwelche
Waren geben würde, müßte man Maßnahmen ergreifen, um
die andrängenden Menschenmassen zurückzuhalten!

Durch das Vorlesen überwanden Gromi und die Kinder
allmählich ihre Enttäuschung. Wir sangen noch mehr Weihnachtslieder, ich las den Kindern aus alten Kinderbüchern
vor, und nachdem Gromi zur Nacht versorgt war, ließen wir
den Kanonenofen ausgehen, und ich legte mich mit den
Kindern in den unteren kalten Stuben schlafen. Sie waren
wieder ganz fröhlich geworden. Sie trösteten sich mit dem
Gedanken, daß die Post ja nun wieder funktionierte, daß es
auch noch andere Verwandte, vor allem den Vati gab, und
daß sicherlich allmählich weitere Pakete eintreffen würden.
Das Paket war ja erst der Anfang gewesen.

Gromi schrieb von dem Tag an Briefe und machte Tage-
bucheintragungen, in denen sie in ihrer unverändert saube-
ren, klaren Schrift Ereignisse erzählte, die gar nicht stattgefunden hatten. Sie berichtete von Besuchen einer Tochter
oder eines Enkels, die gar nicht dagewesen waren, von Brie-
fen, die sie nicht erhalten oder Telefongesprächen, die sie
nicht geführt hatte. Alle Kinder, Enkel und Urenkel – außer
mir und meinen Kindern – lebten schon immer im Westen

oder waren durch Flucht dorthin verschlagen worden. Alle hatten schwere Verluste erlitten, leckten ihre Wunden, kämpften ums Überleben oder waren mit einem Neubeginn oder ihren Kindern beschäftigt. Alle glaubten Gromi gut versorgt im eigenen Haus mit eigenem Garten, gepflegt von mir, und alle verschoben die schwierige, fast unmögliche Reise in die Ostzone auf bessere Zeiten. Gromi sah nur einen Sohn wieder – nicht den mit dem Kunststoffbecher, sondern einen Arzt –, der im September kam, als sie im Sterben lag, und von ihr Abschied nahm. Aber sie erhielt bis zu ihrem Tod doch noch gelegentlich Post, darunter einige wenige Pakete mit eßbarem Inhalt. Die kamen von denen, die auch im Westen hungerten.

Im Jahr 1988, bei einem Familienfest, las die Witwe des Kunststoffabrikanten einen Brief vor, den Gromi in der Nacht, nachdem meine Kinder und ich in ihrem Zimmer gefeiert hatten, noch an sie geschrieben hatte. Ich glaubte, ich hörte nicht recht. Gromi bedankte sich darin herzlich für die »wunderbaren« Weihnachtsgeschenke, vor allem für die »herrliche Butter« und den »köstlichen Kaffee«. Sie sei heute den ganzen Tag allein in ihrem dunklen kalten Kämmerchen gewesen. Agnes habe mit den Kindern nur kurz mit einem Kiefernzweig hereingeschaut, denn den Tannenbaum habe sie für die Kinder natürlich unten aufstellen müssen. Es sei ja verständlich, daß die Kinder lieber unten in der warmen Stube feiern wollten, als oben bei einer alten kranken Urgroßmutter. Dafür, daß sie nun an dem weihnachtlichen Festschmaus unten nicht teilnehmen könne, tröste sie sich jetzt mit dem Inhalt des herrlichen Paketes.

Da die Witwe, die diesen fehlerfrei geschriebenen Brief vorlas, inzwischen selbst glaubte, ihr Mann habe dieses wunderbare Paket geschickt, klärte ich sie nicht auf, verließ nur das Zimmer und weinte noch einmal.

ANTONIUS JOHN

Zwischen Verweigerung und Öffnung

Das Weihnachtsfest 1945 war für mich wohl das merkwürdigste Weihnachten, das ich je erlebt habe. Es war alles anders als in Kindheits- und Jugendtagen, anders als in den Frontjahren in Rußland und in der Zeit nachher. Weihnachten 1945 wollte ich gar nicht zur Kenntnis nehmen, demonstrierte Verweigerung. Es wurde dann doch zum Kulminationspunkt dieser seltsamen und für mich einmaligen Phase lähmender Irritation zwischen Juli und Jahresende 1945.

Die Jahrzehnte hatten für die Erinnerung diese Fakten »geglättet«. Als ich aber jetzt die Texte meiner »Weihnachtsbilanz« von 1945 nachlas, wurde die damalige Wirklichkeit wieder gegenwärtig: das Scheitern des Versuchs, die sich widersprechende Hinterlassenschaft des Nationalsozialismus, die Kriegserlebnisse, das Ausmaß der ganzen Katastrophe und meine eigene christlich-politische Einstellung zusammenzubringen. Dieses Nichtvermögen und die bodenlose Hilflosigkeit steigerten sich schließlich zur Verweigerung.

Schon im Juni 1945 war ich heimgekehrt. Es war ein einziges Wunder gewesen. Vier Jahre hatte ich in vorderster Front im Osten gestanden, zuletzt den Untergang der 4. Armee am Strand von Heiligenwall in Ostpreußen miterlebt, eine der schrecklichsten Tragödien des Zweiten Weltkrieges. Zwölf Stunden trieb ich damals auf einem kleinen brüchigen

Floß im Haff, wo ich von Einheiten der Marine gerettet wurde. Dann neuer Einsatz im Samland, unweit Königsberg verwundet, von der Weichselmündung nach Hela und von dort nach Dänemark. Die Chance, damals aus Ostpreußen herauszukommen, betrug 1:10, aber am 12. Juni war ich daheim. In der westfälischen Stadt Ahlen.

Bis dahin hatte ich an jedem Tag, auch unter den schwierigsten Voraussetzungen, Tagebuch geführt. Mit dem 12. Juni hört das plötzlich auf. Hin und wieder gab es kleine Notizen in meinem Taschenkalender, den die Sparkasse Ahlen mir geschenkt hatte, gewissermaßen ein Heimkehrerpräsent.

Kurz vor Weihnachten geriet ich plötzlich in eine Art von Panik. Ich hatte das Gefühl, daß in meinem Leben ein Loch entstanden war, weil die Tagebuchaufzeichnungen über fast ein halbes Jahr fehlten. So machte ich mich nach dem 3. Adventssonntag daran, den Ablauf dieses Halbjahres, soweit möglich, wenigstens nachträglich zu protokollieren. Die Daten in meinem Sparkassenkalender waren da sehr nützlich. Am 20. und 22. Dezember hatte ich alles im »Kasten«.

Das Geschriebene, eine Art Bilanz der ersten Phase der neuen Existenz, machte mir mehr und mehr bewußt, welch ungeheures historisches Geschehen sich in dieser Zeit vollzog, von dem wir allerdings durch die Sorgen um den Alltag ständig abgelenkt wurden. Auf diese Weise geriet die Vorweihnachtswoche zu einer Woche der Gewissenserforschung, der vorweihnachtliche »Halbjahresbericht« zu einem interessanten Dokument über die allgemeinen und öffentlichen Verhältnisse in den Monaten unmittelbar nach Kriegsende. Die Fakten zeugen von einer dürftigen, aber variantenreichen Lebensform, und die geäußerten Meinungen und Urteile enthalten viel Widersprüchliches.

Seit dem 15. Juni war ich durch das Arbeitsamt als Landarbeiter verpflichtet worden. Ich tat meine Arbeit auf dem großelterlichen Hof, der im Besitz des Bruders meiner Mutter war. Ich habe dort viel gelernt, und ich habe auch kräftig zugepackt, obwohl mich meine Verwundung noch behinderte. Es gelang, das formale Arbeitsverhältnis in eine Lehre umzuwandeln, die ich mit der Landwirtschaftsprüfung abschloß. Seitdem gehört die Agrarpolitik zu den Lieblingssparten meines Journalistendaseins.

Die gewiß nicht leichte Landarbeit bereitete mir nicht nur Spaß. Ich erlebte unmittelbar, daß die Schöpfung unzerstörbar war, sich immer wieder regenerierte. Da gab es etwas, das stärker war als die menschliche Hybris, die Weltkriege hervorbrachte. Das zu wissen tat gut. Andererseits – wenn ich heute einen Blick in den »Weihnachtsbericht« 45 werfe, bin ich überrascht von der Bitterkeit, die auf manchen Seiten zum Ausdruck kommt. Da lese ich zum Beispiel: »Am 5. Juni haben die Besatzungsmächte in einer Proklamation die Übernahme der Regierungsgewalt in Deutschland verkündet. Unter den Besatzungszonen scheint die britische, in der wir leben, die humanste zu sein. Die Engländer ließen uns an relativ langer Leine laufen. Mehr Ärger gibt es mit belgischen Soldaten, von denen ich einige Male wegen irgendwelcher Kleinigkeiten festgenommen wurde. Am 5. Juli war Rudolf Amelunxen Oberpräsident von Westfalen (von Londons Gnaden) geworden. Das interessiert zwar nicht allzu sehr, aber wir haben wenigstens eine Art regionales Staatsoberhaupt. Johannes Brockmann, ein alter Parteifreund meines Vaters aus der Weimarer Zeit (Zentrumspartei), nennt sich ›Generalreferent Kultus‹ und wirkt quasi als Kultusminister.

Feldmarschall Montgomery hat schon im Mai verkündet und im Juni erneuert, daß die Einbringung der Ernte ganz oben in der Reihe aktueller Aufgaben stand, daran schloß sich an der Aufbau des Verkehrswesens und der Post. Das deutsche Volk habe seinen Befehlen zu gehorchen, um das wirtschaftliche Leben des Landes wieder in Gang zu setzen. Alle deutschen Soldaten, Flieger und Matrosen würden nach diesen Berufen gemustert und dann von der Wehrmacht verabschiedet werden.

In den Papieren, die man bei der Entlassung erhielt, wurde das Verfahren im einzelnen geschildert und unter anderem herausgestellt, daß die Vereinten Nationen nicht die Absicht hätten, Nahrungsmittel für deutschen Verbrauch nach Deutschland einzuführen. Jeder verfügbare Überschuß an Nahrungsmitteln sei für die früher von Deutschland besetzten Länder bestimmt. Da hieß es weiter: »›Wo Ihr hingeschickt werdet, da müßt Ihr bleiben und arbeiten. Zuwiderhandlung wird nach den Verordnungen der Militärregierung streng bestraft. Wer nicht gut und fleißig arbeitet, übt Verrat an Deutschlands Zukunft und zeigt sich unwürdig des Vertrauens, das man ihm als denkenden Menschen entgegenbringt.‹

In dem Merkblatt für die zur Landarbeit entlassenen deutschen Kriegsgefangenen stand weiter: ›Ihr alle seid mitschuldig an dem, was geschah. Ihr alle werdet dafür zu büßen haben. Das Leid, das Ihr jetzt und in der Zukunft zu tragen haben werdet, habt Ihr Euch selbst zuzuschreiben.‹«

Auf der gleichen Linie lag das Fraternisierungsverbot vom 10. Juli 1945. Es enthält den gleichen Vorwurf an die Deutschen – und deshalb hätten die Alliierten ihren Soldaten befohlen, von den Deutschen Abstand zu halten.

Aber ich ärgerte mich auch über das Verhalten vieler Mitbürger. Die Leute schienen überhaupt nicht begriffen zu haben, was geschehen war. »Sie erkennen die Tragik unserer Niederlage nicht. Es zeigen sich Eigenschaften, die ich früher nie bemerkt habe. Es blühen Denunziation und Liebedienerei, ja Schleimerei. Manchmal habe ich den Eindruck, daß man die Toten schon vergessen hat.«

Dabei handelt es sich vielfach um Leute, die ihren »Volksgenossen« zuvor mit ihrer braunen Beflissenheit auf die Nerven gegangen waren. Es empörte mich geradezu, wenn ich sah, wie jüngere und ältere Damen, die sich als Nationalsozialisten hervorgetan hatten, nun mit dem britischen Kommandanten in der Stadt herumfuhren.

Die Alliierten hatten es sich zur Aufgabe gemacht, alle Erinnerungen an die großdeutsche Vergangenheit zu tilgen. Da es uns an der notwendigen Kleidung fehlte, waren wir auf das Tragen »entmilitarisierter« Uniformen angewiesen. Sie mußten daher gefärbt werden. Dazu konnte man vier Farben erwerben, nämlich: Schwarz, Marineblau, Dunkelbraun und Dunkelgrün. Ich hatte das Glück, noch zwei Hosen meiner schwarzen Panzeruniform zu besitzen. Eine änderte kurz vor Weihnachten ein benachbarter Schneider nach vielem Zureden, so daß ich Besitzer eines fast neuen Kleidungsstücks wurde, das mir geradezu elegant vorkam.

An einer anderen Stelle des Berichtes ist zu lesen: »Wenn die Entnazifizierung demnächst anläuft, soll Vater dabei sein. Ich würde da nicht mitmachen, da die Einrichtung eine alliierte Angelegenheit ist, die man in Jalta und Potsdam beschlossen hat. Ich meine, es wäre unsere eigene Sache, den Saustall von einst zu säubern. Vater ist da anderer Meinung. Er weiß aber, daß wenn die Dinge erst mal laufen, sie ihm nur Ärger bringen.

In der Nähe von Recklinghausen gibt es eine Art KZ, in das man eine Reihe von Ahlener Nationalsozialisten eingeliefert hat, darunter meinen alten Physik-, Chemie- und Mathematiklehrer Hannes Dollinger. Der hätte es nicht nötig gehabt, sich der Partei zu verschreiben. Er war in einem Stadtteil Ortsgruppenleiter.

Allmählich wird klar, was die Alliierten mit uns vorhaben, wir nennen das die vier ›D‹: Demilitarisierung,

Denazifizierung, Dekartellisierung, Demokratisierung. Zur Demokratisierung gehört auch die Umerziehung, die sogenannte Reedukation. Manchmal ist es peinlich zu sehen, wie sich die Alliierten da abstrampeln. Die Engländer aber nüchterner als die Amerikaner.«

Es waren wilde Wochen und Monate im zweiten Halbjahr 1945. Die Bauernhöfe wurden ständig überfallen, auf dem Stammhof meiner Großmutter richteten polnische und russische Verschleppte ein Blutbad an. Ein Verwandter wurde ermordet, ein Bekannter von ihm ebenfalls erschlagen, der Hof geplündert. Wenig später ein ähnliches Ereignis (mit Toten) in der unmittelbaren Nachbarschaft des Hofes, auf dem ich arbeitete. Die britische Militärpolizei griff ein, wenn man sie erreichen konnte, die Belgier dagegen ließen sich nur zögerlich zu Einsätzen bewegen. Man mußte stets damit rechnen, daß man vom Fahrrad gezerrt wurde und die Diebe mit ihrer Beute entschwanden. Wenn ich mit Pferd und Wagen über Land fuhr, sorgte ich immer dafür, daß ein zweiter Mann dabei war. Wir waren mit einem Stück schweren Überlandkabels bewaffnet, das wir unten mit einem Bleistück versehen hatten.

Die alliierten Behörden achteten scharf darauf, daß die Sperrstunden eingehalten wurden. Wehe dem Bürger, der sich doch noch auf den Straßen sehen ließ. Ich war in dieser Beziehung sehr leichtsinnig, mehrmals mußte ich über Hekken und Zäune und Hinterhöfe vor nachfolgenden Militärpolizisten flüchten. Um diesem Besatzungsalltag zu entgehen, meldete ich mich im Laufe des Sommers zu den Minensuchern der Marine, die unter englischem Kommando in der Nordsee eingesetzt waren, wurde aber nicht angenommen, da ich nicht zur See gefahren war. Danach trug ich mich mit dem Gedanken, zur Fremdenlegion zu gehen. Der Plan scheiterte daran, daß eine Übernahme in die Legion mit

Dienstrang nicht möglich war. Wenig später war ich froh, daß beide abenteuerlichen Versuche nicht geglückt waren.

Meine »Weihnachtsbilanz« enthält aber auch zahlreiche brennende Fragen, die uns heute noch beschäftigen. Wie war das mit den Verbrechen, die die Deutschen begangen hatten? Wo waren zum Beispiel die verschleppten Juden unserer Stadt geblieben?

Wir haben damals ehrlich versucht, all das Schreckliche und Unbegreifliche zu erfassen, von dem wir hörten. Natürlich haben wir Zweifel gehegt, schon weil die Informationen, die wir von alliierter Seite erhielten, sehr unvollständig waren. Trotzdem – es ist unangemessen, uns vorzuwerfen, wir hätten uns geweigert, unbequeme Tatsachen zur Kenntnis zu nehmen. Wir haben nächtelang darüber diskutiert. Wir waren – dennoch – die ersten, die sich gegen das Vergessen wehrten.

Das Elternhaus, das in meiner Kindheit politisch beim Zentrum gestanden hatte, die kirchliche Bindung der Familie und mein leidenschaftliches Engagement bei der Katholischen Jugendbewegung hatten Markierungspunkte gesetzt, die auch jetzt noch galten. Dazu kamen die unmittelbaren Erfahrungen mit dem Nationalsozialismus, unter dessen Terror mein Vater sehr gelitten und beispielhaft Charakter gezeigt hatte. Auch das schwere Los meiner Mutter, als man meinen Vater zur »Bewährung« weggeholt hatte, war nicht ohne Wirkung geblieben. Trotzdem hatten wir in den schrecklichen zwölf Jahren immer unterschieden zwischen Staat und Regime. Mein Vater, obwohl von den Nazis schikaniert, hatte es deshalb auch nie verstanden, wenn ich z. B. fahnenflüchtig geworden wäre. Soldatentum war in seiner Sicht etwas Schicksalhaftes, das den Menschen auferlegt war und dem man sich nicht entziehen konnte. Das waren Traditionselemente, die erschwerend in einen radikalen geistigen

Neubeginn hineinwirkten. Ich habe das auf geradezu skurrile Weise an mir selbst erlebt.

Ich hatte kurz nach dem Kriege am Ufer der unsere Stadt durchfließenden Werse – sie mündet unweit Münster in die Ems – ein deutsches »Maschinengewehr 42« gefunden. Daneben lag, woher auch immer, noch ein 5-cm-Granatwerfer sowjetischer Bauart. Ich sah in beiden Waffen ein Stück Kontinuität meiner militärischen Vergangenheit, vor allem meines baltischen Jägerdetachements, mit dem ich noch am Ende des Krieges die Freiheit des Baltikums von Stalin und Hitler erkämpfen wollte.

Ich habe beide Waffen versteckt und jahrelang aufbewahrt, was mehr als symbolische Handlung zu verstehen ist. Erst mit der Aufstellung des Bundesgrenzschutzes Anfang der 50er Jahre fühlte ich mich nicht mehr »verantwortlich« für meine »Waffenträgerschaft«, die Staatlichkeit hatte nun ein anderes Instrument gefunden. Ich baute also das MG auseinander und zerlegte den Granatwerfer. Mörserplatte und MG-Lauf landeten auf dem Schrottplatz, das Granatwerferrohr fand Verwendung bei Betonarbeiten, die beweglichen Teile des MG verschwanden in einer Baugrube.

Nur das unbrauchbare Gehäuse des MG habe ich als Attrappe behalten, bis es mir die Handwerker bei einer Reparatur im denkmalgeschützten Haus der Eltern klauten.

Da gab es aber nicht nur militärische – oder soll ich sagen: militaristische – Reaktionen, sondern auch nationalistische Verhaltensmuster, die ich in der Nazizeit nie akzeptiert hatte. Ich wollte den Besatzern die Zähne zeigen, wollte ihnen beweisen, daß es in Deutschland nicht nur Anpassung und Opportunismus gab. Ich war stolz darauf, wenn die Tommies auch, was wiederholt vorgekommen ist, mich festnahmen und abführten. Einmal wollten sie mich sogar »nach Recklinghausen«, das berüchtigte Internierungslager, transportieren. Der Pfarrer und Menschen, die sich in der Nazizeit als aufrechte Bürger bewährt hatten, holten mich wieder heraus, darunter auch ein Kommunist.

Dieser Trotz-Nationalismus hätte schwere Folgen haben können. Es ging aber gut. Begünstigt wurde dieses abwegige Verhalten, weil ich die militärische Existenz und ihre Verhaltensformen nicht von einem Tag auf den anderen einfach abstreifen konnte. War ich etwa von der Ideologie angesteckt? Nein, das war ich beileibe nicht, so seltsam meine Auftritte auch manchmal ausschauten. Mit den Nazis hatte das nichts zu tun. Ich warf unseren Befreiern sogar vor, daß sie alles unterlassen hätten, um uns vor den wildgewordenen Kleinbürgern zu bewahren. Aus all den wirren Gedanken und Überlegungen gewann aber doch die Erkenntnis, daß es eine Pflicht gab, nicht zu resignieren, sondern aus der Erfahrung zu lernen und selbst aktiv zu werden die Oberhand.

Die politischen Ein- und Auslassungen in dem Weihnachts-Halbjahresbericht sind nicht weniger chaotisch als das eigene Befinden selbst. Neben dem guten Willen, neue Formen für Staat und Gesellschaft zu finden, ergaben sich störende Widersprüche. Und diese schienen sich nicht auflösen zu wollen.

Doch finden sich in meinen Aufzeichnungen auch Hinweise auf ein starkes politisches Interesse. Die große Frage in unserer Familie war – und das galt besonders für Vater –, ob die Zentrumspartei im alten Stil wieder entstehen sollte. Vaters früherer Kollege Fritz Krabbe, ein alter Vertreter des linken Flügels des Zentrums, Johannes Brockmann und einige andere kamen häufig in unser Haus, um Vater für die Partei zu gewinnen. Im Oktober waren wir beide nach Soest gefahren und hatten der Neugründung der Zentrumspartei beigewohnt. Der Vater faßte damals den für ihn gewiß nicht einfachen Entschluß, einen anderen politischen Weg zu

75

gehen als während der Weimarer Zeit. Das war Abschied von einer Tradition, die für ihn viel bedeutet hatte, zumal er auch im katholischen Vereinsleben immer sehr engagiert Aufgaben übernommen hatte. Er war der Meinung, daß die Zeit einer konfessionellen Partei vorbei war.

Dann, am 15. und 16. Dezember 1945, war ich in Bad Godesberg. Ich übernachtete bei einem Freund meines Vaters, mit dem er zusammen in der »Bewährungseinheit« des SS-Polizeiregiments gewesen war. Im Pädagogium fand die erste sogenannte Reichstagung der CDU statt. Eine für mich sehr aufschlußreiche Tagung, obwohl ich unter den Teilnehmern kaum jemanden kannte. Ich drückte mich in dem Saal herum, »bewunderte« die Bemalung des Raumes, der Decken und der Wände mit Szenen aus der deutschen Sagenlandschaft: »Richard Wagner« in Farbe.

Die eigentliche Bedeutung dieser Zusammenkunft habe ich erst später begriffen, es ging um die Auseinandersetzung zwischen der CDU Ostdeutschlands, genau: der sowjetisch besetzten Zone, und der im Westen. Der ehemalige Reichsminister und Bauernführer Hermes hatte in Berlin gewissermaßen von oben eine Reichs-CDU gegründet. Zu seinem Kreis gehörten u. a. auch Jakob Kaiser und andere bekannte Politiker. Im Westen dagegen war die CDU-Partei mehr von unten auf örtlicher und Kreisebene entstanden. Hier in Godesberg sollte sich nun entscheiden, welche der beiden Gruppierungen die wahre Lehre vertrat. Hermes hatte eine große staatsmännische Rede ausgearbeitet (deren Text ich in meinem Buch über das Ahlener Programm voll wiedergegeben habe). Er bekam jedoch keine Ausreisegenehmigung, obwohl er sich an den General Schukow persönlich gewandt hatte. Diese Tatsache ist wahrscheinlich dafür maßgebend gewesen, daß später nicht Hermes, sondern Adenauer der führende Mann in der CDU wurde.

Dazu einige Sätze aus meinen Notizen: »Was hat da eigentlich in Godesberg bei der CDU stattgefunden? Am Handlungsort habe ich manches übersehen. Die Leistung der Berliner CDU ist beachtlich, da sie eine Reichspartei sein will. Hermes hat einen guten Ruf. Man kennt ihn aus der Weimarer Zeit. Bei uns sind die Christdemokraten sehr zersplittert. In den Städten und Kreisen macht jeder, was er will. Nicht mal die Bezeichnungen sind einheitlich. Hermes hat recht, wenn er Ordnung in den Laden bringen will.

Aber heute entdecke ich auch andere Elemente. Ein Kölner hatte in Godesberg eine Bemerkung gemacht, die mir jetzt wieder einfällt: Hermes? Alles gut und schön, er ist auch ein guter Mann. Aber was da aus Berlin kommt, wollen wir nicht. Von dort hat man uns genug geknebelt. Wir wollen eine Partei, wie wir sie für richtig halten.

Je mehr ich darüber nachdenke, desto fragwürdiger wird die ganze Sache. Ist da plötzlich der alte Konflikt zwischen Preußen und Westdeutschland wieder hochgekommen?«

Ein ganz anderes Thema beschäftigte mich drei Tage später, am 23. Dezember 1945. Die Flüchtlingsströme bereiteten Sorgen. Die ersten kamen schon im Sommer in Ahlen an, zunächst nur vereinzelt, dann aber immer stärker. »Trotz der schlimmen Verhältnisse scheint die Eingliederung einigermaßen zu funktionieren. Die Flüchtlinge hier bei uns kommen meist aus Ostpreußen. Auf dem großelterlichen Hof ist die Familie Nilewski untergebracht, Vater, Mutter und Tochter. Sie hatten im Osten einen Bauernhof. Habe mit Nilewski ein längeres Gespräch. Seine Leute sind sicher, daß sie in die Heimat zurückkehren werden. Ich bin da anderer Ansicht, halte mich aber zurück.

Aber nicht immer verläuft die Eingliederung so glatt, wie das sein sollte. Manche Einheimischen sehen in den Neuankömmlingen Konkurrenten, die ihnen ihre eigene schmale

Lebensbasis streitig machen wollen. Es gibt unerfreuliche Auftritte. Gut ist, daß heimkehrende Soldaten ihren Angehörigen von dem schweren Schicksal der Flüchtlinge und Vertriebenen aus eigener Erfahrung berichten und damit mehr Einsicht bewirken können.

Ich fürchte, daß wir in den nächsten Jahren in Mitteleuropa eine Völkerwanderung haben werden. Auch unsere Heimat wird sich dadurch verändern.«

Doch dann war plötzlich Weihnachten da. Und da es der Brauch so wollte, hatte ich unsere Krippe aufgestellt, wenn auch nur in einer ganz kleinen Version. Es gab sogar ein kleines Tannenbäumchen. »Am Nachmittag unternahm ich einen Spaziergang durch die Wiesen des großelterlichen Hofes. Es war sehr einsam, aber diese Einsamkeit tat mir sehr gut. Ich dachte an die vielen Kameraden, die nicht zurückgekommen waren. Als ich zu Hause anlangte, war es schon dunkel. Es konnte keine Bescherung geben. Woher auch!«

Als ich das Zimmer betrat, hatte die Mutter doch etwas herbeigezaubert, vor allen Dingen an Gebäck. Da gab es alle möglichen Variationen von Plätzchen, meist auf der Basis von Haferflocken und Bucheckern. Es brannten einige Kerzen, und auf dem Tisch stand eine Flasche Wein. Auf dem Sofa fand ich ein kariertes Hemd, das Mutter aus einem alten Bettbezug genäht hatte.

Wir saßen kurz beieinander, die Mutter sprach ein Gebet, in dem sie dafür dankte, daß wir alle wieder zusammen waren, und dann gingen wir die Treppe hoch zur Familie Dürrmann. Die Dürrmanns waren am 1. Oktober bei uns eingezogen: eine Mutter mit vier Kindern, ohne den Familienvater. Diplomingenieur Dürrmann war Betriebsleiter auf der Zeche Westfalen gewesen und hatte sich dort als Nationalsozialist exponiert. Nun war er ›in Recklinghausen‹ interniert.

Es muß ein trauriges Bild gewesen sein, als die Durrmanns bei uns einzogen. Auf ein kleines Wägelchen hatten die Fünf ihre Habe geladen. Danach kamen noch einige Möbel. Ich selbst habe es nicht gesehen, aber mir wurde gesagt, es sei ein Bild tiefer Demütigung gewesen. Es waren kommunistische Bergleute, die beim Umzug geholfen hatten. Es war sehr schwer für die Familie, zurechtzukommen. Niemand wußte, was mit dem Vater geschehen würde, wann seine Entlassung erfolgen würde.

Jetzt ging also meine Mutter voran, Vater und ich folgten. Wir stiegen die große Treppe zu der kleinen Wohnung empor. Mutter hatte einige Tüten dabei. Auch sie waren mit Plätzchen gefüllt. Dazu kamen einige Äpfel, die sie an die Kinder verteilte. Ich war gerührt und spürte, wie wichtig es war, daß wir diese Geste getan hatten. Wir baten die Fünf, dann zu uns herunterzukommen, wir saßen noch eine Stunde beieinander, tranken ein wenig Kräutertee, und ich spielte auf dem Klavier.

Dann geschah etwas Besonderes, etwas Wunderbares. Ich spürte in mir eine Veränderung, die ich nicht selbst ausgelöst hatte. Es war – und das entnehme ich dem geschriebenen Text – als ob sich die große Verwirrung zurückzog, wie wenn ein Nebel verschwindet. Ich spürte das Bedürfnis, mich zu öffnen. Der Zustand der Verweigerung war vorüber.

Es war wirklich Weihnachten und das Wort vom »Frieden den Menschen, die guten Willens« sind, war mir eine Offenbarung. Am nächsten Morgen ging ich in die Frühmesse, der Chor sang, die Orgel spielte, es war alles sehr festlich – und alles wie früher. Wir sangen die alten Lieder, »Vom Himmel hoch . . .« und »Herbei, oh ihr Gläubigen . . .« Ich war wie benommen und hatte das Gefühl, daß – jetzt endlich – der Krieg für mich vorbei sei.

Wie seit Jahrzehnten üblich, begaben wir uns am 25. Dezember auf den großelterlichen Hof, wo sich die gesamte Verwandtschaft zum Fest traf.

Als ich noch Kind war, gab es hier stets eine zweite Bescherung. Die Gespräche, die wir jetzt führten, hatten nur *ein* Thema: Wie wird es weitergehen? Ein Bruder meiner Mutter fragte Vater, was er denn gegen den Bösewicht tun werde, der ihn bei den Nazis denunziert habe. Ich werde nie vergessen, wie Vater darauf antwortete. »Ich werde diesem Mann nicht Böses mit Bösem vergelten. Ich will kein Denunziant sein. Wenn er anderen Menschen noch Schlimmeres angetan hat, wird es herauskommen, und er wird dafür bestraft werden. Aber vielleicht ist er nur einmal schwach geworden. Weshalb soll ich ihm sein Leben zerstören?« So oder ähnlich hat er geantwortet. Wir haben auch nie den Namen des Denunzianten von ihm erfahren.

Nach der Tradition waren wir am zweiten Feiertag auf dem Hof eines anderen Bruders meiner Mutter, um dessen Namenstag Stephan zu feiern. Im Herbst 1944 war dieser Onkel bei der Ackerbestellung von britischen Jagdbombern angegriffen worden. Er und ein Landarbeiter fanden den Tod. So wurde unser Weihnachtsbesuch diesmal zu einem Kondolenzbesuch. Trotzdem habe ich diesen Feiertag in einer besonders guten Erinnerung – weil sich britische Soldaten nämlich nicht an die Befehle ihres Oberbefehlshabers hielten.

Der ältere Bruder meines Freundes Erich Höltgen, der vermißt war, war ein begnadeter Pianist. Jetzt, am zweiten Weihnachtstag veranstaltete er in seinem Hause ein Klavierkonzert, und mit von der Partie war ein britischer Soldat, der im Hauptberuf Geiger bei BBC London war. Hardy Höltgen am Flügel und der Brite mit seiner Geige – das Zusammenspiel war vollkommen. Ich habe es nie vergessen.

Hardy war übrigens ein toller Kerl. Er studierte Medizin.

Dann kam er im Osten in Einsatz, und gleich an einem der ersten Tage wurde er schwer verwundet. Aber es gelang ihm, sich durch hohen Schnee bis zu seinen Kameraden durchzuschlagen.

Das Ende des Krieges erlebte er im Ruhrkessel. Bis zur Heimat waren es dann nur noch hundert Kilometer. Er verschaffte sich eine amerikanische Uniform und trat als GI auf. Nicht nur das, er kaperte auch gleich den Wagen des amerikanischen Regimentskommandeurs und fuhr mit ihm vor dem Elternhause vor. Der Wagen wurde durch den kommunistischen Polizeichef beschlagnahmt, der ihn aber dann in einem Bauerngehöft unter Stroh verstecken ließ. Dort wurde er bei einer Razzia nach verborgenen Fleischvorräten wiederentdeckt. Das bedeutete das Ende der polizeilichen Tätigkeit des Kommunisten. Sonst hatte der Vorfall keine Folgen.

Am 29. Dezember 1945 vertraute ich meinem Tagebuch noch die folgenden Sätze an: »Die Deutschen existieren noch in dieser Welt. Papst Pius hat zu Weinachten 32 neue Kardinäle ernannt. Das wurde notwendig, weil in den zurückliegenden Jahren das Kardinalsgremium stark geschrumpft war und bis dahin keine Möglichkeit bestand, neue Kardinäle zu ernennen. Nunmehr ist das Kollegium wieder auf volle Stärke aufgestockt. Unter den Ernannten befinden sich drei Deutsche, es handelt sich um sehr bemerkenswerte Persönlichkeiten. Es ist vor allen Dingen unser Bischof von Münster, Clemens August Graf von Galen, außerdem der Bischof von Berlin, Konrad Graf von Preysing, und der Erzbischof von Köln, Josef Frings. Unser Land ist damit wenigstens in Rom noch gegenwärtig.

Die Weihnachtsansprache des Papstes hat mich übrigens sehr beeindruckt. Er hat sich vor allem an jene gewandt, die beauftragt sind, Verbrechen zu sühnen. Seine Mahnung: »Wer kann mit den Worten der Schrift sagen, ich bin frei von

Schuld?‹ und der Satz ›Sie sollten dafür Sorge tragen, daß sie nicht selbst etwas tun, was sie an anderen als Untaten oder Verbrechen verurteilen‹, trifft genau das, was ich in dieser Zeit empfinde. Die Deutschen sollten auch diesen Satz nicht vergessen: ›Wir können nicht verbergen, daß wir es schmerzlich empfinden, wenn in einigen Fällen die Gefangenschaft ohne vernünftigen Grund verlängert und das Los der Gefangenen durch harte, ungerechtfertigte Arbeit erschwert wird, die im Gegensatz zu internationalen Konventionen und noch mehr im Gegensatz zu den geheiligten Grundsätzen des Christentums und des Gewissens steht.‹«

Die Neujahrsaufrufe der Parteien sind dagegen platt und harmlos. Lediglich in dem CDU-Aufruf kommt zum Ausdruck, daß der Wiederaufbau Deutschlands nur möglich ist, wenn er in einem abendländischen Geist erfolgt. Das heißt, daß die Chancen unseres Landes jenseits eines engstirnigen Nationalismus liegen müssen. »Die Zukunft liegt in Europa.«

Mit Weihnachten und dem Jahreswechsel begann für mich eine neue Zeit, ein geistiger Aufbruch. Die nun kommende materiell sehr schwierige Periode von 1946 bis 1949 wurde mir die geistig vitalste meines ganzen Lebens: Begegnungen mit interessanten Menschen, vor allem mit Walter Dirks und Eugen Kogon, nächtelange Diskussionen in allen möglichen Gesprächskreisen, bescheidene Mitarbeit an den Vorbereitungen zum Ahlener Programm. Das Ziel war erkannt: die Schaffung eines neuen Staates von grundauf und einer neuen Gesellschaft. Wenn man auch nur einen kleinen Part spielte, aber man war dabei, große Ideen umzusetzen! So war Weihnachten 1945 doch noch zu einem Ausgangspunkt neuer Hoffnung geworden...

Hermann E. J. Kalinna

»Siehe, ich verkündige euch große Freude«

Das Weihnachtsfest ist in meiner Familie seit eh und je nach einem festen Ritus, mit nur geringen Abweichungen, begangen worden. Nach dem Besuch der Christvesper um 16 oder 17 Uhr in der Gustav-Adolf-Kirche in Düsseldorf-Gerresheim versammelte sich die Familie zu einer Feier, die wie ein verkürzter Gottesdienst ablief. Schriftlesungen aus dem Alten und Neuen Testament wechselten mit sechs oder acht Weihnachtsliedern der klassischen Art, möglichst mit allen Versen gesungen. Es folgte eine biblische Betrachtung oder eine poetische Weihnachtsgeschichte mit religiösem Gehalt. Das Ganze schloß mit Gebet und Vaterunser. Die nachfolgende Bescherung und das Weihnachtsessen wurden unbefangen genossen, erhielten aber durch diesen Ablauf in der Gesamtfeier einen begrenzten Stellenwert.

Ohne moralisch erhobenen Zeigefinger vermittelten uns die Eltern so Jahr für Jahr, worauf es Weihnachten ankommt. Gegen neuheidnische Einbrüche waren wir daher immunisiert. Wo »Hohe Nacht der klaren Sterne« gesungen wurde, wendeten wir uns mit Grauen ab.

Das erste Friedensweihnachtsfest nach sechs Kriegsweihnachten ist mir dennoch in besonderer Erinnerung. Bis 1944 hatten wir im Grunde jedes Jahr dreimal gefeiert: einmal in unserer vierköpfigen Familie, am ersten Weihnachtstag bei den unverheirateten Schwestern meiner Mutter in der Friedrichstraße und am zweiten Weihnachtstag in Oberkassel auf der Lohengrinstraße bei der Familie des Bruders meiner Mutter. Diese beiden Zusammenkünfte fielen diesmal aus. Die Tanten aus der Friedrichstraße waren ausgebombt und lebten bei uns. Die Oberkasseler konnten wir nicht erreichen, weil nur ein abenteuerlicher Fährverkehr und eine noch riskantere Behelfsbrücke, die die Engländer geschlagen hatten, die Verbindungen zum anderen Ufer mühsam aufrechterhielten.

Äußerlich war es wohl das ärmste Weihnachtsfest seit 1939. Die Versorgungslage im Winter 1945/46 war katastrophal. Die offiziellen Kalorienzuteilungen sanken auf tausend Kalorien pro Tag – was aber nicht hieß, daß man sie wirklich bekam. Die Kindersterblichkeitsquote stieg auf über 14 Prozent, in den städtischen Kliniken wurde bei 3 und 4°C operiert. Wer keine Kohlen auf regulärem Wege beschaffen konnte, mußte in den umliegenden Wäldern oder an den Chausseen Holz »organisieren«. Bei den Bauern in der unmittelbaren Nachbarschaft Düsseldorfs, aber auch auf längeren Hamstertouren ins Bergische Land, ins Sauerland oder gar ins französisch besetzte Hessen – der Grenzübergang war immer besonders abenteuerlich – versuchten wir mit Hilfe von Tauschware unsere Ernährungslage zu verbessern.

Zum Tauschfonds der Familie gehörten vor allem die Solinger Stahlwaren, die unsere Tanten über den Krieg gerettet hatten. Dazu kamen die mir als Sechzehnjährigem zustehenden Zigaretten. Schließlich hatten wir immer einen erklecklichen Vorrat an Underberg-Magenbitter. In unserer unmittelbaren Nachbarschaft wohnte Frau Maria Gronartz, eine Tochter des Fabrikanten Underberg. Ihr Sohn Franz, Leutnant der Fallschirmjäger, war Schüler des Hindenburg-Gymnasiums gewesen und pflegte während des Heimaturlaubs nachbarschaftliche und freundschaftliche Kontakte zu unserer Familie. Er fiel 1944 in der Nähe von Bastogne bei der

Ardennenoffensive. Sein Schweizer (!) Bursche belästigte nach dem Kriege Frau Gronartz in ihrem Einfamilienhaus, offensichtlich mit der Absicht, sich dort Wertgegenstände zu verschaffen. Frau Gronartz bat mich, ihr Haus mitzuhüten. Dies habe ich über einen längeren Zeitraum hin getan, bis der Bursche nicht mehr auftauchte. Zur Belohnung erhielt ich Päckchen des damals sehr begehrten Magenbitters.

Gelegentliche Eßfreuden vermittelte auch eingemachtes Pferdefleisch. Ein Freund meines Vaters, der noch im fortgeschrittenen Alter als Sanitäter eingezogen worden war, hatte sich, als der »Ruhrkessel« demobilisiert wurde, nach Wuppertal entlassen lassen, wo er klugerweise im Hause seines englischen Schwagers Millard Aufnahme suchte. Er war ein guter Organisator und tauchte eines Tages mit einer großen Menge Pferdefleisch bei uns auf. Da der Weg in seine Heimatstadt Moers noch nicht offen war, bat er meine Mutter, das Fleisch einzukochen. Davon fiel dann auch einiges für uns ab. Ich erinnere mich, daß wir damit nicht nur dankbar unseren Hunger stillten, sondern auch meinten, daß es viel besser schmecke, als wir früher geglaubt hatten.

Im übrigen ergänzten wir unsere Speisekarte durch das, was in Wiese und Feld wild wuchs. Wir suchten Brennessel und Löwenzahn, die zu Spinat und Salat verarbeitet wurden. In der Beerenzeit versuchten wir, die ersten in den Brombeerbüschen zu sein, und schafften kiloweise Holunderbeeren heran.

Wichtiger waren die amerikanischen Pakete, die vom Herbst 1945 an mit einer gewissen Regelmäßigkeit eintrafen. Wir verdankten sie einer Schulfreundin meiner Mutter, die 1919 mit ihrem Mann Peters, Professor der Hochschule für bildende Künste in Hamburg, nach Los Angeles ausgewandert war. Er war dort ein bekannter Architekt geworden, ein Kaufhaus am Wiltshire Boulevard erinnert heute noch an ihn. Seine Tochter Ursula unterrichtete die Tochter von Marlene Dietrich in Deutsch. Tante Herta organisierte in ihrer Familie und in ihrem Freundeskreis das Sammeln von Lebensmitteln und Kleidern, die sie dann an ihre in Deutschland lebenden Verwandten und Freunde weiterleitete. Ein derartiges Paket wurde stets sehnsüchtig erwartet, und, wenn es da war, in Anwesenheit der gesamten Familie mit großer Dankbarkeit geöffnet. Dennoch haben auch wir erfahren, was Hunger heißt. Um jedem gerecht zu werden, wog unsere Mutter in der ärgsten Zeit die Rationen an Brot und Aufschnitt genau für jeden auf der Waage ab.

Auch Weihnachten 1945 beglückte uns ein derartiges Paket. Da es aber nur einen Teil der Versorgungslücke schließen konnte, ließen wir unseren geliebten Mümmelmann, einen »belgischen Riesen«, den wir mit großer Mühe großgezogen hatten, bei Freunden schlachten. Wenn wir unserem Hausgenossen, der meist frei in der Wohnung herumgehoppelt war, auch einige Tränen nachweinten, so waren wir doch dankbar, daß er zu unserer Weihnachtsfreude beitrug.

In einem Punkt war dieses Weihnachtsfest jedoch reicher denn je. Unsere ganze Wohnung, zumal das Weihnachtszimmer, hing voller kostbarer Gemälde, die wir uns niemals hätten leisten können. Ein befreundeter Nachbar, der in einem der schönsten Häuser auf dem Gallberg wohnte, hatte vor dem Einzug der Amerikaner seine großzügigen Räume derart mit Möbeln verstellt, daß das Ambiente den beschlagnahmenden Amerikanern nicht sonderlich einladend erschien. Uns hatte er den größten Teil seiner Bilder anvertraut. Aber nicht nur die Schönheit der Bilder tröstete über die Kargheit des realen Lebens. Seit einiger Zeit regte sich, wenn auch mühsam, das kulturelle Leben in unserer schwer zerstörten Stadt wieder. Das Opernhaus zerbombt, aber noch während des Krieges behelfsmäßig wiederaufgebaut, wurde von den Engländern, die Anfang Juli die amerikanischen Besatzungstruppen abgelöst hatten, wieder hergerichtet und von Zeit zu Zeit für die deutsche Bevölkerung freigegeben. Am 23. Dezember besuchten wir dort eines der ersten Konzerte im Nachkriegs-Düsseldorf. Wir hörten die »Schöpfung« von Haydn, unter der Leitung von Heinrich Hollreiser.

Anfang Oktober hatten auch die Schulen, so gut es ging, ihren Betrieb wieder aufgenommen. Meine Schule, das frühere Gymnasium an der Klosterstraße, dann Hindenburg-Gymnasium und nach dem Krieg in Humboldt-Gymnasium umbenannt, war zerstört und nun im Städtischen Mädchengymnasium, der Luisenschule, zu Gast. Der Unterricht wurde eine Woche vormittags und eine Woche nachmittags gehalten, im Wechsel mit den Mädchen der Luisenschule. Als ich 1944 im September zum Volkssturm eingezogen worden war, war ich Untersekundaner. Jetzt wurde ich zunächst wieder einer großen Untersekunda zugeteilt, die aus zwei Parallelklassen gebildet war, aufgefüllt mit versprengten Einzelnen aus anderen Klassen und Schulen. Unser neuer Direktor, Dr. Sandgathe, war ein Mann hoher Reputation, der im Dritten Reich nicht befördert worden war. Wir erzählten uns, er habe mit Einstein im Briefwechsel gestanden. Wir lernten bei ihm Geschichte aus der Sicht des Demokraten. Er konnte aber jederzeit fast in allen Fächern einspringen; wenn es sein mußte, erteilte er hervorragenden Griechisch-Unterricht.

Kurz vor Weihnachten gab es ein merkwürdiges Ereignis. Es klopfte an der Klassentür und auf das energische Herein des Lehrers trat Lothar Goebbels ein, Sohn von Hans Goebbels, dem Bruder des einstigen »Reichspropagandaministers«. Als Lothar den Klassenraum betrat, war die erste Reaktion betretenes Schweigen. Dann brach Gelächter aus. Warum, weiß ich nicht, vermutlich aus Verlegenheit. Obwohl die Familie Goebbels katholisch war, war Lothar evangelisch;

vielleicht hatte er eine evangelische Mutter. Ich kümmerte mich ein wenig um den isolierten Schüler. Dies dauerte aber nur wenige Monate, weil er unsere Schule bald wieder verließ und ich ihn dann für Jahre aus den Augen verlor.

Erst im Wintersemester 1949, als Theologiestudent in Bonn, traf ich ihn wieder. Auf meine Frage: »Was machst du hier?« sagte er: »Ich studiere Theologie.« »Wieso«, fragte ich zurück, »habe ich dich denn nirgendwo im Seminar gesehen«? Verlegen kam es zurück: »Ich studiere katholische Theologie, ich bin konvertiert. Ich will den Namen Goebbels vor dem deutschen Volke reinwaschen.« Nach nicht allzu langer Zeit, als ich mich wieder einmal nach ihm erkundigte, hörte ich, daß er seinem Leben mit einer Überdosis Schlaftabletten selber ein Ende gesetzt hatte.

Zurück zum Weihnachtsfest 1945. Auch der Rückblick auf das vergangene Jahr gehörte bei uns zum Ritual. Diesmal umkreisten unsere Empfindungen und Gedanken vor allem die Vorstellung, daß dies seit sechs Jahren die erste Weihnacht in Frieden war. Dieser Zeitraum umspannte für einen Sechzehnjährigen die Hälfte seines bewußten Lebens. Die Bilanz war auch für mich sehr traurig. Mein Lieblingsvetter war vor Leningrad gefallen, ein Vetter in Rußland vermißt. Die Cousine meines Vaters, die mit dem Sohn einer befreundeten jüdischen Familie, Dr. Kurt Grelling, verheiratet war und in Belgien Zuflucht gefunden hatte, war kurz vor der Pogromnacht – damals »Reichskristallnacht« genannt – noch einmal bei uns zu Gast gewesen. Beide waren dann ins unbesetzte Frankreich geflohen. Nun hatte uns die Nachricht erreicht, daß Tante Greta freiwillig mit ihrem Mann, der von der Vichy-Regierung ausgeliefert wurde, in die Verschleppung und damit in die Vergasung gegangen war.

Auch über den Neuanfang in der Schule gab es manches zu erzählen, über vieles zu diskutieren. Außer dem schon erwähnten neuen Direktor war unser Lehrerkollegium das alte geblieben. Obwohl viele von ihnen das Parteiabzeichen getragen hatten, erinnere ich mich nicht daran, daß unsere Schule besonders stark vom NS-Geist gezeichnet gewesen wäre. Mein eigener Klassenlehrer, Studienrat Baur, hatte mit dem Regime nichts am Hute und wurde gleich nach dem Kriege zum Direktor des Gymnasiums in Mettmann berufen. Auch den Stellvertreter des Direktors, Oberstudienrat Knaut, habe ich als außerordentlich gebildeten und feinen Herrn in Erinnerung, der uns den Geist des klassischen Humanismus und nicht den Zeitgeist vermittelte.

Anders sah es mit unserem Direktor Dr. Ellenbeck aus, der nach dem Kriege in unserer Schule nicht mehr auftauchte und, soviel ich weiß, auch nicht mehr in den Schuldienst übernommen wurde. Er war ein begabter Pädagoge und eindrucksvoller Schulleiter. Ursprünglich Reichstagsabgeordneter der Deutsch-Nationalen war er, ich glaube als März-Gefallener, zur NSDAP gestoßen. Schon 1938 hatte er, obwohl fast fünfzig Jahre alt, als Reserveoffizier Dienst getan. Er schrieb uns von der Westfront aufmunternde Briefe und kam 1940 ins Oberkommando der Wehrmacht, wo er die bekannten Mitteilungen für die Truppe und das Offizierscorps herausgab. Bei Beginn des Krieges wurde er als Hauptmann eingezogen. Meine Mutter erinnerte am Weihnachtsabend an Ellenbecks Abschiedsrede von 1939, die er vor der Freitreppe im Hofe des alten Hindenburg-Gymnasiums vor der versammelten Schulmannschaft gehalten hatte, schon in der Uniform eines Hauptmanns. Der Schlußsatz war auch mir in Erinnerung geblieben, da ich ihn aufgeregt sofort zu Hause erzählt und dann später häufig zitiert hatte: »Meine lieben Jungen, ich ziehe jetzt ins Feld. Aber habt keine Sorge: Alle, die ihr hier steht, werdet auch noch dran kommen.«

Er hatte recht behalten. Mitte September 1944 wurde ich, fünfzehn Jahre und zwei Monate alt, zum Volkssturm eingezogen. Ausgerüstet mit dem schönen fellbezogenen Tornister meines Vaters aus dem Ersten Weltkrieg und einem Spaten versammelten wir uns vom »HJ-Bann '39« vor dem Düsseldorfer Hauptbahnhof. Ich bilde mir ein, meine Eltern und meine Schwester und Tanten noch zum Abschied vor mir zu sehen. Wir wurden mit dem Zug nach Tegelen in Holland verlegt, wo wir zunächst damit beschäftigt wurden, Panzergräben auszuheben. Abends, müde nach der Schufterei, mußten wir in den Ort marschieren, um mit zackigen Liedern die Holländer zu beeindrucken, was offensichtlich mißriet.

Am 10. September 1944 schrieb ich nach Hause: »Diese Nacht war bei uns dreimal tolle Schießerei. Anfangs wurden wir öfters von Tiefffliegern mit Bordwaffen beschossen; es passierte nichts. Das Essen hat sehr nachgelassen. Der Hilfszug Bayern, der uns aus dem Reich das Essen bringt, wird öfters mit Bordwaffen beschossen. Augenblicklich bekommen wir nur halbe Portionen an Brot und Aufstrich. Gestern bekamen wir erst um 5.00 Uhr Mittagessen, Graupensuppe, aber nur Graupen mit Wasser, nichts anderes drin. Spielmannsau und Lindenberg (die Orte der Kinder-Landverschickung, in der ich 1943 war) sind hiergegen Paradiese gewesen. Bei uns ging ein Gerücht um von einem Bombenangriff auf Düsseldorf. Daraufhin wurden die Wachen verschärft, und unsere Führer gingen durch die einzelnen Räume und sprachen über Kameradschaft, den Zweck unseres Dienstes und so weiter... Daraufhin sind nur acht abgehauen, sechs sind sofort geschnappt worden, zwei später.«

Am selben Tage schrieb meine Mutter einen Brief an mich, der mich aber nicht mehr erreichte, sondern als unzustellbar zurückging: »Wir haben einen schweren Fliegerangriff hier auf dem Gallberg gehabt. Ich war alleine zu Hause.

Kappelts Haus (unser Nachbar) ist dem Erdboden gleich. Wir haben Fenster, Türen und Decken kaputt. Den Tag über haben wir viel Alarm. Dann rennen wir zum Bunker.« Was mir die Mutter verschwieg war, daß unsere Nachbarin Frau Kappelt bei dem Angriff umgekommen war.

Obwohl mich die Post von zu Hause nicht erreichte, sann ich Tag und Nacht darüber nach, wie ich nach Hause könnte. Schließlich fiel mir ein, daß ich im zehnten Lebensjahr am Leistenbruch operiert worden war. Ich meldete mich krank. Der SS-Offizier stauchte mich brutal zusammen. »Wenn du vom Revier zurückkommst, mache ich dich zur Sau.« Glücklicherweise traf ich auf einen einsichtigen Arzt. Er schaute sich nur den Operationsschnitt an und schrieb auf: »Nicht kriegsverwendungsfähig.« Wieder zurück in Düsseldorf, wurde ich bald wieder geschnappt, ich mußte regelmäßig an einem Wehrertüchtigungslager teilnehmen. Wir wurden ausgebildet am Karabiner 98, der Pistole 0,8 und der Panzerfaust. Die verschiedenen Truppengattungen einschließlich der SS schickten Werber, um uns als Freiwillige anzuheuern. Der SS-Vertreter warb damit, daß sie stets die modernsten und besten Waffen hätten. Da ich vorzog, mich nicht zu melden, wurde ich zur Feldpost dienstverpflichtet. Dort arbeiteten wir mit Holländern und Mädchen aus den Oberschulen. Am 2. März, dem Tag, an dem Neuss durch die Amerikaner besetzt wurde, wurde unsere Dienststelle aufgelöst.

Wir Jungen wurden zur Berufsschule an der Kruppstraße kommandiert. Offensichtlich waren die meisten von uns, zu Recht oder zu Unrecht, als nichtkriegsverwendungsfähig eingestuft worden. Ein HJ- oder SS-Führer erklärte uns, zwei Nichtkriegsverwendungsfähige machten zusammen einen neuen Kämpfer für den Führer. Wir wurden abkommandiert nach Oberkassel und sollten uns dort beim Gefechtsstand des Kampfkommandanten melden. Nachmittags zogen wir über die Skagerak-Brücke und die Luegallee entlang Richtung Westen. Rechts und links gruben sich hier und da Soldaten ein. Man sah Panzersperren, aber kaum noch reguläres Militär. In einer Parallelstraße zur Luegallee sollte sich die Kampfkommandantur befinden. Als wir dort ankamen, war das Haus längst verlassen. Wir beratschlagten, was zu tun sei. Ein Teil war entschlossen, weiter nach dem Kampfkommandanten zu suchen und verschwand. Ein kleiner Trupp, zu dem ich gehörte, argumentierte: »Wir haben unseren Befehl ausgeführt. Es ist sinnlos, jetzt hier weiter herumzulaufen.« Im Schutz der Abenddämmerung ging unser kleiner Trupp zurück über die Skagerak-Brücke, die am nächsten Morgen in der Frühe in die Luft gesprengt wurde.

In einem Brief vom gleichen Tage schrieb ich: »Viel Widerstand kann Düsseldorf nicht leisten. Die Soldaten, die in einzelnen Trupps zurückkommen, hatten tagelang kein Essen mehr, keine Führung und keine Munition ... Kaum jemand flüchtet. Auch wir werden sehr wahrscheinlich hierbleiben. Die Rationen werden im Reich ja auch immer kleiner, und verhungern läßt Gott uns nicht.«

Ich wurde dann zwar noch »gemustert«, aber nicht mehr eingezogen. Die Lage war auch mittlerweile völlig unübersichtlich. Es war riskant, sich im Gelände oder auf den Straßen zu bewegen. In meinem Jungenzimmer nistete sich für einige Zeit ein SS-Soldat ein, mit welcher Berechtigung weiß ich nicht, der es merkwürdig fand, in meinem Zimmer ein großes Bild von Bismarck und von Wilhelm II. zu sehen, aber keines vom Führer. Im Keller unseres Hauses war eine Vermittlung, die noch Funkkontakt hielt mit den versprengten Truppenteilen, die es in Düsseldorf noch gab. In dieser Zeit fand ich Beschäftigung im bergischen Mehlkontor in Hilden, das einem Vetter meiner Mutter gehörte. Dort wurde ich mit Brot und Mehl für meine Arbeit entlohnt.

Am 17. April saßen wir um unseren Eßtisch beim kargen Mittagsmahl mit Brennesselspinat, Löwenzahnsalat und Mehlknödeln, als ein unvergeßliches Dröhnen immer lauter sich näherte. Es war das Mahlen der Panzer, die sich, von Hubbelrath kommend, über die alte Reichsstraße 1, die einst Aachen mit Königsberg verband, Düsseldorf näherten. Wir hängten, wie die ganze Nachbarschaft, Bettücher zum Fenster heraus. Bald rollte ein Panzer nach dem anderen an unserem Hause vorbei. Ich schaute vom Balkon aus zu. Mein Vater rief mich jedoch ins Zimmer. Einige Wertsachen hatten wir unter den Dachpfannen versteckt. Bald tauchten amerikanische Soldaten auf, die recht locker das Haus nach versteckten Soldaten untersuchten.

Wenn wir Weihnachten 1945 an das Kriegsende dachten, dachten wir an den 17. April. An den 8. Mai kann ich mich kaum erinnern. All das, was ich eben in Kürze geschildert habe, ging uns in diesen drei Weihnachtstagen durch den Kopf. Daß der Krieg nach sechs Jahren zu Ende war, war das bestimmende Gefühl für unsere Dankbarkeit in karger Zeit. Der zweite Grund unserer Dankbarkeit – die Nazis waren zwar nicht verschwunden, aber entmachtet. Es gab keinen HJ-Dienst mehr. Obwohl ich mich zur Reiter-HJ gemeldet hatte und die Sache seither eher von der sportlichen Seite nehmen konnte, fühlte ich Erleichterung. Ich beendete meine HJ-Karriere als einfacher Pimpf. Darauf bin ich ein wenig stolz. Die eher harmlosen Mitläufer waren nun wieder harmlose Mitläufer, wenn sie auch jetzt in eine andere Richtung liefen. Schwieriger waren die sogenannten Idealisten, die immer nur das Beste gewollt hatten. Sie maulten zwar noch eine Zeitlang darüber, daß sie vom Führer bösartig mißbraucht worden seien, aber sie wurden dann doch stiller und stiller und gingen uns allmählich ganz aus dem Weg.

Daß wir unsere Stimmungslage in dem Begriff der Befreiung zusammengefaßt hätten, scheint mir nicht wahrscheinlich. Befreit waren die KZ-Insassen. Befreit waren auch die Fremdarbeiter, die in einem Gefangenenlager, das zum größten Teile ein Lazarett war, eine halbe Stunde Fußweg von uns entfernt gefangengehalten worden waren und meist aus der Sowjetunion stammten. An einen von ihnen kann ich mich gut erinnern. Wir nannten ihn Ivan. Ob das sein wirklicher Name war, weiß ich nicht. Unvergeßlich ist mir, wie er mir einmal erklärte, so aber, daß es andere nicht hören konnten: »Stalin nix gut, Hitler nix gut.« Bis zu ihrer Repatriierung waren sie für einen Teil der Bevölkerung eine ziemliche Last, zumal wenn sie getrunken hatten. Ob sie aber das Ende des Krieges als Befreiung erlebten, wissen wir nicht. Aus deutscher Kriegsgefangenschaft zurückgekehrt, wurden die meisten von ihnen in Rußland erneut in Lager zusammengefaßt und miserabel behandelt.

Wer einen derart komplexen Vorgang wie das Ende dieses fürchterlichen Krieges auf einen einzigen Begriff meint bringen zu können, der weiß nicht, wovon er redet. Die Gegenwart damals war voll unendlicher Probleme, völlig konfus und unübersichtlich. Wer heute behauptet, er habe damals geahnt, daß Deutschland noch einmal aus den Ruinen auferstehen würde, hat auf einem anderen Stern gelebt als ich. Aber eins war auch uns Kindern klar – wenn es irgendwann einmal wieder aufwärts gehen sollte, dann nur durch harte Arbeit. In meiner Erinnerung ist nicht die geringste Spur von Resignation oder Trübsinn. Beherrscht wurden die Tage der ersten Friedensweihnacht, trotz allem, von dem Glück, noch einmal davongekommen zu sein, und der Weihnachtsbotschaft, die mich, soweit ich zurückdenken kann, begleitet hat: »Siehe, ich verkündige euch große Freude.« Beides war offensichtlich kein schlechter Ausgangspunkt für einen Neuanfang.

ANNE ROSE KATZ

Reunion an Weihnachten 1945

Es scheint mir nicht viel bedeutet zu haben, das Weihnachtsfest 1945, das sogenannte erste Friedensweihnachtsfest. Denn meine Erinnerung daran ist verschwommen, will sich nicht aufhellen lassen, wenn ich zurückblicke. Als wären meine Augen tränenblind. Ich war zweiundzwanzig und mir scheint, nicht gerade voller Hoffnung – Kollektivschicksal? Aber es mußte doch persönlich, ganz individuell erlitten werden. Wie auch die sogenannte Stunde Null. Für die einen war es eine schmähliche Niederlage, für die anderen Befreiung von einer schmählichen Diktatur. Für die träge Masse, zu der ich damals gehörte, gab es keine Zäsur. Man empfand nicht den heißen Atem der Geschichte. (Sollte man nicht besser die Metapher vom »eisigen Hauch« wählen?) War man doch atemlos in einem Flickwerk täglicher Banalitäten verstrickt. Eine Panne nach der anderen. Sicher, der Bombenterror hatte aufgehört, bei dem man sich nur als unschuldiges Opfer gefühlt hatte. Die Soldaten konnten von nun an ihr Leben retten, doch selten ihre Existenz. Die Flüchtlinge blieben entwurzelt. Die Mägen knurrten weiterhin, und die Moral kam erst lang nach dem Fressen. Die Toten waren tot. Keine Zeit zur Reflexion. Freud gehörte nicht zu unserer Lektüre. An was hätte ich denn schuld sein können? Ich hätte in jedem Fall für mich und meine nähere Umgebung auf »nicht schuldig« plädiert. Im November desselben Jahres entblödete sich

95

unsere in Nürnberg vorgeführte »Elite« nicht, dasselbe reihenweise für sich zu beanspruchen. Das fanden wir doch empörend. Da bekamen diese Worte einen zynischen Beigeschmack, der unsere Naivität vergiftete. Um so schwieriger war es für mich, die gesellschaftliche Situation einzuschätzen. Die Tatsachen, die unmittelbar zählten: die Eltern, zweimal ausgebombt, besaßen wenig, ich noch weniger; Bombennächte lagen hinter mir – Tieffliegerbeschuß auf der Fahrt von Thüringen zum improvisierten Domizil im Elternhaus meiner Mutter, wohin ich mich mit meinem neugeborenen Baby retten wollte; wenig zu essen – eine versprengte Familie und ich noch ohne eigene Existenz. Eine höhere Tochter, orientierungslos, weil total unpolitisch erzogen. Mein Vater hatte zwar bis zum Schluß dem Druck widerstanden, in die Partei einzutreten und damit darauf verzichtet, als Beamter befördert zu werden. Aber warum, das habe ich erst viel später kapiert: nicht aus politischer Einsicht, sondern aus bildungsbürgerlicher Arroganz. Dieser »Anstreicher«, der die Fremdwörter falsch aussprach, konnte ihn, uns, das deutsche Volk doch nicht regieren! Ich, als Einzelkind aufgewachsen, war dagegen ganz gern im Bund Deutscher Mädel, dem ich sowieso beitreten mußte. Aber ich gehörte ja zur Rundfunkspielschar, wo wir Madrigale sangen, Rilke zitierten und nur einmal im Jahr die Uniform trugen. Ich hatte eine In-Group gefunden, an privilegierter Stelle, dort, wo Kunst hergestellt wurde. Die Altstimme von »Innsbruck, ich muß dich lassen« oder vom Schlußchor der Neunten kann ich heute noch. Politik? Keine Rede. Chorgesang hatte doch nichts mit den Nazis zu tun! Warum sollte ich eine »Reeducation« nötig haben, die uns die Amis verpaßten, allen meinen Volksgenossen (nein, dieses Wort war natürlich out). Ich hatte nichts gegen Amerika, das war von mir überhaupt noch nicht entdeckt worden. Daß die Vortrupps der Besatzungsarmee uns die Armbanduhren weggenommen hatten – ach du lieber Gott, das war zu verschmerzen. Bei uns wurde keiner gehauen und keine vergewaltigt. Die Brücke über den Main hatten unsere eigenen armen Teufel gesprengt, fünf vor zwölf, als die Besatzer schon am anderen Ufer lagerten. Auch schön blöd. Die weiße Fahne auf dem Kirchturm hißte zur rechten Zeit eine Frau, die Betty aus der Bäckerei. Unseren Photoapparat hatten wir im Garten vergraben, und das bißchen Schmuck trugen wir am Leibe. Wir sahen zum erstenmal Chewing-gum und Nylonstrümpfe. Hier auf dem Lande war alles mild, aber doof.

Das süße Leben in der Neuen Welt, wie wir es aus den wenigen Hollywood-Filmen kannten, die wir als Schulmädchen zu sehen bekommen hatten (»You are my lucky star«), das wäre mir schon recht gewesen. Jetzt verstärkten sich solche Träume durch die Dauerberieselung mit AFN und Bing Crosby (»I'm dreaming of a white Christmas«), aber ich sah mich in der fränkischen Kleinstadt, meinem Fluchtpunkt, weit davon entfernt. Dahin verirrte sich nicht mal ein Carepaket. Hier sammelte ich Holz im Wald und klaute im Keller meiner Tante auch mal einen Kochtopf (jeder klaute oder »organisierte«, wie man beschönigend sagte). Ich stritt mit meiner Mutter über Kindererziehung (in Wirklichkeit ging es nicht um die Aufzucht meines Babys, sondern um meine eigene durch sie, die ich natürlich ganz falsch fand). Was ich am meisten fürchtete: daß ich nun nie die von mir angestrebte Karriere als Journalistin machen könnte. Tatsächlich habe ich es ja auch nicht geschafft, meinen Fähigkeiten entsprechend. Bis heute nicht. All die Männer, die sich aus dem Kessel von Tscherkassy kannten oder aus sonst einem dubiosen Patriarchen-Schmelztiegel, haben mich mein ganzes Leben lang immer wieder beruflich überholt. Und da, wo ich als unerfahrene junge Frau glaubte, mein Schicksal selbst bestimmen zu sollen (wo denn? im Bett natürlich), strandete ich mit einem ebenso unerfahrenen Kollegen. Eine ungewollte Schwangerschaft verband uns zwangsweise, und aus bürgerlicher Konvention wurde ich von meinen Eltern in eine Kriegsehe gedrängt. Die letzten Feldpostbriefe hin und her enthielten unübersehbar das Wort Scheidung. Was hätte da eine politische Veränderung helfen sollen? Militärregierung, Entnazifizierung, Lebensmittelkarten und Bezugsscheine nahm ich unmutig hin. Wenn es Wahlen gegeben hätte, ich hätte doch keine Ahnung gehabt, wem ich meine Stimme geben sollte. Hab' ja denn auch, als es soweit war, den guten Opa Adenauer gewählt. Das war quasi eine familiäre Entscheidung. Die Opas und Vatis bestimmten. Das war eingeübt. Auch bei den Besatzern, mit denen man das miserable Englisch sprach, das man auf einem ehemals humanistischen Gymnasium gelernt hatte. Ein kleiner Flirt bis Curfew um halb neun Uhr abends – Ausgangssperre. Die GIs durften ja auch nicht fraternisieren, das hatte der gute Opa Eisenhower bestimmt – schon gar nicht sororisieren. Wer's glaubt, wird selig. Da wurden dann die nächsten verzweifelten Kinderehen angeleiert, auch noch als »Glück gehabt« erlebt. Ab nach Minnesota! Oje.

Wie sollte das bloß alles weitergehen? Es gab erste dünne Zeitungen, eher Mitteilungsblätter, wann das zwölf Kilometer entfernte Landratsamt geöffnet hat und was es auf Abschnitt B 25 in der nächsten Woche gab. Der schöne Sommer verwandelte sich in einen kalten Herbst. Das Nürnberger Tribunal nahm seinen beschämenden Verlauf, überflutete uns aber gleichzeitig mit einer Aufklärungswelle. Ob man diesen fremden Anklägern Glauben schenken durfte? Unbekannte Ortsnamen wurden in mein Bewußtsein gerufen, zum Beispiel Auschwitz. Wo lag das? Ich hatte ja nicht mal mehr meinen Schulatlas.

Anne Rose Katz mit Tochter Claudia in Volkach im September 1945

Seinen Aktionsradius auszuweiten war äußerst mühsam. Die Züge verkehrten unregelmäßig und waren grauenhaft überfüllt. Nicht selten mußte man sie durchs Fenster besteigen. Die wenigen Autos mit Holzgasmotor fuhren immer in die falsche Richtung und nahmen sowieso ungern Anhalter mit. Mädchen vielleicht schon, aber das war nicht ungefährlich. Alle Menschen hatten einen großen Nachholbedarf auf schlechterdings allen Gebieten...

Daß sich nun »alles, alles wenden« *müsse,* hockte in meinem Hinterkopf als Appell. Aber wie? Bestimmt nicht mit Hilfe von irgendwelchen »linden Lüften«. Hier in der Provinz war für die meisten Menschen, viele unfreiwillige Neubürger, alles eine einzige Flaute. Man war abgeschnitten von den Behörden und ihren Informationen, die das neue Leben ermöglichen sollten. Würde man jemals wieder eine Großstadt zu sehen bekommen? Und das allerwichtigste, gab es

99

dort eine Wohnung? Gerade die großen Städte lagen in Schutt und Asche. Wie stellte man es an als kleine, berufslose Niemandin, Zuzug auch nur zu beantragen? Mein Vater lebte zwar noch an unserem früheren Wohnort in einem möblierten Zimmer und ging wieder in sein Amt, jetzt immerhin mit einem höheren Rang belohnt. Aber er war ja kein Geschäftemacher, noch nicht mal ein Geschäftstüchtiger. Er liebte die Ilias und die Odyssee und glaubte, daß ein anständiger Mensch aus Franken nicht so leicht untergehen könne. Geduld hatte er und Optimismus. Doch was würde mir eine Stabilisierung meines Elternhauses nützen? Dahin wollte ich schließlich unter keinen Umständen zurück. Das war das einzige, was ich genau wußte.

Wer von meinen ehemaligen Kollegen überlebt hatte – keine Ahnung. Die Kommunikation hatte in den letzten Jahren schon nicht mehr funktioniert. Von meinen einundzwanzig Tanzstundenherren – wie man damals sagte – waren nur sechs übriggeblieben, wie ich nach und nach erfuhr. Und sie waren ja genauso bedürftig wie ich, an der Schwelle zum Erwachsenwerden, mußten sich erst selbst retten, in ihren umgedrehten Militärmänteln und mit den Spuren ihrer Blessuren, die viele nie mehr ganz loswurden. Und dann die Flüchtlinge aus dem Osten, ein Millionenheer verlorener Menschen, die nur auf Druck der Behörden von den Seßhaften aufgenommen wurden. Erstaunlich (oder normal?), wie dann doch die Integration relativ schnell fortschritt und der gesunde Menschenverstand Oberhand gewann: Sie ersetzten das Millionenheer der Kriegsopfer auf mannigfaltigen Gebieten. Sie waren nützlich. Und ich, für wen war ich nützlich, wer machte für mich Druck?

Viele resignierten, wollten auswandern, trauten dem Frieden nicht. Glaubten nicht an einen Aufschwung, den sie selbst noch erleben würden. Aber die Konsulate siebten fein, wie man hörte, wollten auch nicht die Schwachen einreisen lassen, sondern die Erfolgsträchtigen. Am liebsten »Arbeiter der Faust«, wie das im drastischen Jargon der Diktatur geheißen hatte. Da hatte jemand wie ich doch auch keine Chance! Was sollte ich wollen?

Ich schwamm im Main mit anderen jungen Müttern, Flüchtlingsfrauen oder Kriegswitwen. Wir trugen Schuhe mit Holzsohlen und nähten uns Kleider aus Bettlaken oder alten Vorhängen. Pausenlos ribbelten wir unsere alten Pullover auf, um aus der Wolle Kindersachen zu stricken. Ab und zu landete auch eine Flasche Wein, eine Dose Nescafé bei uns. Und der Soldatensender hielt uns auf dem laufenden mit Swing und Blues und »Music in the Air«. Mit den Nachrichten, die der amerikanische Sprecher zwischen den Zähnen herausknatschte, taten wir uns schon schwerer. Enthielten sie doch ein Vokabular aus militärischen und administrativen Bereichen, das wir nie gelernt hatten. Ich konnte dafür fließend die lateinischen Inschriften auf alten Grabsteinen lesen. Im Moment war das keine nutzbringende Fähigkeit.

Wovon ich lebte? Daran kann ich mich nicht recht erinnern. Hatte ich Ersparnisse? Fütterten mich meine Eltern und Verwandten durch? Das Geld sei nichts wert, war die allgemeine Rede. Man konnte ja gar keine der begehrten Artikel davon kaufen. Natürlich gaben die Geschäftsleute ihre gehorteten Waren nicht vor dem Tag der Währungsreform heraus, als die Mark plötzlich stabil wurde. Ja, doch, jetzt fällt es mir wieder ein: Auf meinem Konto waren ein paar tausend Mark, die ich als junge Schriftleiterin (so hieß mein Beruf damals) gespart hatte. Am Tag X kriegte ich dafür nur ein paar Kröten.

Vielleicht war ich gar nicht so niedergeschlagen, wie mir das heute aus der Distanz von fünfzig Jahren erscheint. Es gab eine Art von lähmendem Fatalismus, der vor allem die Frauen befallen hatte. Sie steckten sich gegenseitig damit an. Was wir an Vergangenheit aufzuweisen hatten, war ja nicht gerade viel; wir hatten noch wenig erlebt und reduziert gelebt. Aber Zukunft schien für uns auch nicht bereitgestellt zu sein. Es blieb uns offenbar nichts anderes übrig, als uns selbst so ein Stück rosa Wolke mit Klauen und Zähnen herauszureißen. Zu stehlen, zu organisieren, zu hamstern. Die wenigsten von uns höheren Töchtern waren auf so etwas vorbereitet. Man hatte uns doch, auch in den schweren Zeiten, angehalten, brave kleine Mädchen zu sein, gute Kinder, folgsam und zurückhaltend. Eigeninitiative war ein Fremdwort, für ein ganzes Volk. Aber ganz besonders für seine weibliche Hälfte, und das waren weit mehr als 50 Prozent. Ich glaube nicht, daß ich damals darüber geweint habe. Aber heute, wo ich das tröstliche Ende meiner späten Jahre kenne, heute stehen mir dauernd die Tränen in den Augen, wenn ich die Tasten meines Computers drücke. Denn natürlich kann ich nur heute, vom sicheren Port aus, ermessen, wie gefährlich die Brandung in den frühen Jahren war, die mich immer wieder weg vom rettenden Ufer trieb. Eine unbestimmte Traurigkeit überfällt mich, wenn ich an das Jahr 1945 und an meine Altersgenossinnen denke.

Da stand plötzlich mein Ehemann vor der Tür. Ich kam gerade aus dem Garten meines Großvaters, unten am Main, wo wir ein bißchen Gemüse angebaut hatten Die kleine Tochter saß in einem primitiven Kinderwagen, den es auf Bezugsschein gegeben hatte. Die Überraschung war größer als die Freude. Was will denn der hier, war mein erster Gedanke, denn ich hatte ja seine kalten Feldpostbriefe unten in meinem Kleiderschrank, in denen das Wort Scheidung regelmäßig auftauchte. Mir durchaus zupaß, ich geb's ja zu. Er war gut gekleidet und freundlich, hatte einige Gastgeschenke aus der Luxusabteilung bei sich. (Seine Mutter führte eine Wirtschaft). Die Kriegsgefangenschaft war für ihn kurz und schmerzlos gewesen. Er kam aus Dänemark, wenn ich mich recht erinnere. Meine Mutter war abweisend wie stets; die Verwandtschaft beäugte ihn mit Wohlwollen. Besser, so schienen sie zu denken, einen Hallodri zum Ehemann haben als einen Gefallenen oder Vermißten. Rhetorisch war er hochbegabt, der Heimkehrer. Daran hatten die Kriegsjahre nichts geändert. Franken schätzen einen flotten Diskurs. Er nahm das Kind auf den Arm und entlockte ihm ein amüsiertes Glucksen, schäkerte mit den Tanten und mit den halbwüchsigen Vettern und Cousinen. Nicht schlecht.

Ja, vielleicht war es überhaupt nicht schlecht, was er da als bescheidene Utopie entwickelte? Man solle nicht aufgeben, sagte er optimistisch, es doch einmal versuchen mit Ehe und Familie. Das hatten wir ja überhaupt noch nicht ausprobiert in der Kriegszeit. Im Haus seiner Mutter zwei Zimmer, genug zu essen, Kooperation mit seinen Schwestern, langsame Annäherung an den Journalismus in Württemberg. Von einem stabilen Beobachtungsposten aus. Und Weihnachten, ja, Reunion an Weihnachten 1945.

Seine Familie war mir fremd. Das hatte ich schon früher erfahren. Ich denen auch – eine eher unwillkommene Schwiegertochter und Schwägerin, aber wenn der Älteste es nun mal so wollte, bitte. Er setzte immer seinen Kopf durch. Ich war ambivalent, meine Mutter strikt dagegen: ein Grund für mich, den Vorschlag anzunehmen. Inzwischen hatte der Verführer auch schon Gelegenheit gesucht und gefunden, lang vermißte Zärtlichkeiten zu spenden und herauszufordern. Why not? Carpe diem, man ist nur einmal jung, und schließlich sind wir ja legal verheiratet. Alle diese kleinen Schondeckchen.

Wie ich dieses Weihnachten wirklich erlebt habe – ich

weiß es nicht so recht, bringe keine Details ans Licht. Das ist wirklich kurios, wo doch wir Frauen als die sentimentalen Prophetinnen der Kling-Glöckchen-Klingelingeling-Kultur gelten. Wir Mütter und Töchter sind's doch angeblich, die ihren Thronsessel unterm Tannenbaum mit Lebkuchen und Gänsebraten verteidigen, gefühlig verewigen. Und gerade in diesem »Friedensjahr«! In mir steigt Mißtrauen auf, Unmut über diese Rollenzuteilung. Das Fest hat mir offenbar schon damals nichts gesagt. Sonst hätte sich mir doch dieser Heilige Abend deutlicher eingeprägt. Ich grabe und grabe und finde nur Rudimente. Vermutlich eine Reise im überfüllten Zug. Goodwill unter tropfenden Kerzen. Geschenke für das ärmliche Beamtenkind, das kein Talent für Schwarzmarktgeschäfte hatte. Viel Essen und Trinken in der Wohnung über der Wirtschaft. Euphorie, vom Rotwein befördert. Ja, auch Schnaps. Ausmessen der Zimmer unterm Dach, für die ich die Möbel mitbringen sollte, was ich aufgrund irgendwelcher verwandtschaftlichen Beziehungen auch konnte. Das war's auch schon. Immerhin ein Ausblick. Optimistische Rückkehr nach Franken, von wo ich Kind und Kegel holte, um in die eheliche Wohnung zu meinem Mann zu ziehen. Von einem Kaff ins andere Kaff. Gute Vorsätze!

Um es kurz zu machen: Weihnachten '46 habe ich dort nicht mehr gefeiert. Unsere ungeduldigen Versuche, einen Hausstand zu gründen, hatten schnell Schiffbruch erlitten. Keiner von uns beiden war zu der Zeit zur Gemeinschaft fähig. Jeder benutzte den anderen als Startplatz für ein neues Leben. Es war nicht mal Mißbrauch, es war Dummheit, Enttäuschung, Ignoranz, Unreife. Wir scheiterten weniger an uns, wir scheiterten an der Situation. In der Ferne sahen wir, wie sich ein Staat und eine Demokratie bildeten. War das jetzt Politik? Es entstanden Zeitungen und Rundfunkanstalten. Da und dort tauchte ein Kollege auf, eine Mitschülerin. Eine differenzierte Gesellschaft bildete sich heraus, das war der erste Schritt in ein politisches Bewußtsein. Man versuchte, wenigstens für sich, vielleicht auch für die Kinder, Verantwortung zu übernehmen. Jeder suchte sein Glück, bei beschränkter Sicht. Durch die erste Zulassungsprüfung fürs Erwachsenenleben sind wir beide durchgefallen. Aber gelernt habe ich immerhin so viel, daß ich weitermachen wollte, wenn auch in einem anderen Lehrinstitut. Immer habe ich weitergemacht, teils im Aufwind, teils gegen den Sturm. Und ich konnte mich behaupten, unter Mühen, sogar als Frau. Ich tue mir nicht leid. Nur für die hilflose Kleine, die ich damals war, an Weihnachten 1945, für die empfinde ich noch immer ein heißes, unbestimmtes Mitgefühl.

Weihnachten bedeutet mir nichts. Auch nicht nach fünfzig Jahren. Tannenbäume gehören in den Wald.

WOLFGANG LEONHARD

Berlin-Pankow 1945: Weihnachtsbaum und »Einheitskampagne«

Die Weihnachtstage 1945 in Berlin-Pankow waren für mich etwas Besonderes: Zum ersten Mal seit zehn Jahren gab es für mich wieder einen Weihnachtsbaum. Den letzten hatte ich als Dreizehnjähriger 1934 in der schwedischen Internatsschule in Viggbyholm nahe Stockholm erlebt.

Danach gab es für mich zehn Jahre keinen Weihnachtsbaum mehr. Denn von 1935 bis 1945 lebte ich in der Sowjetunion.

Gewiß: Die harte Atheismuskampagne, darunter die Sprengung von Kirchen Anfang der dreißiger Jahre, gehörten bereits der Vergangenheit an. Auch der atheistische Unterricht in den Sowjetschulen war bereits eingeschränkt worden. Gerade zur Zeit meines Eintreffens, 1935, war an die Stelle der Weihnachtsfeiertage plötzlich am 31. Dezember ein »Neujahrsfest« getreten. So erlebte ich in meinen sowjetischen Jahren die »Nowogodnaja Jolka«, die »Neujahrstanne«; an Stelle des Weihnachtsmannes bewunderten wir als Kinder und heranwachsende Jugendliche in Moskau den »Djedmoros« (»Großväterchen Frost«). Am letzten Tag des alten Jahres wurden wir mehrfach in das »Dom Sojusow« (Gewerkschaftshaus) im Zentrum Moskaus eingeladen: Dort waren ein riesiger »Djedmoros« und Neujahrstannen zu sehen, Geschenke wurden ausgeteilt, sowjetische patriotische Lieder gesungen, Volkstänze aufgeführt.

Gewiß gab es auch damals – was ich allerdings nur vom Hörensagen wußte – orthodoxe Christen in Moskau, die Weihnachten jedoch nach dem in Rußland üblichen Kalender erst am 6. Januar feierten.

Erstmals kam ich mit Weihnachten wieder im Dezember 1944 in Berührung – als Rundfunksprecher des Senders »Freies Deutschland« in Moskau, denn in diesem für Deutschland bestimmten Sender spielte das Weihnachtsfest eine wichtige Rolle.

Ein Jahr später, im Dezember 1945, fast acht Monate nach meiner Rückkehr nach Deutschland, gab es in unserer Wohnung in Berlin-Pankow, Forchheimer Straße 9, einen Weihnachtsbaum!

Ich sage »in unserer Wohnung«, denn ich wohnte dort nicht allein, sondern zusammen mit Waldemar Schmidt, zu jener Zeit KPD-Vorsitzender von Berlin. Waldemar Schmidt, damals sechsunddreißig, hatte ich am 10. Mai 1945 kennengelernt und mich schon bald mit ihm angefreundet. Seit 1929 Mitglied der KPD, hatte er von 1932 bis 1934 die Lenin-Schule in Moskau besucht und war anschließend unter dem Decknamen »Heinrich Wilming« illegal in Hitler-Deutschland tätig gewesen. Er wurde im Juli 1935 verhaftet und zu zwölf Jahren Zuchthaus verurteilt, die er in der Strafanstalt Brandenburg-Görden verbüßte. Von den Sowjettruppen befreit, war er am 10. Mai 1945 zu uns zur Prinzenallee 80, in das Hauptquartier der »Gruppe Ulbricht«, gekommen und wurde sofort in der Parteiarbeit eingesetzt. Schon wenige Wochen später war Waldemar Schmidt Vorsitzender der KPD von Berlin – oder, wie man damals sagte, »Groß-Berlin«.

Waldemar schlug mir vor, zusammen in eine Wohnung zu ziehen, was wir kurz darauf taten. Irgendwie hatte Waldemar einen Weihnachtsbaum besorgt – aber weder er noch ich wußten damals, welche Bewandtnis es mit Weihnachten hatte. Es gab auch keine Geschenke und schon gar nicht irgendwelche Weihnachtslieder.

Sicher ungewöhnlich für eine Weihnachtserinnerung, aber wahr: Sowohl Waldemar Schmidt als auch ich hatten damals nur eines im Kopf: Die Vereinigung von KPD und SPD oder – wie wir es damals nannten – die »Einheitskampagne«. Jeden Morgen fuhr ich in die Wallstraße 76–79, in das Gebäude des Zentralkomitees der KPD – damals waren dort übrigens nur 22 Funktionäre tätig – und schrieb die Schulungshefte der KPD, die »Vortragsdispositionen«. Unnötig zu sagen, daß darin seit Oktober 1945 die Vereinigungskampagne im Mittelpunkt stand. Waldemar Schmidt hatte als KPD-Vorsitzender von Groß-Berlin die unmittelbare Verantwortung für die Vereinigung in Berlin – eine recht schwierige Aufgabe, denn gerade in Berlin waren die Einheitsgegner in der SPD besonders zahlreich.

Wenige Tage vor Weihnachten, am 20. und 21. Dezember 1945, hatte im Parteihaus der damaligen SPD in der Behrenstraße – im früheren Gebäude der Dresdner Bank – die berühmte »60er Konferenz« stattgefunden: Je dreißig Funktionäre von KPD und SPD sollten den Grundstein für eine Vereinigung beider Parteien legen. Am 22. Dezember wurde das offizielle Kommuniqué veröffentlicht, das den Anschein erweckte, die Konferenz habe sich »nach lebhafter und kameradschaftlicher Aussprache«, wie es hieß, für »gemeinsame Wahlprogramme der beiden Parteien« und die »Verschmelzung der Sozialdemokratischen Partei Deutschlands und der Kommunistischen Partei Deutschlands zu einer einheitlichen Partei« entschlossen.

Waldemar Schmidt jedoch, der teilgenommen hatte, erzählte mir von den harten Auseinandersetzungen bei der Konferenz. Als kritischer Wortführer – während der DDR-

Zeit verschwiegen – war vor allem Otto Grotewohl aufgetreten. Grotewohl, so berichtete mir damals Waldemar Schmidt, beschwerte sich über den zentralistischen, undemokratischen Parteiaufbau der KPD, ihre einseitige Unterstützung durch die sowjetische Besatzungsmacht, ihre Bevorzugung bei der Besetzung aller wichtigen Funktionen und den undemokratischen Druck der KPD auf die Sozialdemokraten. Grotewohl verlangte absolute Gleichberechtigung der beiden Parteien und erklärte, die SPD sei nur dann zu einer Vereinigung bereit, wenn sie in ganz Deutschland, nicht nur in der sowjetischen Besatzungszone, vollzogen werde. Auch Gustav Dahrendorf, der dann im Februar 1946 in den Westen floh, beklagte die Einseitigkeit zugunsten der KPD in Presse und Verlagspublikationen und ihre Bevorzugung bei der Vergabe wichtiger Funktionen in allen Bereichen. Gustav Klingelhöfer, der später die Vereinigung ebenfalls nicht mitmachte, rief, gewandt an die »Freunde von der KPD«, aus: »Ihr könnt reden, ihr habt nichts zu befürchten. Euch zieht niemand zur Verantwortung. Bei uns aber ist es so, daß viele unserer Genossen von dem, was sie auf dem Herzen haben, nicht sprechen, weil sie bestimmte Befürchtungen haben, weil sie schon ihre Erfahrungen machen mußten.«

Am Abend des ersten Tages schien es, als ob es nicht zu einer gemeinsamen Entschließung kommen würde. Erst das versöhnliche Auftreten Anton Ackermanns mit dem freimütigen Bekenntnis, das Zentralkomitee der KPD habe viele Fehler gemacht, führte zum Einlenken. Eine achtköpfige Kommission wurde gewählt – je vier Vertreter von KPD und SPD. Sie bereiteten einen Entschließungsentwurf vor, der sich für die Vereinigung aussprach – diese könne jedoch nur auf gesamtdeutschen Parteitagen beschlossen werden.

So standen auch bei Waldemar und mir in der Forchheimer Straße 9 die Weihnachtstage 1945 völlig im Zeichen der »60er Konferenz« und ihrer Konsequenzen. Selbst während der Weihnachtstage kamen Funktionäre der KPD und Einheitsbefürworter der SPD zu uns, um sich vor allem mit Waldemar Schmidt zu beraten. Wir beide, Waldemar und ich, blickten damals voller Hoffnung auf die Vereinigung und eine zukünftige sozialistische Einheitspartei. Wir glaubten, denn dies war stets verkündet worden, es werde sich um eine unabhängige deutsche sozialistische Partei mit demokratischem Aufbau handeln, die die Verwirklichung des Sozialismus in der sozialen Demokratie erstrebe. Die neue Partei, so hofften wir, werde von der KPD die militante Aktivität, von der SPD die demokratische Tradition übernehmen und in einer höheren Synthese vereinigen. Diese Hoffnung war damals weit verbreitet – und sollte sich als tragische und folgenschwere Illusion erweisen.

Aber zurück zu Weihnachten: Das Wesen und die tiefe Bedeutung des Weihnachtsfestes erfuhr ich erst fünfzehn Jahre später – 1960 in Köln. Ich wurde durch einen ungewöhnlichen und sachkundigen Gesprächspartner aufgeklärt: Pater Gustav Wetter, damals 48 Jahre alt. Gustav Wetter war Weihnachten 1935 in Rom nach byzantinisch-slawischem Ritus zum Priester geweiht worden, hatte an der Gregorianischen Universität zu Rom studiert und dort die Doktorwürde erlangt. 1936 wurde er in den Jesuitenorden aufgenommen und stand seit 1947 als Rektor dem Collegium Russicum vor. Gustav Wetter, der fließend und akzentfrei Russisch sprach, war seit 1957 Professor für Geschichte der russischen Philosophie an der Gregoriana, widmete sich jedoch vor allem der Erforschung des dialektischen Materialismus. Ich hatte ihn am Ostkolleg in Köln kennengelernt, und wir freundeten uns bald an. Unser Hauptgesprächsthema war natürlich die Entwicklung der sowjetischen Ideologie, aber während der Weihnachtstage 1960 in Köln kamen wir auf das Weihnachtsfest zu sprechen. Geduldig – ja, interessiert – beantwortete er meine eher simplen Fragen; es schien mir, als ob er noch nie mit einem atheistisch erzogenen Menschen über dieses Thema gesprochen hatte. Als ich mich nach dem längeren Gespräch bedanken wollte, meinte er, mich ernst anblickend: »*Ich* habe zu danken« und fügte erklärend hinzu: »Wolfgang, du bist ja nicht der einzige atheistisch Erzogene. In der Sowjetunion und den Ostblockstaaten gibt es Dutzende von Millionen Menschen, die ähnlich aufgewachsen sind wie du. Das vergessen unsere Christen manchmal. Aber im Collegium Russicum machen wir uns darüber immer wieder Gedanken, denn schließlich hängt das ja mit meinem Lebenswunsch zusammen.«

Lebenswunsch? Fragend schaute ich ihn an.

»Mein Lebensziel ist es, wenn das diktatorische System der Sowjetunion nicht mehr besteht, dorthin zu fahren, um mich mit Menschen zu unterhalten, die bis dahin niemals mit dem Christentum in Berührung gekommen sind. Ich warte schon sehnsüchtig darauf, mich mit russischen Komsomolzen [Mitglieder des Kommunistischen Jugendverbandes der Sowjetunion] über religiöse Fragen, natürlich auch über das Weihnachtsfest zu unterhalten und zu diskutieren – auch und gerade dann, wenn mir kritische, ja selbst feindliche Fragen gestellt werden sollten.«

Der Wunsch von Pater Gustav Wetter sollte nicht in Erfüllung gehen. Zwar erlebte er noch den Beginn der Perestroika unter Gorbatschow, nicht aber die Religionsfreiheit in der Sowjetunion: Wenige Monate vor ihrer Einführung starb er.

Peter Ludwig

Nacht über Deutschland

Kein anderes Fest spricht so unser Gemüt an. Die Botschaft, daß der Herr des Himmels und der Erde im Schoß einer Jungfrau seinen Sohn Mensch werden läßt und daß diese Geburt unter ärmlichen Bedingungen in der Krippe eines Stalls vor sich geht, trifft unsere Herzen und rührt an. So ist Weihnachten von Kind an gerade auch in Deutschland ein Fest der Familie, der Besinnung, auch der Geschenke und der Freude.

Erinnerung verklärt – und täuscht allzu gerne. Wir träumen von einer Welt des Friedens, des Lichtes, der Hoffnung und des Glücks, so wie die Frohe Botschaft der Heiligen Worte sie uns verheißt. Und da sollte Weihnachten 1945, wo die langen, dunklen Jahre des schlimmen Krieges endlich vorüber waren, besonders ein solches Fest des Friedens, der Hoffnung und des Glücks gewesen sein. Aber war es das wirklich?

Am Sonntag, den 23. Dezember 1945, notiert Vater in sein Tagebuch: »Naß, trübe. Acht Uhr Kirche. Im Eßzimmer geschlafen. Baum geschmückt. Baumschmuck vom Bombendreck gereinigt. Schmerzliche Erinnerungen.« Und am 24. Dezember, Heiligabend: »Stürmisch, dunkel. Es fegt durch alle Ritzen.« Und am 25., dem ersten Weihnachtsfeiertag: »Brüder bei mir. Enteignungsfragen. Werden wir unser Unternehmen behalten? Sommerliche Wärme. Nach-

113

barn kommen. Mit Zukunft sieht es ja nicht glänzend aus. Freund Heinz Hehmann zu Gast.«

1945 war das Jahr des Kriegsendes – im Mai in Europa und im August in Ostasien. War es nach sechs Kriegsweihnachten für die Deutschen endlich wieder Friedensweihnacht?

Das Elternhaus in Koblenz war schwer beschädigt. Ein Bombentreffer in den Luftschutzkeller hatte am 19. Juli 1944 meine Mutter getötet und Vater verschüttet, er konnte noch lebend geborgen werden. Im notdürftig bewohnbar gemachten Haus saßen wir Weihnachten 1945 im zugigen Sechseck-Erker mit dem Blick über die Rheinanlagen auf den Fluß und das gegenüberliegende fast lichtlose Pfaffendorf. Mein älterer Bruder, Oberleutnant der Luftwaffe, war gerade aus englischer Kriegsgefangenschaft entlassen, und ich war im Juni aus US-amerikanischem Lager heimgekehrt. Bei aller Freude, daß wir drei wieder vereint sein konnten, war die Stimmung gedrückt. Die Not des Vaterlandes war unser aller Not. Und der Tod der Mutter bedrückte.

Viele glauben heute, die Siegermächte seien als Befreier gekommen. Die Wirklichkeit war leider anders. Immerhin schwiegen die Waffen. Auf die grauenhaft zerstörten Städte fielen keine Bomben mehr, die deutsche Wehrmacht war entwaffnet, Millionen – auch Jugendliche und Zivilisten – in Gefangenschaft, ein Viertel des alten Reichsgebietes von Rußland und Polen besetzt mit der Folge, daß die Deutschen brutal vertrieben und zahllose umgebracht wurden. Auch die Tschechen »säuberten« unsere alten Siedlungsgebiete auf das brutalste. Die grauenhaften Verbrechen des Hitlerismus zeugten neue Unmenschlichkeiten, jetzt gegenüber uns Deutschen. Vierzehn Millionen Landsleute verloren ihre Heimat, mußten unter erbärmlichsten Umständen fliehen und suchten einen Neuanfang im Westen. Rest-Deutschland war in vier Besatzungszonen aufgeteilt mit der alleinigen Autorität der fremden Militärverwaltung. Die deutschen Einwohner waren rechtlos. Wie in Vorahnung des Kommenden notierte Vater in seinem Tagebuch am 8. Mai: »Kapitulation furchtbar.«

Vater führte Tagebuch von 1928 bis zum Vorabend seines Todes 1964. Er hat keinen Tag ausgelassen. Die Eintragungen belegen, daß er von Anfang an gegen Hitler war und den Krieg haßte. Als Hitler sich wenige Wochen vor der Kapitulation in seinem Bunker in Berlin erschoß, schreibt er »Verbrecher verreckt«. Als angesehene und politisch integre Unternehmerpersönlichkeit ernannten ihn die französischen Besatzer im Sommer 1945 zum Präsidenten der Industrie- und Handelskammer, eine Berufung, die in den folgenden Jahren bei freien Wahlen mehrfach bestätigt wurde. Vater hat bis zur physischen Erschöpfung ehrenamtlich sein Bestes getan, um das geschundene und gequälte Land unserer Region trotz allem wirtschaftlich in die Zukunft zu führen. Aber die Rückschläge blieben empfindlich. Am 10. Juli 1945: »Immer wieder Wohnungsbeschlagnahmungen durch die Besatzungsmacht.« Am 21. Juli: »Ab sieben Uhr abends Ausgehverbot wegen Disziplinwidrigkeit gegen die Franzosen. Ausgehverbot auch am Sonntag nach zwölf Uhr mittags.« Die Not war groß. Am 16. Juli im Tagebuch: »Kernseife beim Schwimmen im Rhein liegengelassen. Oh Leid!« Vaters engster Mitarbeiter, der Prokurist Kapellen, war wegen angeblicher anti-französischer Äußerungen von der Militärpolizei verhaftet worden. Vater kämpfte tagelang um Freilassung in der »ernsten Angelegenheit«. Mußte sich dann persönlich verbürgen, damit Kapellen wieder freikommt. Die Nachrichten in den Besatzungszonen waren zensiert, so daß Vater, wie er im Tagebuch notiert, immer wieder Schweizer Rundfunk hörte. Oft findet sich in diesem Sommer 1945 der Hinweis »kärgliches Mahl«. Es wurde

115

gehungert. Am 10. August: »Meine drei Sekretäre bei der Industrie- und Handelskammer von der Besatzungsmacht verhaftet.« Vater schildert seine demütigenden Besuche bei der Militärpolizei, um die Mitarbeiter wieder freizubekommen. »Endloses Warten und seelische Anstrengung. Es ist zuviel!« Am 11. August heißt es: »Sieben Uhr abends nach dem Hofkehren im Rhein geschwommen. Wasser schon kühl. Aber wie soll man sonst sauber werden?« Und am 18. August: »Man will mein Fahrrad haben. Schriftliche Verfügung liegt vor. Ist das eine Schweinerei. Wie soll ich da mit der Zeit auskommen.«

Immer wieder kamen Vertriebene, die im Osten alles verloren hatten. Die Lebensbedingungen waren aus heutiger Sicht unvorstellbar. Am 5. Juni 1945, nachmittags kam ich heim. Das Kriegsende hatte ich im Lazarett in Bad Nauheim erlebt. Nach gesundheitlicher Wiederherstellung erlebte ich einige Wochen die Schrecken eines der berüchtigten amerikanischen Gefangenenlager bei Bad Kreuznach: Viele, viele starben jede Nacht, wir lagen auf freiem Feld, durften kein Feuer machen und bekamen, da sie nicht gekocht werden konnten, unverdaubare Hülsenfrüchte. Der Hunger war entsetzlich, und Vater schreibt: »Peter aus Gefangenschaft zurück. Freudenrufe. Wie arm sieht er aus. Arm und abgerissen in der Uniform. Und dann sein nicht zu stillender Hunger.« Ich war neunzehn Jahre alt und nach dem Abitur zwei Jahre lang Soldat gewesen. Zum Glück nur in Deutschland, aber auch dort holte die Front uns ein.

Am Tag nach meiner Entlassung aus der Kriegsgefangenschaft meldete ich mich bei der Stadtverwaltung und bahnte mir mühsam einen Pfad über die Trümmer der zerstörten Häuser und Straßen zu den Resten des Rathauses. Nur wenige waren unterwegs. Erst nach und nach kehrten in den

116

nächsten Monaten Koblenzer zurück. Wer sich auf der Straße begegnete, umarmte sich, weinte vor Freude, daß er noch lebte und vor Schmerz über die Verwüstung der Heimat. Der Sommer 1945 war wettermäßig schön, in dem, was er brachte, verheerend. Deutschland sollte ein für allemal untergehen. Vater notiert am 26. September 1945: »Wie tot liegt der Rhein ohne Schiffe.« Damals waren die Brücken zerstört, und ihre Trümmer lagen im Wasser. In all dieser Not wuchsen den Menschen ungeahnte Kräfte. Jeder packte an, wo immer er konnte, um zu überleben. Vater, damals 59 Jahre alt, Volljurist, erfolgreicher Wirtschaftler und bis zum Kriegsausbruch wohlhabend, räumte mit mir Trümmer fort, versuchte Lebensmittel zu beschaffen und arbeitete täglich viele Stunden in der Industrie- und Handelskammer. Er half, wo er konnte, verhandelte mit der Besatzungsmacht und ermutigte viele, die an der Zukunft verzweifeln wollten. Was Vater damals und in den folgenden Jahren tat, wurde nach seinem Tod gewürdigt, und eine Straße im Koblenzer Industriehafen trägt seinen Namen.

Nein, die Sieger kamen nicht als Befreier. Der entsetzliche Morgenthau-Plan des US-Finanzministers, den Präsident Roosevelt und Englands Premierminister Churchill 1944 unterschrieben hatten, sah das Ende jeder Industrieproduktion in Deutschland vor. Das Land sollte, wie es zynisch hieß, in einen »Kartoffelacker« verwandelt werden, mit so knapper Lebensmittelproduktion, daß die Bevölkerung sich im Laufe der Jahre vermindern müßte. Dieser Plan wurde dann zwar formell nicht aufrechterhalten, sein Geist aber lebte fort. 1945 begannen die rigorosen Demontagen der Industrieanlagen. Vater notiert am 1. Dezember 1945 in sein Tagebuch: »76 Industrielle verhaftet.« 20. Dezember: »Gesamte Schwerindustrie wird enteignet und sofort in englische Verwaltung genommen.« 22. Dezember: »Alle Kohlegruben in der britischen Zone enteignet.« Das war wenige Tage vor Weihnachten 1945. Friedensweihnachten?

Unendlich in diesem Jahr 1945 das Leid in den verlorenen Ostgebieten. Unendlich das Leid für die besiegten Soldaten, von denen viele zur Zwangsarbeit in die Sowjetunion deportiert wurden und andere, ebenfalls viele, zur Zwangsarbeit nach Frankreich. »Wehe den Besiegten« hieß es vor zwei Jahrtausenden im alten Rom, Deutschland mußte das jetzt erdulden. Unablässig führte die alliierte Propaganda den Besiegten ihre Schuld vor: Kriegsverbrecherprozesse in Nürnberg, Filme über die nazistischen Massenmorde in Auschwitz und in den anderen Konzentrationslagern. Ein ganzes Volk wurde in Kollektivhaft genommen, und ein beispielloses Strafgericht war beschlossen. Weihnachten 1945 war ein schwieriges Fest in Deutschland.

In größter Not wühlten die Deutschen in den Trümmern und legten Hand an. Das Heute allein zählte. Ein Morgen schien weit entfernt. Der dann in den folgenden Jahren beginnende Aufstieg wurde möglich, weil die siegreiche Sowjetunion, die halb Europa annektiert hatte, für den Westen zunehmend bedrohlicher wurde. 1947 kam es durch Stalin zu offener Konfrontation. Aber noch standen die Weichen der Sieger-Politik auf Deutschlands Untergang. Immer knapper wurden die Lebensmittel, und die Rationen auf Karten sanken auf täglich 755 (!) Kalorien. Die Menschen waren erbärmlich abgemagert. Vermehrt gab es ernste Arbeiterunruhen gegen die fortschreitende Demontage der Industrie und deren Stillegung. Dann aber zwang der sich zusehends verhärtende Ost-West-Gegensatz die ehemaligen Kriegsverbündeten zu neuer Politik: Die westlichen Besatzungszonen hier und die östlichen Besatzungszonen dort wurden gebraucht als Frontgebiete gegenüber dem jeweiligen Gegner. 1949 entstanden die Bundesrepublik Deutschland und die Deutsche Demokratische Republik. Und als 1950 in Korea tatsächlich ein neuer Krieg begann, schlug für unser Land endgültig die Stunde einer Wende: West und Ost brauchten ihre deutschen Teilstaaten als Bollwerke an der europäischen Grenzlinie der Systeme. Aus dem zum Untergang Verurteilten wurde wieder ein Helfer, ja ein Verbündeter. Adenauer hatte seine Stunde. Die Rückkehr Westdeutschlands in die Gemeinschaft der Völker begann. Aber es sollte noch Jahrzehnte dauern, bis Deutschland wiedervereint werden konnte. Erst jetzt, 1989 endlich, erhielt Deutschland seine volle Souveränität wieder. Die jahrhundertelang deutsch gewesenen Gebiete im Osten aber bleiben verloren. Die Flüchtlinge von 1945 haben Heimat und Zukunft im Westen gefunden, und das Land hat einen beispiellosen Wohlstand erreicht. Deutschland hat das umfassendste Sozialsystem der Welt und ist wirtschaftliche Großmacht.

Weihnachten 1945. Die Gedanken gehen zurück zur letzten Kriegsweihnacht 1944. Auch hier zitiere ich aus Vaters Tagebuch. 22. Dezember 1944. »Kalter Schnee. Wie kümmerlich. Man denkt an die vergangenen Jahre.« Vater, nach dem Hausverlust in Koblenz mehrfach aus Notquartieren durch Bomben vertrieben, saß bei Verwandten in Ransbach im Westerwald, wo in der Nähe Ludwig-Betriebsstätten waren. Die ganze Familie hatte hier Zuflucht gefunden. »Schwere Verbände bombardieren Koblenz.« Sonntag, 24. Dezember, Heiligabend 1944: »Flieger über uns. Gestern wieder Militärangriff auf Koblenz. Rindfleischsuppe und Kompott – ein gutes Essen. Um drei Uhr nachmittags neuer Angriff auf Koblenz. Ich sehe die Streifen am Himmel. Mein Gott, mein Gott, warum hast du uns verlassen? An Bescherung denken wir nicht. Ich bin so müde.«

Am 25. Dezember, dem ersten Weihnachtsfeiertag 1944: »Bildschönes Wetter.« Beim Räumen in Kisten fällt Vater ein Bilderrahmen mit Foto von der Silberhochzeit in die Hand. »Aus ist es mit meiner Fassung.« Und am zweiten Weihnachtsfeiertag 1944: »Neuer Angriff auf Koblenz und auf Neuwied. Das Elternhaus in Lützel soll schwer getroffen sein. Die ganzen Tage waren bitterkalt.« Und an den nächsten Tagen: »Schwere Luftangriffe. Tieffliegerangriffe auf das ganze Land.« In einem Rückblick schreibt er zum Jahreswechsel 1944/45 in sein Tagebuch: »Nun geht das furchtbare Jahr zu Ende. Ab September Angriff auf Angriff.«

Weihnachten 1945, Weihnachten bitterster Not, Weihnachten aber auch erster, noch zaghafter Hoffnungen, daß es doch aus allem einen Ausweg geben möge. Und ein Weihnachten harter Arbeit. Ein Weihnachten auch der gegenseitigen Hilfe. Nie waren die Menschen zueinander so herzlich, wie in der Notzeit des Krieges und in den schlimmen Nachkriegsjahren. Soziale Unterschiede gab es nicht mehr: Jeder war materiell gleich, gleich arm, gleich auf sich gestellt, gleich in dem Zwang, alles zu tun, um zu überleben. Und in dieser schweren Zeit suchten die Menschen geistigen Halt wie nie zuvor und wie auch nicht mehr danach, als es langsam wieder besser ging. In den schweren Zeiten der frühen Nachkriegszeit wurde mehr gelesen denn je. Immer wieder erwähnt Vater klassische Lektüre. Konzerte, Theateraufführungen unter denkbar primitiven Verhältnissen waren begehrt. Und wenn es irgendwo in erbärmlichen Räumen Kunst zu sehen gab, strömten die Menschen. Die Kirchen waren überfüllt. Die Sehnsucht nach geistiger Orientierung war übermächtig.

Im Spätherbst 1945 konnte ich mit dem Studium in Bonn beginnen. Morgens um vier Uhr machte ich mich jeweils auf, von Koblenz in die nahe Stadt, auf total überfüllten und langsamen Zügen, Personenwagen ohne Scheiben. Zähe und langwierige Kontrollen in Remagen an der Grenze zwischen französischer und britischer Besatzungszone, erst durch französische und dann durch britische Militärpolizei. Die Hörsäle kalt und überfüllt. Unablässig wurde gelernt und miteinander gesprochen. In Koblenz war das Stadttheater einigermaßen hergerichtet und begann mit Aufführungen. Unser Freund Heinz Hehmann war Bühnenbildner, und wir diskutierten heiß über jede Inszenierung. Der Schriftsteller Helmut Dohmke und Malerfreund Dornbach waren der Kern eines Kreises, der sich immer wieder fand und Halt suchte in einer Welt, die haltlos geworden war.

Weihnachten 1945. Richte den Blick in das kommende Jahr. Es sollte für Rest-Deutschland besonders hart werden. Die Ausplünderung durch die Siegermächte ging weiter, und die von den Alliierten auf nur unteren Stufen eingesetzten deutschen Verwaltungen suchten unter harter Besatzungshand eine Basis. Außerordentlich mühsam, nur ganz langsam und mit vielen Rückschlägen ging es schließlich doch aufwärts. Vernünftige und weitsichtige Menschen in den Siegerländern erkannten, daß Deutschland nicht untergehen dürfe und knüpften behutsam Kontakte. Hilfssendungen trafen ein und wurden bald ein wahrer Segen. Das unmenschliche Verbot General Eisenhowers an seine Soldaten: »Keine Kontakte mit der deutschen Zivilbevölkerung« lief sich tot, und Bande persönlicher Freundschaft wurden geknüpft.

Weihnachten 1945 war buchstäblich Nacht über Deutschland: Die Energieversorgung miserabel, kaum Möglichkeit einer Beheizung. Aber die spärlichen Lichter der ersten Nachkriegsweihnacht wiesen in der Dunkelheit der Gegenwart doch in eine Zukunft – zaghaft noch, aber dennoch und immerhin.

GÜNTHER NENNING

Fünfzig Jahre Christkind

I.

Weihnacht 1945. Er-eig-nis ist Er-äug-nis: Vor meinem inneren Auge kreist das Rad der eigenen Erinnerung und verschmilzt das Geburtsfest des göttlichen Kindes mit dem Tod meiner Mutter. Leben und Tod rücken für mich besonders nahe aneinander im letzten Kriegs- und im ersten Friedensjahr. Meine Mutter ging, und ein Kind kam.

Kriegs- und erste Nachkriegszeiten sind besonders lebhafte Sterbe-, Zeuge- und Geburtszeiten. Statistiker können es zeigen und Wissenschaftler nicht erklären. Wer wird denn da tätig auf zynische oder jedenfalls rätselhafte Weise? Die steile Kurve des Sterbens im Krieg wird durchkreuzt und aufgehoben durch den steilen Anstieg der Kurve des Zeugens und Gebärens.

Gipfel der Zynik: Zum Ausgleich des massenhaften Männersterbens kommen deutlich mehr Menschenmännchen auf die Welt als Menschenweibchen. Statistiker behaupten, nicht unwidersprochen, aber unwiderlegt: Die Ratio männliche/weibliche Geburten, welche wegen generell höherer Männersterblichkeit stets eine Ungleichheit zugunsten der männlichen Geburten aufweist, verschiebt sich in Kriegs- und ersten Nachkriegszeiten noch stärker zugunsten der Männer.

Aus dem Tierreich sind Prozesse erhöhter Reproduktion in und nach Katastrophen bekannt – aber wir sind doch keine Tiere! Welch zweifelhafter Gegenstand weihnachtlicher Betrachtung: ein Menschenkosmos, in dem der Wiederaufbau sich auch vollzieht durch besonders regen Geschlechtsverkehr. Gotteskind/Kindgott in der Krippe, wie lächelst du hold. Eine materielle Trümmerlandschaft, untermischt mit immateriell-sinnlichen Zuckungen der Überlebt-Habenden. Wie sich Trümmer und Glück des Überlebens wechselseitig steigern. Wir leben! Wir leben! Wir leben!

Aber ich bin abgeschweift, zurück zum nüchternen Erzählen, wahrscheinlich etwas verschoben und verzerrt durch die soeben angetönten Allgemeingefühle.

II.

Zu Fuß ging ich – denn es fuhr nichts – aus der Stadt, viele Stunden hin und zurück, in den Wienerwald und ein Stück noch in die dahinterliegende niederösterreichische Ebene. Ich wollte Milch für meine lungenkranke Mutter, und ich wußte einen dort ansässigen, landwirtschaftlich grundierten Kollegen aus dem Kriege. War er schon so früh heimgekommen wie ich? Gab's die Ziege noch, von der er oft erzählte?

Die Weitwanderung war erfolgreich, ich hatte eine Flasche, hübsch milchweiß gefüllt, im Rucksack. Ziegenmilch ist fett; meine Mutter gab sie gleich wieder von sich. Vielleicht verblieb einiges in ihr zur Stärkung; vielleicht war's auch nichts als unverständige Laientherapie. Der Kriegskamerad war gut im Futter. Mir kam vor, er wog etwa so viel wie ich und meine Mutter zusammen.

Gleich als ich ihn fand – unschwer, ich kannte mich aus in der schönen Gegend, von Vorkriegswanderungen mit meinem Vater –, sah ich meine Uhr an seinem Rist. Ich hatte sie ihm im Krieg geborgt, ich hatte eine übrig; Pedant, der ich war, zog ich mit zwei Uhren in den Krieg, eine zum Gebrauch, eine als Reserve. In den nachfolgenden Wirrnissen des Rückmarsches war es zu keiner Rückgabe gekommen. Ich wußte auch gleich, die krieg' ich nicht zurück, es war doch die Zeit, da die Städter von Armbanduhren bis Klavieren alles zu den Landwirten brachten, zwecks Eintausches gegen Kartoffeln, Mehl, Butter und eine Flasche Milch.

In der Katastrophe bricht nichts gründlicher zusammen als eine hochorganisierte, hochgepriesene »Wirtschaft«, die, sagt sie und glaubt man, dem Menschen unentbehrlich ist. Nur dank ihr kann man leben, und plötzlich hat sie sich verabschiedet. Weg ist sie. Was uns halbwegs am Leben erhält, wenn wir gemäß Wirtschaftstheorie alle verhungern müßten – ist die von solcher Theorie hochnäsig gar nicht beachtete Praxis der »Schattenwirtschaft«. Der Städter geht aufs Land und gibt Unnötiges für Nötiges.

Der schwarze Markt ist der weiße Markt des Lebens. Das ist das aufgelöste, höchst aktuelle Rätsel, wieso in der Ex-Zweiten-Welt (Ex-Sowjetunion, Ex-Jugoslawien) und in der fortbestehenden Dritten überlebt wird – oder doch viel weniger gestorben als gemäß Ökonomiebüchern der Fall zu sein hätte.

Dann also frohe Weihnacht, sagte der Kriegskamerad und steckte mir noch einen kleinen, wohlriechenden Tannenbaum in meinen Rucksack mit der Milch.

III.

Zu Weihnacht 1945 war der Computer noch nicht erfunden, in den wir heute alles Gedenken einfüttern. Wir drücken aufs

Knöpfchen, und schon schnurrt die Gedenksoftware ab. Korrekt sitzen alle Haupt-, Eigenschafts- und Zeitwörter. Wie war die Zeit? Bitter. Wie war die Zukunft? Ungewiß. Wer oder was schlug uns? Die Geschichte in ihren Bann. Wessen erfreuten wir uns? Des Friedens und der Freiheit.

Die »political correctness« kommt immer von oben und hinterdrein. Unbarmherzig verformt sich das reale »Damals« ins angebliche »Wie es wirklich war«. Bald gibt's nur noch Cyber-Vergangenheit.

Meine Mutter starb im Krankenhaus Wien-Baumgartnerhöhe, entblößt von allen heutigen und auch allen damaligen Hilfen der Medizin, also auch unbelästigt von solchen. Sie war Jüdin und lebte als sogenanntes U-Boot – es gab etwa 900 U-Boote in Wien, wo vor den Zeiten des Schlächters Hitler etwa 200 000 Juden lebten. Sie trug keinen Judenstern, ging selten auf die Straße; die Nachbarn waren Nazis, aber anständig. Sie wußten, aber verrieten nicht. Ich war als Halbjude in der Hitlerwehrmacht; meine militärischen Vorgesetzten waren keine Nazis und anständig. Sie wußten, aber verrieten nicht.

Im Krankenhaus Baumgartnerhöhe gab es im Friedensjahr 1945 wenig bis gar kein Pflegepersonal. Wenn ich sie besuchte, legte ich meine Mutter, sie war kinderleicht, auf die Leibschüssel – sie hob sich das auf; wenn andere es taten, war es ihr unangenehm. Ich sehe vor mir das brennend tizianrote Schamdreieck, aus dem ich einst kam. Sie war eine Schönheit.

Während sie auf der Leibschüssel lag, fragte sie mich aus, wie es die jüdische Mame tut. Hast du ein Mädchen? Wie ist sie? Habt ihr euch schon geküßt? Werdet ihr heiraten? – Dann sah ich das rote Schamdreieck meiner Mutter zum letzten Mal. Als ich am nächsten Tag wieder zu Besuch kam, lag wer anderer im Bett.

IV.

Die erste Friedensweihnacht 1945 ist der undeutliche Mittelpunkt einer Zeitspanne zwischen dem Tod meiner Mutter und dem Beginn des Zusammenlebens mit meiner Frau, die ein ganz kleines Kind mitbrachte. Was war damals genau? Gab es Kerzen für den Christbaum?

Mein Vater war ein stiller Mann, welcher neben meiner Mutter eine Freundin hatte. Sein Textilgeschäft im Stadtzentrum wurde ausgebombt; die letzten rettbaren Stoffe packte er auf eine Scheibtruhe und fuhr sie quer durch den Schutt nach Hause. Vom Tausch der Stoffe gegen Lebensmittel lebten er, seine Freundin und meine Mutter, mit der er redlich alles teilte – auch die ständige Lebensgefahr, die für beide gleichermaßen bestand. Er war »Arier« aus Böhmen, aber er versteckte eine Jüdin, sei's auch seine Frau – ein KZ-würdiges Vergehen.

Es ist seltsam, ja ganz unerklärbar, wie der Mensch leben kann, indem er einfach lebt – lächerlich unbetroffen von mehrfacher Lebensgefahr rundum. Es ist einfach Kitsch, wenn sich dann Lebensgefahr und Überlebensglück, dieses unsittliche Glück: So viele sind tot, du aber nicht! – materialisieren in einem Christbaum mit ein paar Kerzen drauf.

Ja, also es gab Kerzen, jetzt weiß ich es. Die genaue Verwaltung der »Christbaumsachen« war Angelegenheit meines Vaters; die Pedanterie habe ich von ihm. Im Keller unseres Wohnhauses, es blieb unzerstört, wurden in einer großen Blechschachtel, bunt bemalt – nicht nur der Christbaumschmuck aufbewahrt, viele glitzernde gläserne Figuren, Weihnachtsmänner, Vögel mit wippenden Federschwänzen, allerhand sonstige Tiere; sondern auch die Kerzen vom Vorjahr. Teils waren sie nicht alle gebraucht worden, teils nahm nach jeder Weihnacht mein Vater die

Stümpfe der angebrauchten Kerzen vom Baum, ehe dieser in den Hof kam, am Dreikönigstag, und dann zerhackt in den Kachelofen.

Also hatten wir Kerzen oder Stümpfe, und zu viele Figuren, sie hatten gar nicht Platz auf dem kleinen Baum. Meine Großmutter war eine unpraktische Frau, die vom Bücherlesen lebte, dazu aß sie Butterbrot, in den Kriegsjahren statt Butter Margarine oder »Kunsthonig«. Aus ihrer Ration Brot und Kunsthonig formte sie Kringel, die gleichfalls Platz finden mußten auf dem Bäumchen, dazu noch Ketten aus »Silberpapier« und durchsichtiges »Engelshaar«.

Wir spielten auf dem Grammophon – so hieß das, es hatte eine Kurbel zum Aufziehen des Triebwerkes – eine Platte mit – »O Tannenbaum« und »Stille Nacht«. Wir wickelten Geschenkchen in schönes »Weihnachtspapier«; das vom Vorjahr hatte mein Vater glattgestrichen, sorglich gefaltet und aufbewahrt in vorerwähnter Schachtel.

Wir waren gleichzeitig traurig und glücklich, angstvoll immer noch und hoffnungsvoll schon wieder. Ja, es herrschten die diversen »K«s: kitschig, kleinbürgerlich, kindhaft, -lich und -isch.

V.

Unterm Christbaum gab's auch, wie immer, aus der vorerwähnten Schachtel, eine Christbaumkrippe. Der Stall war eine solide Sperrholzkonstruktion. Auf einer Stange saß der Stern von Bethlehem. Auf dem Dachfirst hielten zwei Engel ein Spruchband, diesmal passend: »Friede den Menschen auf Erden.« Maria, Josef, Hirten und drei Könige, auch Ochs, Esel und ein Kamel mit den Gaben der drei Könige waren aus »Papiermaché« (sprich: masché), einer Mischung aus eingewässertem Zeitungspapier und Kleister, übelriechend und sorgfältig bunt bemalt.

In der Krippe gab es echtes Stroh, jedes Jahr ein paar Halme weniger, aber es reichte. Das Christkind war ein nacktes, schön rosa Püppchen aus »Zelluloid« – so hieß der Vorläufer von Plastik. Arme und Beine beweglich, am Körper gehalten von Gummibändern.

Ich inskribierte schon im Herbst 1945, gleich nach meiner sehr frühen Heimkehr aus dem Krieg, Philosophie, Sprach- und Religionsgeschichte und schrieb meine erste Seminararbeit über das Christkind, wissenschaftlich verkleidet: »Über Götter in Kindgestalt«, oder so ähnlich. Da lag daheim schon ein Kind, ein lebendig unwissenschaftliches Muster, zart, duftend, unschuldig, durchtrieben, Genie wie jedes Kind, Gott wie jedes Kind.

»Ein Kind ist weitaus klüger und weiser als ein Erwachsener«, behauptete der Erzromantiker Novalis (um 1800) und gleich auch noch: »Das Kind muß durchaus ironisches Kind sein.« – Ja, das Gottkind lacht uns an und aus.

Mein Familien- und Studentenleben war damals hinreißend schlicht. In sechseinhalb Jahren Soldatenleben und fast Soldatensterben hatte ich genug Sold verdient, um Familie und Studium fürs erste zu finanzieren. Die russische Befreiungs- und Besatzungsmacht schenkte uns Bohnen und Erbsen. Auf dem Klavier hatten wir eine große, weiß emaillierte Waschschüssel, da weichten wir sie ein. Weich wurden sie am schönsten durch Beigabe von doppeltkohlensaurem Natron, welches schwer zu kriegen war. Die Würmer aus den Hülsenfrüchten schwammen oben und konnten abgeschöpft werden.

Meine universitäre Arbeit begann mit dem Kindgott Dionysos, welcher zugleich Gott der Liebe ist, der Ekstase, der Fruchtbarkeit, der unterirdischen Lüste, des Weins, des

Theaters. Ich war absurd gründlich. Nicht vergaß ich auch den Herakles, welcher nie stärker und unbesiegbarer war denn als Säugling in der Wiege, wo er eine dort eingedrungene Riesenschlange erfolgreich erwürgte.

Ferner erwähnte ich das namenlose Baby, welches eine Frau zwischen den Heeren der Arkader und Eleier absetzte. Die Arkader waren die Aggressoren, und diese wurden, anders als jetzt in Bosnien, erfolgreich zurückgetrieben – von dem Säugling, der sich in eine Schlange verwandelte, welche, anders als jetzt die UNO, den Aggressoren soviel Schreck einjagte, daß sie's aufgaben.

Oh, welch seltsame Vorfahren des Christkinds.

Zu Weihnacht 1945 gab es in Wien pro Kopf 900 Kalorien zu essen. Pro Wohnraum durfte nur eine einzige 25-Watt-Birne brennen. Der erste österreichische Regierungschef der Nachkriegszeit, Bundeskanzler Leopold Figl, war ein Staatsmann, der vom Wein seiner Heimatstadt, Rust am Neusiedlersee, beim ersten Schluck schon unterscheiden konnte, von welchem Hang, südseitig oder westseitig der Tropfen kam. Wenn er betrunken war, und das war oft, sprang er auf den Tisch und ließ sich von dort herunterfallen in die Arme seiner treuen, darauf vorbereiteten Anhänger. Dabei pflegte er zu rufen: »Da habt's ihn, euren b'soffenen Bundeskanzler!«

Figl, ein eiserner Patriot in schwerster Zeit, aus Hitlers KZ auf den Kanzlersessel gelangt – sagte zum Christfest 1945: »Ich kann euch zu Weihnacht nichts geben. Ich kann euch für den Christbaum, wenn ihr überhaupt einen habt, keine Kerzen geben...« – Also wir hatten, siehe oben, Baum und Kerzen. – »Ich kann euch keine Gaben für Weihnacht geben. Kein Stück Brot, keine Kohlen zum Heizen, kein Glas zum Einschenken – wir haben nichts. Ich kann euch nur bitten: Glaubt an dieses Österreich.«

VI.

Figl, 1945 bis 1953 Österreichs »b'soffener Bundeskanzler«, war ein »Christkindl« – so nennen die Österreicher sehr treffend einen unschuldigen, leichtgläubigen, naiven Menschen. Das war das Geheimnis seiner ungeheuerlichen politischen Begabung; Figl war so raffiniert, daß er Raffinesse hochbegabt beiseite ließ. Alle Österreicher aller und keiner Parteifarbe liebten diesen in der Wolle gefärbten »Schwarzen« (Christlich-Sozialen).

Naive Politiker sind jetzt ausgestorben. Unter »Naivität« verstehen die Leute längst das Gegenteil von Naivität. »Du bist mir vielleicht naiv« – das heißt dumm. »So naiv kannst du doch gar nicht sein« – das heißt, verstell dich nicht, du Schlaumeier. Naiv, von lateinisch »nativus«, heißt aber einfach: »geboren«; Mensch sein im Stande der Geburt, so ursprünglich, so urtümlich. Der naive Politiker ist der geborene Politiker. Genau der ist ausgestorben. Sie sind aus Plastik jetzt fast alle.

In meiner universitären Arbeit 1945 handelte ich von jenem Ursinn der Naivität, welcher zum Kind Gottes/Gotteskind gehört. Weihnacht ist das Fest der Naivität. In allen mittelmeerischen Sprachen, die vom Lateinischen herkommen, heißt Weihnacht so: spanisch NATIVIDAD; italienisch NATALE; französisch NOËL – alle aus lateinisch NATIVITALE, Fest der Geburt Christi. Also stimmt ja die österreichische Redensart genau: Wer naiv ist, ist ein »Christkindl«.

Ich wollte damals in meiner Universitätsarbeit, als Liebhaber einer Geschichte der Werte und Wörter, und auch schon älter und ernster als der Normalstudent (24 war ich, als ich inskribierte) – die ursprüngliche Würde von Naivität/Nativität herausheben. Ich begann mit einer Reihe von

Schwurzeugen, voran Schiller (»Über naive und sentimentalische Dichtung«): »Das Naive kann niemals eine Eigenschaft verdorbener Menschen sein, sondern nur Kindern und kindlich gesinnten Menschen zukommen«, definierte der selber so Kindliche. »Das Naive ist eine Kindlichkeit, wo sie nicht mehr erwartet wird. Naiv muß jedes wahre Genie sein, oder es ist keines. Seine Naivität allein macht es zum Genie.«

Simone Weill, die raffinierteste Naive der französischen Literatur, sagte einfach: »Ein Genie ist ein Mensch, der mit achtzig noch so intelligent ist wie mit acht.« – Noch einfacher sagte es nur noch Jesus: »So ihr nicht werdet wie die Kindlein, gehet ihr nicht ins Himmelreich ein« (Lutherbibel, Matthäus 18,3).

Folgend meinem antitheologischen Affekt nehme ich das ganz persönlich. Ja, Kindlein war ich im Himmelreich, meine Mutter schälte mir die Weintrauben, weil ich die zähe Haut der Beeren nicht mochte. Von den Orangen entfernte sie sorgfältig die mir schrecklichen weißen Fasern, die auf den Spalten haften. Dann streute sie auf jede der Spalten ein bißchen Zucker, weil sie mir sonst zu sauer waren.

Im mütterlichen Himmelreich kriegte ich so viel Liebe, sinnige und unsinnige – daß ich mit dem kindlich aufgespeicherten Vorrat durchs ganze erwachsene Leben auskam, inklusive Krieg. Als sie gegen Weihnacht 1945 starb, war der Einschnitt tief und bis in die Tiefe aufgefüllt mit Liebe. Von ihren geschälten Weintrauben aß ich unsichtbar, auch wenn's nur wurmige Bohnen und Erbsen gab. Heute gibt's so feine Trauben, daß ihre Haut gar nicht mehr zäh ist. Unsichtbar esse ich aber immer noch die geschälten Trauben meiner Mutter.

Sobald es wieder Weintrauben gab, schälte ich sie meinem Kind. Viel mehr heißt Erziehung gar nicht – erziehen, das

Kind ziehen, wohin es nicht will, bringt gar nichts außer Schaden.

VII.

Ich fürchte, daß ich dies zu Weihnacht 1945 noch nicht wirklich wußte. Ich versuchte, das Kind zu erziehen, stieß aber rasch auf die Leninsche Frage: Wer wen? In den bitteren Nachkriegszeiten ein süßes Kind. Wer erzog wen? Der Charme des Kindes ist Charme im Wortsinn, vom Lateinischen »carmen«, das Lied, das Zauberlied, das dir gar keine Wahl läßt als bezaubert zu sein.

Ausnahmsweise hat Karl Marx recht mit dem schönen Satz: »Die Kinder müssen die Eltern erziehen.« Rasch entschied ich mich für begeisterte Resignation. Die Kinder ziehen einfach stärker als die Erzieher. In der Hingabe ans Kind steckt schönere Freude als im Erziehen.

Daß die Kinder erwachsen werden, passiert sowieso, Erziehung hin oder her. Daß aber die Erwachsenen Kinder werden, das sind die schönsten Augenblicke im Erziehungsprozeß – die richtige Weihnachtsfreude, Fest der Naivität.

Ich kam nicht immer durch mit meiner Begeisterung fürs Nichterziehen bzw. Erzogenwerden durchs Kind. Meine Frau forderte mit Recht minimale Festigkeit statt maximaler Rührung. »Laß dem Kind nicht alles durchgehen«, heißt das auf österreichisch. Dann hatte ich verhängnisvolle Erziehungsanfälle.

Aber dauerhafter blieb doch mein Erzogenwerden durch das Kind. In jener Zeit, in der es keine andere Unterhaltung gab als die Suche nach Lebensunterhalt, genoß ich die Unterhaltung durch das Kind.

»Man irrt , wenn man glaubt«, sagt Schiller übers Naive

und Sentimentalische, »es sey die Vorstellung der Hülflosigkeit, welche macht, daß wir mit soviel Rührung bei Kindern verweilen. Nicht weil wir von der Höhe unserer Kraft und Vollkommenheit auf das Kind *herabsehen*, sondern weil wir aus der Beschränktheit unsres Zustands, zu der grenzenlosen Unbestimmtheit und folglich seiner Unschuld *hinaufsehen*, gerathen wir in Rührung.«

Weihnacht 1945 war ein besonders religiöses Fest – weil nämlich Religion eine *Orgie* (griechisch: Gottesdienst) des Lebens ist. Religion heißt aufs höchste gesteigertes Leben, Freudenfest (gute Botschaft, griechisch Evangelium). Friedensweihnacht 1945 war der abrupte Übergang vom Christus des Todes, dessen Kreuz auf den Leichenbergen des Krieges stand, zum Christus des Lebens, zum Christkindl in der Wiege.

Wer meint, vom Christus zum Christkindl sei es ein Weg der Verniedlichung – der weiß nicht, was naiv ist.

Weihnacht 1945 war eine schwere Zeit. Was schert sich das Leben um schwere Zeiten? Ich esse jetzt Brot mit dick Butter drauf und Honig. Ein Vogel singt auf dem Balkon. Ein Kind lacht. Ein Frauenkörper biegt sich gnädig. Gott sei dank, ich bin naiv, Christkindl 1945 ff.

DIETRICH OPPENBERG

Großes Glück auf kleiner Flamme

Es war das erste Fest im wiedergewonnenen Frieden. Es gab kein Rennen in den Luftschutzbunker, keine Angst vor Bomben, Tieffliegern und Artilleriegeschossen. Es herrschte einigermaßen Ordnung. Die »Fremd«-Arbeiter waren in ihre Heimat zurückgekehrt. Was die Russen dort erwartete, war uns nicht bekannt. Wir konnten aufatmen und waren bescheiden und stellten keine großen Ansprüche.

Meine junge Frau und ich hatten wenige Wochen zuvor geheiratet. Die Hochzeit im kleinsten Familienkreis war noch vom Krieg gezeichnet. Der Strom setzte oft aus, so daß uns Kerzenschimmer vereinte. Es gab Holunderbeersuppe. Freunde stifteten Kartoffeln und Gemüse. Doch waren uns amtlicherseits zwei Zimmer zugeteilt worden, weil ich zu Hause noch arbeiten mußte. Für die damaligen Verhältnisse recht luxuriös.

Unsere Wohnungseinrichtung war denkbar primitiv. Das Prunkstück waren die Betten, die uns die Wohnungsinhaberin auslieh. Dafür mußten wir allerdings das Klavier im kombinierten Schlaf- und Vorratsraum mit beherbergen. Ein paar Schränke und Regale hatten Freunde aus Trümmerholz zusammengezimmert. Ein Regal existiert heute noch. Es dient nun auf dem Dachboden der Unterbringung von Winterschuhen.

Die Wohnung lag im mittleren Teil der langgezogenen

Frankenstraße, auf der am 11. April 1945 die ersten amerikanischen Panzer von der Ruhr her anrollten und damit das Ende des Krieges für Essen ankündigten. Wie bei Jorge Semprun in seinem Buchenwald-Epos »Welch ein herrlicher Sonntag« nachzulesen ist, war das auch der Tag der Befreiung der Insassen des Konzentrationslagers am Ettersberg.

Die amerikanischen Panzertruppen zeigten ein feines Gespür für geschichtliche Zusammenhänge. Denn es war diese Frankenstraße, die zweitausend Jahre vorher den Sprachraum der Sachsen von dem der Franken trennte. Es gibt auch eine Sachsenstraße in Essen. Die ist aber stiefmütterlich kurz. Sie beherbergt im wesentlichen die Pressehäuser. Das ist der Grund, warum ich mich dort mehr als fünfzig Jahre meines Lebens aufgehalten habe, in den verschiedensten Funktionen, überwiegend als Herausgeber der NRZ.

In den letzten Jahren ist es dort wesentlich stiller geworden. Es fehlt das fröhliche Klappern der Setzmaschinen und das durchdringende Dröhnen der Rotationsgiganten. Die Linotypes fielen der Modernisierung der Satzherstellung zum Opfer. Die Rotationen wurden ebenfalls erneuert und in einem modernen Druckzentrum in der Nähe aufgestellt.

In unserer damaligen Wohngemeinschaft lebten außer uns noch weitere sechs Menschen, die sich eine Küche und ein Badezimmer teilen mußten. Die Toilette wurde nach Plan genutzt. Wehe, wenn man seine Zeit versäumte, es war dann schwierig, sich wieder einzureihen. Die Küche belebten vier Frauen, ein kleines Mädchen und ein Mann. Damit er nicht störte, wurde er auf einen Stuhl zwischen zwei Küchenschränke plaziert, wo er ungestört seine Kriminalromane lesen konnte. Wir nannten ihn schlicht den Kriminalromanrat.

Sonst ging es sehr bunt zu in der Küche. Meine Frau hat sicher eine Menge dabei gelernt. Wo sollte sie auch während des Krieges hausfrauliche Tugenden erworben haben? Ihre Mutter lebte, weil »bombengeschädigt«, in ihrer Heimat in der Nähe von Königswinter am Rhein. Außerdem gab es nichts, an dem man seine Kochkünste hätte schulen können.

So war ich als frischgebackener Ehemann dazu verurteilt, geduldig zu warten, bis das bescheidene Essen auf den Tisch kam. Aber diese Geduld war gegenseitig, sonst hätte unsere eheliche Gemeinschaft nicht so lange gehalten. (Im Herbst dieses Jahres wollen wir unsere »goldene« Hochzeit feiern – ein bißchen großzügiger als es bei der »grünen« möglich war.)

Also Weihnachten '45. Wir waren eine kleine Familie, noch kinderlos – naturgemäß. Meine Eltern wohnten in der Nähe und kamen an einem der Festtage zu Besuch. Sie brachten die Schwester meiner Mutter mit, meine Tante Grete, die soeben eine abenteuerliche Reise beendet hatte, die 1936 in einer kleinen Stadt an der Ostsee begann. Ein Schiff sollte eine Gruppe Schicksalsgenossen nach Palästina bringen. In Haifa durften sie aber nicht von Bord gehen, weil die englische Mandatsmacht das nicht zuließ. So irrten sie über viele Meere und landeten wenig glücklich in Schanghai, wo sie fast zehn Jahre unter deprimierenden Bedingungen in der für Mitteleuropäer ungewohnten Hitze zubringen mußten.

Weihnachten 1945. Es gab keine großen Ansprüche. Meine Frau und ich – wir waren glücklich, zueinander gefunden und überlebt zu haben. Sie hatte die Bomben sehr gefürchtet und bei Alarm immer so schnell wie möglich den Bunker aufgesucht. Ich war in dieser Beziehung gelassener und fand den Weg dahin erst, sehr zum Erstaunen meiner Mutter, als für mich ein fester Platz in einem zweisitzigen Korbmöbel neben einer jungen Dame bereitstand, die dann später meine Frau wurde.

Weihnachtsgeschenke? Meine Frau hatte sich aus aufgeribbelter Wolle einen Pullover gestrickt. Er stand ihr sehr gut. Ich bekam von einem befreundeten Schneider, der wohl noch Stoff gehamstert hatte und Geld brauchte, einen Anzug genäht. Es war der erste Anzug mit Nadelstreifen, allerdings auf hellgrauem Grund. Ihn habe ich viele Jahre getragen.

Was uns Weihnachten sehr zu schaffen machte, war unser kleiner Kanonenofen, der mit Holz geheizt werden mußte. Das war nicht das Problem. Holzhacken konnte ich. Der Ofen hatte aber die unangenehme Gewohnheit, nicht richtig zu »ziehen«. Es qualmte wie ein Schlot, und so waren wir häufig gezwungen, die Fenster zu öffnen und die fehlende Wärme auch noch durch winterliche Kälte zu ersetzen. Erst viel später, bei unserem Auszug in eine größere Wohnung (weil sich Nachwuchs anmeldete) stellten wir fest, daß der Ofen falsch angeschlossen war. Wir hatten nicht einen Kamin erwischt, sondern nur einen engen Luftschacht, der den Rauch nicht befördern konnte.

Der Qualm in der Stube hat unserer friedlichen Weihnachtsstimmung keinen Abbruch getan. Wir waren glücklich und feierten auf Sparflamme unser erstes Weihnachtsfest nach dem Kriege. Mit Inbrunst sangen wir »Stille Nacht, heilige Nacht«.

Als »Hinnerk« Soldat werden mußte...

Wir konnten uns nicht beklagen. Es ging uns besser als den meisten anderen. Wir hatten ein Dach über dem Kopf, wir wohnten in einem Haus, das den Krieg heil überstanden hatte, wir hatten eine Haustür, die man abschließen konnte. Wir hatten Wasser, wir hatten Strom. Wir waren gesund, wir konnten zupacken. Wir hatten an die zwanzig Hühner, einen sechshundert Quadratmeter großen Nutzgarten mit Spinat und Tomaten, Obstbäumen und Beerenhecken. Wir hatten Holz und Kohlen genug, um außer der Küche ein weiteres Zimmer zu beheizen, samstags auch die »gute Stube«, in der jetzt zwei Betten standen. Wir lebten nicht in Saus und Braus, aber wir darbten auch nicht. Wir hatten fünfundzwanzig Zentner Kartoffeln eingekellert, im Garten waren zwei Eisenkisten mit Fleischkonserven vergraben, kurzum: wir hatten Aussicht, das Überlebenstraining, das uns die Sieger auferlegt hatten, zu bestehen.

Nun, am Weihnachtsabend 1945 hatten wir sogar eine Gans auf dem Tisch, mit Äpfeln gefüllt, mit Rotkohl garniert, herrlich gebräunt, eine Haut wie gehämmerte blanke Bronze. Leider schmeckte uns der nahrhafte Vogel nicht. Wir waren alle ein wenig traurig, als Mutter ihn zerteilt und mit der fettschillernden Soße, die ihr Geheimnis war, übergossen hatte. »Trotzdem, guten Appetit und ein gesegnetes Fest!« sagte Vater, und dann begannen wir schweigend zu essen.

Natürlich hatte es seine besondere Bewandtnis mit dem aromatisch duftenden, glitzernden Bronzevogel, dem wir mit stiller Trauer zu Leibe gingen.

Es dürfte im Frühsommer 1945 gewesen sein, einige Wochen nach dem Ende des fast sechsjährigen Krieges, der uns alle das Fürchten gelehrt hatte, als mein Vater von einer seiner täglichen Besorgungstouren mit einem zitronengelben gefiederten Etwas heimkam, das sich bei näherer Betrachtung als lebendiges Gänseküken erwies, kaum größer als eine geballte Faust. Bauer Held hatte ihm den erst wenige Stunden alten flaumigen Ganter geschenkt, dessen Überlebenschancen er äußerst gering erachtete. Er war in der Tat sehr winzig geraten und so schwach, daß er kaum zu bewegen war, seine dünnen Augenritzen zu öffnen. Immerhin geruhte er einige Teelöffel heißer Milch zu sich zu nehmen. Am nächsten Morgen, nachdem er die erste Nacht seines irdischen Daseins in der brutwarmen Bratröhre des Küchenherdes verbracht hatte, gab er weitere, wenn auch immer noch sehr zaghafte Lebenszeichen von sich. Er hob den Kopf und ließ sich erneut ein Schnapsglas wohltemperierter Milch einflößen, der diesmal bereits eine Prise gemahlener Reiskörner beigemischt war.

Kurz und gut, wir päppelten ihn auf. Wir pflegten ihn wie ein krankes Kind. Mit sichtbarem Erfolg. Nach drei Tagen nahm er geriebene Mohrrüben zu sich, und als wir ihn nach einer Woche draußen auf dem kleinen Rasenstück unter dem breitästigen Apfelbaum niedersetzten, machte er sich, als wäre es das Selbstverständlichste von der Welt, fröhlich über das frische Sommergras her.

Er war gerettet, er wuchs heran, er wurde ein prächtiger Ganter. Bald hatte er auch einen Namen. Wir nannten ihn Hinnerk, hochdeutsch Heinrich, und da er seinen linken Pfoten nachzog: Hinnerk Hinkemann oder Hinkefuß. Mit

Hilfe des Hühnervolkes, das wütend über den Fremdling herfiel, als wir versuchten, ihm Wohnrecht in seinem Stall zu verschaffen, wahrte er auch seine Sonderrechte. Er bekam ein eigenes Nachtquartier, er durfte im Garten nach Gutdünken lustwandeln und konsumieren, und da er einen enormen Appetit entwickelte, fraß er alles, was ihm vor den orangeroten Schnabel kam, sogar Vaters heißgeliebte Blumen. Auch beim mittäglichen Essen war er regelmäßiger Gast. Trotz ramponiertem Gangwerk stieg er die Treppe zu der der Küche vorgelagerten Veranda empor und meldete sich mit seinem unüberhörbaren Quatt-quatt-quatt zur Stelle. Selbstbewußt watschelte er dann um den Tisch herum und ließ sich wie ein Erster-Klasse-Patient beköstigen.

Er gedieh gut dabei. Der mickrige, lebensmüde gelbgefiederte Ganter, der die ersten acht Tage seines Lebens im häuslichen Herd gleichsam auf Intensivstation verbracht hatte, wuchs planmäßig heran, legte sich ein blütenweißes Federkleid zu, fraß sich ein Pfund nach dem anderen an die Rippen und ließ es sich hochmütig gefallen, am Hals gekrault, auf den Schoß genommen und überhaupt: gehätschelt und getätschelt zu werden.

Nun also war er »Soldat geworden«, wie mein Vater sich auszudrücken pflegte, wenn er eines seiner Hühner oder Karnickel für den Sonntagsbraten exekutiert hatte. Hinnerk Hinkemann war nicht mehr, hatte sich, seiner Bestimmung gemäß, pünktlich in die Festtagsgans verwandelt, die man Weihnachten 1945 eigentlich nur noch vom Hörensagen kannte. Das Essen, wie gesagt, verlief schweigend. Immerhin beendeten wir es mit dem Gefühl jenes wohligen Sattseins, das auch den krudesten Alltag erträglich macht. Die Zungen lösten sich. Wir hielten Rückblick, und die Bilanz war gar nicht so übel.

Ja, es ging uns besser als den meisten anderen. Der vielzitierte Blutzoll für Führer und Vaterland war uns erspart geblieben. Die Familienbande hatten ihre kriegsbedingten Zerreißproben bestanden. Das Einfamilienhaus in der Kronprinzenstraße am Rande von Bad Oeynhausen war zur bergenden, schützenden Arche geworden. Madame lebte seit April 1944 in der Obhut ihrer Schwiegereltern. Unser gemeinsamer Stammhalter, der wie sein Vater Rudolf hieß, aber bereits vor seiner Geburt Dschullik (Russisch: Lümmel oder Tunichtgut) genannt wurde, war pünktlich am letzten Maitag dieses Jahres während eines Bombenalarms zur Welt gekommen und genoß seitdem ebenfalls Gastrecht in der Kronprinzenstraße. Irgendwann im Frühjahr 1945 hatte Oma Müller, die geborene Irina Wassiljewa, ausgebombt und aller irdischen Güter ledig, mit einem Strohkofferchen, das ihre letzte Habe barg, vor der Tür gestanden und Platz im Haus gefunden. Mir selbst war am letzten Märztag 1945 die rettende Absetzbewegung aus Berlin und damit die rechtzeitige Heimkehr, zwei Tage vor Erscheinen der Amerikaner in Bad Oeynhausen, gelungen. Irgendwann im Juni oder Juli hatten meine Eltern auch für Schwager Alex, Oma Müllers Jüngsten, zuletzt Feldwebel in Dänemark, ein Bett freigemacht. Obwohl er inzwischen in Bielefeld Arbeit und Unterkunft gefunden hatte, gehörte er als Wochenendgast zum engsten Kreis der Familie. Bis zur Entlassung ihres Mannes im Spätherbst hatte auch meine Schwester, zusammen mit ihrer Tochter Ursula, einem knapp zweijährigen Wildling, im Elternhaus kampiert und, in Ermangelung anderer Räumlichkeiten, im Wohnzimmer neben der Küche einem gesunden Knäblein zum Leben in der aus den Fugen geratenen Welt verholfen.

Mit anderen Worten – das Haus in der Kronprinzenstraße, fünf Zimmer plus Küche, Keller und Boden, bis April 1944 nur von den Eltern bewohnt, hatte sich aufgefüllt, es war voll bis unters Dach, und Vater und Mutter, zu dieser Zeit 59 und 58 Jahre alt, stellten sich widerspruchslos der schweren Aufgabe, uns allen das menschenwürdige Dasein zu ermöglichen, das auch die neuen Herren ihren Schutzbefohlenen vorenthielten.

Das heißt nicht, daß es drüber und drunter ging. Eher war das Gegenteil der Fall. Die vorhandenen bürokratischen Strukturen reagierten auf den Zusammenbruch des braunen Regimes wie ein Granitfelsen. Die Verwaltung arbeitete nahezu ungestört weiter, unter den Fittichen der sogenannten Militärregierung, deren Funktionäre klug (oder bequem) genug waren, ihr nach der obligaten Entfernung der nazistischen Amtswalter keine fachfremden Schwierigkeiten zu bereiten. Herrn Jedermanns Leben lief auf den eingefahrenen Geleisen weiter. Otto Normalverbraucher bekam einen neuen Ausweis, blieb aber der total bewirtschaftete und regulierte Konsument, der er schon des längeren war: Objekt obrigkeitlicher Maßnahmen und Bestimmungen.

Post und Bahn waren in den ersten Wochen nach dem Tag X außer Betrieb, es gab auch keine Zeitungen mehr (was u. a. einen gravierenden Papiermangel zur Folge hatte), aber die Zuteilung funktionierte, wenn auch nur in den »Westzonen«, die Lebensmittelkarten wurden bedient wie zuvor, nunmehr freilich in einem Kalorienbereich, der unter dem Existenzminimum lag. Wer nicht über Beziehungen (das sagenhafte »Vitamin B«) oder Tauschware verfügte, war demnach zu konsequentem Fasten verurteilt, mit der betrüblichen Folge, daß der aus dem Ersten Weltkrieg stammende Begriff »Unterernährung« bald wieder die Runde machte.

Die Pörtners in der Kronprinzenstraße, samt ihrem Berliner Zuwachs, kamen da – Hand aufs Herz! – vergleichsweise gut über die Runden. Mein Vater war in einer Zigarrenfabrik tätig, deren Restbestände sich schon während des Krieges als vollgültiges Zahlungsmittel erwiesen hatten. Er konnte »schmieren«, wenn der Karren knirschte, und da er ohnehin ein distanziertes Verhältnis zu jedweder Obrigkeit hatte, die ihre Untertanen zu »Essenfassern« degradierte, und über einschlägige Erfahrungen aus den Jahren nach dem Ersten Weltkrieg verfügte, war er in der Kunst des Besorgens kaum zu schlagen. Sohn und Schwiegertochter, ich war 33, Madame 30 Jahre alt, halfen dabei kräftig mit u. a. mit Nähgarn und kunstseidenen Wäschegarnituren, die sie eine Stunde vor dem Einmarsch der Amerikaner in einem »zur Plünderung freigegebenen« Wehrmachtlager wohlfeil erworben hatten. So fiel es uns einigermaßen leicht, den täglichen Kalorienkrieg erfolgreich zu bestehen.

Er kostete freilich nicht nur Schweiß und Schwielen, sondern auch Geduld und Zeit. Um einige Kohlköpfe oder ein Säckchen Kartoffeln einzuhandeln, sind wir im Sommer '45 mehrfach zu einem rauchwütigen und daher tauschwilligen Bauern in Veltheim an der Weser gefahren. Strampelnd und pedalend, hin und zurück gut siebzig Kilometer.

Diese Ausflüge hatten einen ebenso erhabenen wie profanen Grund. Die nähere und weitere Umgebung von Bad Oeynhausen wurde, soweit agrarischer Natur, seit Mai '45 von den Soldaten der Britischen Rheinarmee abgegrast, deren Kaffee- und Zigarettenwährung unsere Zigarrenmark an Kaufkraft noch übertraf. Das heißt: meine Heimatstadt war sechs Wochen nach dem Einzug der atlantischen Heerscharen zu unverhofftem, wenn auch fragwürdigem internationalen Ruhm gelangt – sie war Hauptquartier der Army of His Royal Majesty geworden und in ihrer neuen Rolle als hochkarätiges Militärobjekt nach Evakuierung von rund sechstausend »Betroffenen« mit einem zehn Kilometer langen, gut zwei Meter hohen Stacheldrahtzaun umgürtet worden. Das igelige Monstrum hatte nur zwei Zugänge: einen im Westen an der Herforder, den anderen im Osten an der Mindener Straße – und beide wurden Tag und Nacht von schwerbewaffneten Soldaten bewacht. Schrankenwärter wurden sie im Volksmund genannt.

Die Pörtners samt Zuwachs und Anhang hatten einmal mehr Glück gehabt. Die Kronprinzenstraße lag hundert Meter außerhalb des Sperrbezirks, wie der eingedrahtete Kurort mit seinen komfortablen Hotels und Pensionen, seinen vornehmen Badehäusern und dem von Lenné geschaffenen Kurpark nun hieß. Die Folgen waren aber auch hier zu spüren. Um beispielsweise zum Bahnhof zu gelangen, dessen Gepäckbahnsteig für den zivilen Verkehr hergerichtet wurde, benötigten wir nun statt fünfzehn fünfzig Minuten, und der Weg dorthin führte zu einem guten Teil durch Straßengräben und an dem Metallzaun entlang, hinter dem der Stab der Britischen Rheinarmee sich jener splendid isolation erfreute, die offenbar immer noch das insolare Evangelium war.

Aber auch die Kronprinzenstraße selbst geriet bald in den Aktionsradius der Besetzer. Die von General Eisenhower, dem deutschblütigen Oberkommandierenden der siegreichen Westalliierten, barsch untersagte Verbrüderung mit den Deutschen schloß ja gewisse, auf der Anziehung der Geschlechter beruhende Annäherungen nicht aus. Die Bereitschaft dazu war auf beiden Seiten vorhanden. Bei den neuen Herren basierte sie auf dem verständlichen Wunsch, soldatischen Schneid nicht nur auf Deutschlands Straßen, sondern auch in Deutschlands Betten zu beweisen, bei den dazugehörigen Partnerinnen auf der ebenso verständlichen Erwartung angemessener materieller Zuwendungen. Das später so oft und so beziehungsreich zitierte »Fräuleinwun-

145

der« begann in der Kronprinzenstraße jedenfalls unmittelbar nach dem Ende der Feindseligkeiten.

Die ersten Fräuleins, die auf genuin weibliche Weise den Sieg der Besiegten über die Sieger vollzogen, waren zwei junge Damen, die schräg gegenüber im Wohnzimmer eines betagten Ehepaares eine Interimsbleibe gefunden hatten. Sie waren, wie sich herumsprach, Bereiterinnen bei der nicht mehr vorhandenen Wehrmacht gewesen und erfreuten sich in der Tat einer sportlich trainierten, sozusagen amazonenhaften Weiblichkeit, die sie während der heißen Sommermonate des Jahres '45 im zweigeteilten, textilarmen Badeanzug bisweilen öffentlich und in aller Unschuld vorführten. Daß sie mit diesem Pfund (im speziellen Fall: einem Minimum an Pfunden) auch anderweitig zu wuchern verstanden, zeigte sich sehr schnell. Allabendlich fuhr nämlich ein Jeep vor, dem zwei betreßte Unteroffiziere der britischen *army* entstiegen, mit all den schmack- und nahrhaften Kostbarkeiten im Gepäck, die dem schmachtenden Normalverbraucher unseligen Angedenkens weiterhin vorenthalten wurden.

Auch die auf der rechten Seite des Doppelhauses domizilierende Dolmetscherin unbekannter Herkunft, gut dreißigjährig, schick, aber auch sehr distanziert, als hätte sie etwas zu verbergen, erfreute sich lebhaften Zuspruchs. Ihr häufigster Gast war ein Gentleman um die Fünfzig, Typ Kolonialoffizier, den wir wegen seines buschigen Schnauzers den »Indienoberst« nannten: ein Mann von Kultur offenbar, der sich nicht nur um das leibliche Wohl der des Englischen (und sicher auch einiger anderer Talente) mächtigen Dame sorgte, sondern auch um die standesgemäße Ausstaffierung ihrer Dachkammer verdient machte. An Teppichen, Klubsesseln und anderem komfortablen Hausrat war in der requirierten Stadt ja kein Mangel.

Derartige Beobachtungen lieferten zwar Unterhaltungsstoff, riefen aber keinen sonderlichen Unmut hervor. Wenn die im selben Haus wohnende Frau Ellermann, die noch auf die Heimkehr ihres in Rußland abgebliebenen Mannes wartete und sich mit ihren beiden halbwüchsigen Hungerleidern mehr schlecht als recht durchschlug, gelegentlich die rhetorische Frage stellte, ob man eine Hure sein müßte, um anständig zu leben, nickte man ihr verständnisvoll zu, damit hatte sich's aber auch. Man hatte anderes zu bedenken, das Leben war eben auch für die, die »etwas zu bieten« und demgemäß etwas zu beißen hatten, ein Kampf ums Überleben geworden.

Auch die Pörtners in der Kronprinzenstraße waren vollauf damit beschäftigt, ihn zu bestehen. Das kostete außer Zeit und Kraft gelegentlich auch generalstäblerische Vorbereitung. Um zwei Liter Öl zu beschaffen, bin ich im Sommer '45 mit Freund Fritz bis in die Gegend von Münster gestrampelt, gut hundert Kilometer weit, zu zwei Tanten oder Kusinen, die wiederum einen Bauern kannten, der für Zigarren empfänglich und bereit war, dafür einen Sack Raps zu opfern. Die beiden hilfsbereiten Tanten oder Kusinen, Lehrerin die eine, Steuerberaterin die andere, hatten auch die dazugehörige Rapsmühle besorgt, die wir einen halben Tag mittels Muskelkraft in Bewegung hielten. Am Ende standen sechs Liter Öl auf dem Tisch, zwei Liter für jede der beteiligten Parteien. Um sie heil nach Haus zu bringen, nahmen wir einen Umweg über die Autobahn in Kauf, die damals fast ausschließlich von Radfahrern und Fußgängern genutzt wurde.

Ich erinnere mich auch an zwei Ausflüge in die zuckerhaltige Hildesheimer Gegend, via Hannover. Das erste Mal mit einem Kohlenzug, den wir zu nächtlicher Stunde bei einem Lokwechsel in Löhne entern konnten, das zweite Mal mit

LKW und Fahrrad. Und beide Male mit respektablem Erfolg, da wir mit Zigarren und Tabak, Reizwäsche und Nähgarn sowohl »männliche« als auch »weibliche« Tauschware anzubieten hatten. Insgesamt handelten wir mehr als einen Zentner braunen Zucker ein, der allerdings – zwecks Gewichterhöhung – von seinen vormaligen Besitzern kräftig gefeuchtet worden war.

Und als im Herbst der Kohleschlamm zu Ende ging, den die Militärregierung als Brennmaterial an den Mann brachte, eine glitschige, ölig schimmernde Masse, die als »schwarze Scheiße« einen hohen Bekanntheitsgrad erwarb, blieb uns nichts anderes übrig, als Herdfeuer und Ofenglut mittels »Kohlenklau« zu nähren. Meist fuhr ich zu diesem Zweck zu Onkel Ernst, der Besitzer eines Lokals in Löhne-Königlich vor und zwei seiner früheren Fremdenzimmer an einen »Bahnmenschen« vermietet hatte. Der wußte in der Regel schon am Vormittag, wann am Abend die aus dem »Pütt« kommenden Kohlenzüge an der »Flöttkenburg« halten mußten, weil sich der Lokwechsel ungebührlich verzögerte. Mit solchen Informationen ausgerüstet, war es dann ein leichtes, zu vorgegebener Stunde einen Kohlenzug zu bespringen und um einen Teil seiner Fracht zu bringen. Den Weitertransport nach Oeynhausen-Melbergen übernahm ein befreundeter Milchkutscher, den ich nicht einmal zu ködern brauchte, da es ihm Spaß machte, die Militärregierung, wie er sagte, »aufs Kreuz zu legen«. An der Unterführung Langestraße erwartete mich Madame mit einem Bollerwagen, den wir dann, samt brennbarer Ladung, an der englischen Wache vorbei in die Kronprinzenstraße bugsierten.

Mitte November schlachteten wir dann auch das erste »schwarze Schwein«. Wir, das heißt: mein Vater und ich, zwei blutige Laien, die dementsprechend ein schreckliches

Blutbad anrichteten, zumal sie ohne geeignetes Gerät zu Werke gehen mußten, nur mit Beil und Hammer, einem Brotmesser und zwei schartigen Löffeln ausgerüstet, die zum Abkratzen der Borsten dienten. Immerhin hing das Opfer nach zweistündiger Tätigkeit, zerteilt und ausgenommen, vorschriftsmäßig auf der Leiter, in der abgedunkelten Waschküche im Keller.

In dieser Zeit begannen wir auch vom kommenden Weihnachtsfest zu reden: dem ersten unter der Regie der neuen Herren, die Armut, Not und Mangel offenbar noch immer als das geeignetste Instrument ansahen, die Deutschen in die Demokratie einzuführen.

Weihnachten – dunkle Erinnerungen stiegen auf. War es nicht einmal ein Fest des Schenkens und Beschenktwerdens gewesen, des gegenseitigen Gebens und Nehmens? Daran war nun nicht zu denken. Die Geschäfte gähnten vor Leere. Selbst die verwalteten Mangelwaren waren ja längst aus den Regalen verschwunden. Dennoch gab es so etwas wie eine Weihnachtskonjunktur. Dekorativ beklebte Flaschen, bescheidene Holzschnitzwerke und Körbe aus Drähten oder Elektrokabeln machten zumindest auf dem schwarzen Markt die Runde. Hier und da waren Holzpantinen im Angebot. Auch Wehrmachtsware wurde gehandelt: entmilitarisierte Uniformen, papiergefütterte Westen, Unterhosen und Kniewärmer, Kopfschützer und hakenkreuzgeschmückte Knöpfe. Wer Glück hatte, konnte sogar einen gebrauchten Volksempfänger erwerben.

Freund Fritz, Schreibkollege aus versunkenen Berliner Tagen, betrieb einen florierenden Bilderhandel. Er lebte zu dieser Zeit mit Frau und zwei Kindern (einem zweijährigen Sohn und einer einjährigen Tochter) auf dem Boden einer innerstädtischen Bierstube im fünfzehn Kilometer entfernten Herford, unter dem unverschalten Dach, frierend, rauchend und hungernd. Einmal in der Woche erschien er in der Kronprinzenstraße, ein Strichmännchen in einer Lederhose, die einem Barockbauch mühelos Quartier geboten hätte, aß sich satt, erhielt ein Päckchen Tabak (den mein Vater aus Tabakabfall heraussiebte, der eigentlich »zollamtlich vernichtet« werden mußte) und erzählte in einer Mischung von Zynismus und grauer Melancholie von seinem High-life-Dasein unter dem Kneipendach. Zum Schluß tranken wir jeder einen Liter alkoholhaltiger Maische, die ich aus wurmstichigen Zwetschgen hergestellt hatte. Volltrunken nächtigte er dann auf dem Küchensofa.

Nun, irgendwann in der Vorweihnachtszeit, erzählte er von seinem Bilderhandel. In einem Verschlag seiner aristokratischen Behausung hatte er einen Berg alter Zeitschriften entdeckt, in der Mehrheit verstaubte und zerlesene Exemplare von »Velhagen und Klasings Monatsheften«, die zum guten Teil noch aus der Vorweltkriegszeit stammten, und festgestellt, daß sie erstaunlich gute Wiedergaben von Gemälden »bekannter Künstler« enthielten: frugale Stilleben, verträumte Landschaften, gelegentlich sogar ein knospendes nacktes Mädchen. Und er hatte sie fein säuberlich herausgetrennt, auf Sperrholz aufgezogen, das er sich bei seinen Freunden vom Herforder Holzadel beschaffte, und mit Rahmen eigener Bauart versehen. Nun gingen die Dinger, die zunächst nur dem Schmuck seines Spitzweg-Asyls gedient hatten, »weg wie gut belegte Käsebrötchen«, so daß er den Stückpreis bereits von fünfzig auf fünfundsiebzig Mark (= zehn oder fünfzehn Zigaretten) erhöht hatte; mit Speckschwarte auf Hochglanz poliert noch ein paar Märker mehr.

Leider konnte ich ihm bei der Suche nach weiteren Zeitschriften nicht behilflich sein. Doch begann ich nun meinerseits über ungehobene Schätze nachzudenken. Ich fuhr zu

Vater Krause, dem letztverbliebenen Angestellten von »Fritz Scherers Buchhandlung«, die ebenfalls evakuiert worden war und nun auf der anderen Seite von Bad Oeynhausen in einem lächerlich kleinen Lädchen ein trauriges »Als-ob-Dasein« führte. Und Vater Krause, ein Freund meines Vaters und einer guten Zigarre zugänglich, schloß die Ladentüre ab, verhängte sie, zog einen verschlissenen Läufer beiseite und öffnete eine darunter verborgene Holzklappe. Gemeinsam stiegen wir dann auf einer kleinen Leiter in die Unterwelt hinab. Tatsächlich hatte er ein halbes Hundert Bücher gerettet, leider fast ausschließlich NS-Literatur: militärisches Schrifttum, nazistische Traktätchensammlungen, Blut-und-Boden-Romane, selbst des Führers »Kampf« lebte hier, wenn auch nur in einem einzigen Exemplar, ein verschwiegenes Dasein weiter. Zum Schluß wurde ich aber doch noch fündig. Vater Krause kramte eine achtbändige Ausgabe der Memoiren Napoleons hervor, ergänzt um zeitgenössische Erinnerungen, ein zerlesenes, ungebundenes Monumentalwerk mit zahlreichen Rostflecken auf dem Rücken. Ich kaufte es für sechzig Mark, den Gegenwert von zwölf Zigaretten – und besitze es heute noch.

Das war ein Volltreffer, wenn auch kein Weihnachtsgeschenk. Aber ich hatte Lunte gerochen und fand Fritzens Einfall, seine Beziehungen zum Minden-Ravensbergischen Holzadel zu aktivieren, gar nicht so übel. Ich erinnerte mich einer Quasi-Freundschaft zu einem gewissen Bruno, der in den frühen dreißiger Jahren Inhaber einer Rahmenwerkstätte gewesen, inzwischen aber Eigentümer einer Möbelfabrik geworden war, von der es hieß, daß sie dank alliierter Aufträge bereits »aus dem Gröbsten heraus« sei.

Ich war ihm im Sommer 44 ein letztes Mal begegnet. Damals hatte er – früher ein drahtiger Kerl, Typ Sportfreund, hart im Nehmen, hart im Geben – im Rollstuhl gesessen, gekrümmt und abgemagert, und mit bewegten Worten seine Immobilität beklagt. Rückgratverletzung, kaputte Beine – »das kommt davon, wenn man auf eine Mine fährt« –, die Ärzte hätten ihm gesagt, daß er sich mit seinem Schicksal abfinden müsse, hatte er mir versichert, und dabei waren ihm fast die Tränen gekommen.

Inzwischen hatte ich von seiner wunderbaren Heilung erfahren. Im Frühherbst ging er bereits an Krücken, neuerdings, so hieß es, könnte er sich schon mit Hilfe von zwei Stöcken bewegen. Nun, als ich ihn aufsuchte, um mich nach seinem Befinden zu erkundigen, erklärte er zwar erneut, von Heilung sei nicht zu reden, aber gewisse Fortschritte seien unverkennbar, und die Geschäfte gingen gut, kontrollierte Geschäfte natürlich, es sei fast unmöglich, da etwas abzuzweigen. Dann, nach einigem Nachdenken: einen Küchentisch mit geborstener Platte könne er erübrigen, gleich zum Mitnehmen, einen Karren würde er mir leihen.

Dann lud er mich zu einem Whisky ein, ich meine, es war der erste Whisky meines Lebens, und wir begannen in gemeinsamen Erinnerungen zu schwelgen. Als ich das Gespräch erneut auf seine wunderbare Heilung brachte, zwinkerte er mich verständnisvoll an: »Halt die Fresse«, sagte er, »ich geb dir 'nen Sergeantenschrank dazu. Du mußt ihn nur im Dunkeln abholen.«

So geschah es dann auch. Ich fuhr den Küchentisch auf dem geliehenen Zweiradkarren nach Haus, um die halbe Stadt herum, über Ackerwege und »an der Bache entlang«, und rollte nach Einbruch der Dunkelheit auch mit dem Sergeantenschrank auf und davon: einem formschönen Glasschrank, der in drei Ausführungen produziert wurde, in Fichte für Unteroffiziere, in Rüster für Sergeanten, in Eiche für Offiziere. Meiner war aus Rüster – immerhin.

Der Besuch beim kranken Bruno, der wenige Monate später auch ohne Stock wieder flink wie ein Wiesel war, gehört zu den unauslöschlichen Erinnerungen an die Weihnachtszeit des Jahres 1945. Die Möbelstücke, die er mir zu »Friedenspreisen« verkaufte, bei Licht besehen also schenkte, bildeten die Basis unseres neuen Meublements. Auch sie haben sich als standfest und dauerhaft erwiesen. Der Sergeantenschrank, vorübergehend in weißem Schleiflack erstrahlend, hat das halbe Jahrhundert ohne Mucken überdauert, ebenso der Tisch mit der gebrochenen Platte; er steht im Keller und dient als Kofferablage.

Ansonsten gibt das Gedächtnis nicht mehr viel her. Der Speicher ist leer. Die Bilder verschwimmen im anstrengenden Einerlei des den Deutschen auferlegten Strafvollzugs. Haben wir die »Stille Nacht« und »Oh, du fröhliche ...« nach alter Art gesungen? Gab es den obligaten Lichterglanz, den herzerwärmenden Kerzenschimmer? Ich weiß es nicht mehr. Aber sicherlich hatten wir einen Christbaum. Konterware selbstverständlich, unbekannter Herkunft. Jedenfalls habe ich meines Vaters Ausspruch »Die Axt im Haus ersetzt den Weihnachtsmann« noch im Ohr. Undeutlich erinnere ich mich auch, daß Schwester und Schwager am ersten Weihnachtstag zu Besuch kamen, mit dem Fahrrad, den zweijährigen weiblichen Wildling auf dem Rücksitz verstaut, den drei Monate alten Kronprinzen in einer Art von Tragetasche am Lenker baumelnd; und daß sie einen mehrpfündigen Braten mitbrachten, der als herrlich duftender Sauerbraten auf den Tisch kam ... Daß es ein Pferdebraten war, Fleisch vom Deichselhirsch, hat Mutter uns erst später verraten.

Doch haben meine grauen Zellen noch einige außerhäusliche Episoden konserviert, Geschichten vom Hörensagen, unbedeutend vielleicht, aber authentisch – und jede für sich ein Spiegel der Zeit.

Die erste betrifft noch einmal die schicke Dolmetscherin von gegenüber und die unter ihr wohnende Frau Ellermann, die meinen Eltern nach den Festtagen zu berichten wußte, daß der »Indienoberst« auch am ersten Weihnachtsfeiertag dringend der Dienste der sprachkundigen Dame von Sonstwoher bedurfte. So war er, wie schon häufig, bereits »vor dem Frühstück« im Hause, so daß sie, die noch immer auf ihren Mann in Rußland wartende Zeitwitwe, einmal mehr mit Besteck und Geschirr aushelfen mußte. Anders als sonst war sie diesmal allerdings versöhnlich gestimmt, da man ihre verständnisvolle Hilfe mit einer Dose echtem Kaffee honoriert hatte. Ganz konnte sie ihr Mißbehagen allerdings nicht verbergen, sie versuchte aber, es in einem kleinen Witzchen zu verstecken. »Weihnachten«, sagte sie, »ist wohl auch in England ein Fest der Liebe.«

Die zweite Episode verdanke ich meinem Freund und Nachbarn Willi S., »Schweizerdegen« beim Oeynhauser »Anzeiger und Tageblatt« und wie die meisten Schwarzkünstler ein unbeirrbarer Sozialdemokrat, auch in den zwölf Jahren des Tausendjährigen Reiches.

Als ihm von seiner Frau kurz vor dem Fest eröffnet wurde, daß es »mangels Masse« nicht einmal zu einem Weihnachtskuchen reichen werde, hatte er sich entschlossen, einen früheren Mitschüler aufzusuchen, der eine kleine Mühle betrieb. Der Entschluß war ihm schwergefallen, da er den Kameraden als strammen Nazi in Erinnerung hatte. Um so größer war seine Überraschung, als dieser ihn wie einen alten Freund empfing, unverzüglich in die »gute Stube« führte und darum bat, seine Meinung über die Trommelkünste des vierzehnjährigen Sohnes abzugeben. Der Mühlenbesitzer war nämlich gerade damit beschäftigt, seinen Filius in die Elementarkenntnisse der militärischen Knüppelmusik einzuweisen. Trommeln vor dem Bauch, ließen sich Vater und Sohn von einem Grammophon mit Marschmusik berieseln und von dieser zu feurigen Trommelwirbeln oder dumpfem Trommelrollen inspirieren, und Vater Mühlenbesitzer war sehr stolz auf die Fortschritte seines Trommelbuben.

Willi S. spürte seine Chance, lobte ihre gemeinsamen Bemühungen über den grünen Klee und beteuerte (obwohl es ihm schwerfiel), daß auch ihm »ein zackiger Marsch noch immer richtig in die Knochen gehe«. Der Erfolg stellte sich bald ein. Nach dem »Hohenfriedberger« erhielt er eine Tüte mit fünf Pfund frischen Mehls. Als er auch den »Alten Kameraden« mit Andacht gefolgt war, bekam er noch ein Pfund Zucker dazu, nach dem »Fridericus Rex« die dazugehörige Butter.

So hatte es am Ende im Haushalt von Willi S. zu einem stattlichen Weihnachtskuchen gereicht.

Auch dem Kollegen Fritz wurde ein nachhaltiges Weihnachtserlebnis zuteil. Seine Frau Margot bestand am Weihnachtsabend energisch darauf, einen Gottesdienst aufzusuchen. Als die Weihnachtsgeschichte verlesen wurde und von Marias Schwangerschaft die Rede war, begann sie still zu weinen, und meinem hungernden Freund Fritz wurde klar, daß er dazu verurteilt war, ein drittes Mal Vater zu werden.

Als er mir diese Geschichte erzählte, war das Weihnachtsgeschenk, das ihm seine Frau auf so hinterhältige Weise angekündigt hatte, allerdings schon eine ranke, schlanke junge Dame geworden: schick, selbstbewußt und attraktiv, und dem »Fräuleinwunder« war das »Wirtschaftswunder« gefolgt.

Aber davon haben die Deutschen Weihnachten '45 nicht einmal zu träumen gewagt, auch die nicht, die sich einen Gänsebraten leisten konnten.

155

»Morgen, Kinder, wird's was geben ...«

Eine Kleinstadt in der Niederlausitz nach Kriegsende – nein, das war damals gewiß keine Perle im Sande der Mark. Die Russen hatten die besten Häuser besetzt. Und freundliche Hausbesitzer beförderten unliebsame Mieter per Denunzierung beim Stadtkommandanten aus ihren Wohnungen.

So auch uns. Mein Vater, Berufssoldat seit den Tagen der Schwarzen Reichswehr, Parteimitglied (oder, wie das so schön hieß, »PG«), galt da selbstredend als »reaktionäres Element«. Also noch kurz vor Weihnachten raus aus der komfortablen Vier-Zimmer-Wohnung am Forsthaus, rein in ein altes, klappriges Zwergenhaus am Stadtrand, in dem früher ein Puppenspieler gewohnt hatte. Ein einziges Klo, ohne Wasserspülung, und nur über den Hof zu erreichen, was besonders uns Kindern nachts und im Winter Angst und Schrecken einflößte. Hier wohnten in sieben Zimmern (die meisten im Puppenstubenformat) zwei Flüchtlingsfamilien und wir – die Eltern, die Großeltern, Tante, Onkel, Cousine aus Schlesien.

Ich war damals sieben Jahre alt und hatte gerade das Staunen gelernt. Zuerst bei den Panzern und Panjewagen der Russen, die Einzug hielten, als handle es sich um den Aufmarsch eines fremden Schützenvereins. Aber ich haßte sie mit allen Fasern des Herzens. Es waren die Feinde, und sie würden sich jetzt an uns rächen. So hatte man mir gesagt.

157

Und sie vergewaltigten unsere Frauen (ich wußte natürlich nicht, was das war, aber etwas Schreckliches mußte es sein).

Befreiungsgefühle? Selbst aus meiner kindlichen Erinnerung heraus bin ich sicher: Von uns hat sie keiner empfunden. Die Russen kamen als Sieger, und nichts würde mehr sein wie vorher.

Das Staunen war weitergegangen. Zuerst kam mein Vater aus dem Lazarett nach Hause. Ich erkannte ihn nicht. Der mächtige, rundliche Mann, an dessen gewaltigem Bauch es sich so wunderbar kuscheln ließ, war zum Skelett abgemagert. Lungendurchschuß, Steckschuß im rechten Oberarm. Vierzehn Tage lang hatte er mit Notverband in einem Berliner Keller gelegen, bevor man ihn fand. Alles vereitert. Nie aber werde ich das Strahlen in seinem Gesicht vergessen, als er uns mit dem linken Arm vorsichtig drückte.

Nun war er trotzdem ein Verbrecher. Hilfe? Nicht für faschistische Reaktionäre! Russische Offiziere kamen zu uns in die Wohnung und kauften Vaters Anzüge ab. Das immerhin – heute weiß ich, daß sie die Sachen auch hätten mit Gewalt nehmen können.

Aber das Staunen, das ja eine Form des Nichtbegreifens ist, nahm kein Ende. Es kamen die Verwandten aus dem Osten, Hab und Gut auf einem Leiterwagen hinter sich herziehend. In einem Kinderwagen lag mein Cousin – tot, verhungert, aber doch nicht am Wegrand begraben. Und der Hunger plagte auch uns. Wir sammelten Ähren, gruben nach Kartoffeln auf abgeernteten Feldern. Kohlrüben hatten die Eltern gestohlen. Aus Zuckerrüben wurde im Waschkessel Sirup gekocht. Mein Vater sagte später, diese schwarze, klebrige Masse habe ihm das Leben gerettet.

Der Wald entwickelte sich zur Keimzelle des Überstehens. Ganze Tage und Wochen in den riesigen Kiefern- und

Birkenwäldern ringsum. Blaubeeren, Preiselbeeren, Brombeeren, wilde Himbeeren, Holunder. Wir sammelten Pilze, die wir vorher nie angerührt hatten. Da auch die Weckgläser ausgingen und die Gummiringe, die beim Einkochen den Inhalt luftdicht abschlossen, gehandelt wurden wie Gold und Edelsteine, trockneten wir die meisten Errungenschaften unserer Sammelwut an langen Schnüren, die den ganzen Hof überspannten. Wir Kinder mußten Wache schieben, damit niemand was klaute.

Was das Holz anging: Kein Ästchen, kein Kienspan entging unserer Aufmerksamkeit. Nachts schlichen Eltern, Verwandte, Freunde hinaus, um heimlich Bäume zu fällen, immer auf der Flucht vor russischen Patrouillen. Aber es gab ja keine Kohlen, Gas und Strom nur stundenweise. Mein Vater sägte und hackte das Holz mit der gesundgebliebenen Hand (einarmig!) zu Scheiten, die wir an jedem nur verfügbaren Platz in Hausfluren, Lauben und Ställen aufstapelten, um sie vor Nässe zu schützen.

Und der Winter kam mit einer Erbarmungslosigkeit, die den Verhältnissen Hohn sprach. Das Schlimmste: Die mühsam gehorteten Kartoffeln und Rüben erfroren. In Ermangelung eines Kellers hatten wir sie in unserem Schrebergarten in Erdlöchern, sogenannten Mieten, vergraben. Mit Stroh und Erde bedeckt sollten die Schätze den Frost überdauern. Aber bei Temperaturen um 20 Grad minus halfen kein Stroh, keine noch so dicke Decke aus Erde.

Ich werde den Geschmack von erfrorenen Kartoffeln und Rüben nie wieder los. Noch in der Erinnerung wird mir speiübel. Wir halfen uns damit, die süßlichen, matschigen Knollen zu einem Brei zu zerreiben und auf der blanken Herdplatte zu Kartoffelpuffer zu backen. Meist brannten sie in Ermangelung von Fett auch noch an. Aber der Hunger ließ uns vor gar nichts zurückschrecken.

Von Care-Paketen hatten wir zwar gehört. Aber in der »sowjetisch besetzten Zone«, wie der Raum jenseits der Elbe damals hieß, blieb das ein sagenumwobener Traum. Schokolade, hieß es, sei in solchen Paketen. Kaum erinnerten wir Kinder uns noch daran, was das war. Und so verklärte sich das zu himmlischem Manna, einer glückselig machenden Speise der Götter.

Jeder hatte so seine Träume. Meine Mutter hätte für eine Tasse Bohnenkaffee ihr letztes Hemd hergegeben. Und meinem Vater muß ein Paket Tabak wie eine Halluzination erschienen sein. Von gelegentlichen Diensten im russischen Offizierscasino brachte er Tüten voller Machorka-Kippen mit und rauchte sie dann in der Pfeife. Der Gestank war nicht zu beschreiben, weswegen der Raucher stets vor die Tür verbannt wurde.

Was das alles mit Weihnachten 1945 zu tun hat? Das war der Hintergrund, das waren die Perspektiven. Der Schulanfänger, der damals irgendwie zu ahnen begann, daß die Welt nichts Bleibendes ist, weil jeder Tag etwas Unvermutetes brachte, nahm auch die Not als etwas Selbstverständliches an. Irgendwann war es anders gewesen. Und irgendwann würde sich auch das Gegenwärtige ändern.

Aber Hunger zu haben, zu frieren, mit drei Geschwistern in zwei schmalen Eisenbetten zu schlafen, die Mutter nachts weinen hören – das gehörte zum Leben. Was man heute besaß, konnte morgen schon weg sein. Wir Kinder wuchsen mit Abschieden auf. Eines Tages zum Beispiel verschwand unser Hund. Am nächsten Tag gab es Fleisch. Unvorstellbar! Unvorstellbar? Meine Mutter gestand auch Jahrzehnte später nicht ein, daß man ihn geschlachtet hatte. Eine Nachbarin erinnerte mich unlängst ganz zufällig an den Vorfall. Und erst heute begreife ich langsam, warum Besitz mir noch immer Unbehagen bereitet.

Der Winter 1945, wie gesagt, kam mit ungeheuer viel Schnee und klirrender Kälte. Die zur Großfamilie angewachsene Gemeinschaft verbrachte die Tage meist in einem einzigen Zimmer. Die Brennstoffvorräte erlaubten es nicht, mehr als einen Raum zu heizen. Wenn wir in die eisigen Schlafzimmer hinüber sollten, würfelten wir, wer zuerst ins Bett gehen mußte, um es anzuwärmen. Und die Angst vor dem Schulweg lähmte uns jeden Morgen.

Wir trugen damals lange, mit Strumpfhaltern an einem Leibchen befestigte Strickstrümpfe zu kurzen Hosen. Bis zum heutigen Tage begreife ich nicht, warum es uns Jungen verwehrt war, vor der Konfirmation lange Hosen zu tragen. Die Kälte bemächtigte sich unbarmherzig vor allem jener Stelle, wo der Strumpf endete und die Hose begann. Aber Konventionen sind offenbar selbst in Notzeiten unüberwindlich.

So begann auch die Adventszeit in gewisser Weise, als sei nichts geschehen. Meine Eltern hatten irgendwo irgendwie ein paar Kerzen aufgetrieben. Ihr Entzünden am selbstgebundenen Adventskranz wurde sozusagen koordiniert mit den Zeiten der Stromsperre. Und gesungen wurde, als gäbe es etwas zu verteilen: »Morgen, Kinder, wird's was geben...« Wir hatten keine Vorstellung, was das sein konnte.

Immerhin hatte sich meine Mutter schon für die Adventssonntage etwas Besonderes ausgedacht. Die Woche über sparten wir etwas von dem Brot, das uns Lebensmittelkarten kärglich bescherten. Und an jenen Vorweihnachtssonntagen durften wir vier Kinder zu je einem Glas blaßblauer Magermilch gemeinsam ein halbes Sechspfund-Brot (!) – mit Margarine und Kunsthonig – vertilgen. Das war eine Freude! Nie wieder hat mir eine Mahlzeit so viel Genuß, so viele Glücksgefühle bereitet.

Der Heilige Abend selbst begann so, wie ich alle vorange-
gangenen in Erinnerung hatte. Zuerst, in der Waschküche
per Gartenschlauch auf Hochglanz getrimmt, ab in die eisi-
ge Kirche. Nur das Mitbringen von Holzscheiten, die der
Pastor höchstpersönlich in zwei großen Kanonenöfen – die
Rohre wurden durch herausgeschnittene Fensterteile nach
außen geführt – entzündete, machte das Ausharren überhaupt tragbar. An die Predigt kann ich mich nicht mehr erinnern. Damals redeten alle von Prüfung, aber ich verstand
natürlich nicht, was das bedeutete. Ich war ohnehin viel zu
aufgeregt, wollte heim, damit endlich die Bescherung ihren
Lauf nehmen konnte.

Immerhin, ein bißchen eingestimmt waren wir schon; ein
gemeinsamer Wille, bei allem Schrecken wenigstens diesen
Tag zu etwas Besonderem werden zu lassen, teilte sich sogar
uns Kindern irgendwie mit.

Endlich, endlich kam dann der Weihnachtsmann. Und
vor dem Tannenbaum, den Vater am Vortag aus dem Wald
geklaut hatte (ich mußte zitternd Wache stehen), sagten wir
brav und die Rute mit unguten Gefühlen betrachtend,
Gedichte auf: »Nun kommen die vielen Weihnachtsbäume
aus dem Wald in die Stadt herein. Träumen sie ihre Waldes-
träume weiter beim Laternenschein?« Ein wenig Trauer war
schon dabei und ein wenig Enttäuschung.

Ich bekam die Zinnsoldaten meines älteren Bruders
geschenkt. Und einen aufziehbaren Panzer, der beim Fahren
mittels eines Feuersteins Blitze abschoß. Meinem Bruder
hat das gar nicht gefallen. Und es gab noch Tage danach einige Kämpfe. Aber er hatte dafür Vaters ersehnte Briefmar-
kensammlung erhalten.

Natürlich wurde zum Festmahl das kostbare Goldrand-
Service aufgefahren. Und das Silberbesteck. Wenigstens einmal so tun, als sei nichts geschehen. Die drei Hühner für ein

knappes Dutzend Personen hatten die Eltern von einem Bauern besorgt. Vier Damastdecken aus der Aussteuer meiner Mutter hatten dafür den Weg auf bäuerliche Tische antreten müssen.

Für mich gab es noch etwas Besonderes. Ich hatte mir von meiner Großmutter meine Lieblingsspeise gewünscht: Grießbrei mit ausgelassener Butter und Zucker. Doch an diesem Tage bedeckte eine höchstens blaßgelbe »Garnierung« den Brei. Und Großmutter, wohl meine Enttäuschung bemerkend, tröstete mich: »In diesem Sommer hat die Sonne zu selten geschienen, da hat der Brei nicht braun werden können.« Natürlich habe ich ihr nicht geglaubt, aber konnte ich sie enttäuschen? Tapfer löffelte ich das wäßrige Etwas zu Ende.

Der Tag brachte dann doch noch das Glück. Unsere Nachbarn, kinderlose Drogisten mit Verbindung zum schwarzen Markt, luden uns ein, doch ein wenig herüberzukommen. Eigentlich hatte ich keine Lust, ich wollte lieber mit meinem neu errungenen Panzer eine russische Stellung unter Sperrfeuer nehmen. Aber ich mußte folgen. Und das bescherte uns allen das Schönste, was wir uns damals vorstellen konnten. Meine Mutter bekam ein halbes Pfund Kaffee, mein Vater ein Päckchen Tabak aus einem unvorstellbaren Land namens Virginia. Und wir Kinder wurden tatsächlich jedes mit einer wirklichen und wahrhaftigen Tafel Schokolade bedacht, die die nächsten zehn Minuten nicht überlebte.

Es war wohl nicht einmal der Schokoladengeschmack, der uns für Momente des Himmels teilhaftig werden ließ. Ich glaube heute, daß uns das Überraschende, die Traumerfüllung entzückte und alles andere ringsum vergessen machte. Und noch etwas habe ich nicht vergessen. Meine Mutter, die immer etwas nahe am Wasser gebaut hatte, weinte vor

Rührung. Mein Vater hat sie in die Arme genommen und getröstet: »Mutter, es wird alles wieder werden.«

Weihnachten 1945. Natürlich verzerrt die Erinnerung das Bild. Und vom Ende her betrachtet, wird so manches unverständlich. Aber der Mensch lebt bekanntlich nicht von hinten, vom Ende her. Er ist befangen in seinen Perspektiven von seinen Nöten, Ängsten, Irrtümern. Das war keine Zeit für kritische Selbstbefragung, moralische Einkehr. Die wichtigste Frage war das Überleben, die einzige Orientierung eine mögliche Zukunft.

Und eine Erfahrung ist aus jener Zeit für mich bestimmend geworden. Die Vergangenheit hat fürs Überleben keine Bedeutung, sie hinterläßt erst auf längere Sicht ihre Spuren, ihre Prägungen. Und die Politik dringt ins Leben nur umittelbar ein, sie schafft den Rahmen, von dem der einzelne, zumal in Zeiten der Not und des Umbruchs, persönlich kaum etwas wahrnimmt.

WILHELM SCHNEEMELCHER

Das Evangelium und die Welt

Im Juli 1945 wurde ich aus dem Internierungsbereich »Korpsgruppe Stockhausen« in Holstein nach Stade an der Elbe entlassen. Ich hatte diesen Ort als Ziel angegeben, weil ich hoffte, daß meine Frau mit unserem Sohn noch rechtzeitig aus Penzlin (Mecklenburg) herausgekommen und zu Bekannten in Stade gelangt sei. Das war aber nicht der Fall.

Die Fahrt von Eutin nach Stade führte über Lübeck und Hamburg und vermittelte einen Eindruck von den Zerstörungen dieser Städte. Um so überraschender war das Bild, das Stade dem Ankömmling bot: eine völlig unzerstörte, vom Bombenkrieg verschonte Kleinstadt, die in ihrem äußeren Bild mit den vielen Fachwerkhäusern und den beiden großen alten Kirchen vergessen ließ, daß Deutschland weithin ein Trümmerhaufen war. Auch die Dörfer in der Umgebung von Stade, vor allem im »Alten Land« wirkten merkwürdig unberührt von den Ereignissen der Zeit.

Es ist verständlich, daß die Mentalität der Bewohner dieser Gegend von diesem äußerlich intakten Befund nicht unbeeinflußt war. Aber durch den Zustrom von Flüchtlingen aller Art aus allen Landschaften des untergegangenen Reiches (nicht nur des deutschen Ostens) waren auch in dieser Idylle die Probleme der Zeit stets gegenwärtig. Die Bevölkerung mußte sich mit diesen neuen Gegebenheiten abfinden. Sicher gab es manche Schwierigkeiten. Aber die Aussage in einem Flüchtlingsgottesdienst: »Wir sind hier im Lande der harten Herzen und der harten Hände und der leeren Kirchen« traf in dieser Verallgemeinerung nicht zu. Es gab sehr viel Hilfsbereitschaft.

Ich selbst geriet also im Sommer 1945 in diese unzerstörte Stadt. Nach manchem Hin und Her fand ich Unterkunft im Pfarrhaus von St. Cosmae beim »Senior des geistlichen Ministeriums« (den Titel gab es damals noch) Pastor Fritz Starcke. Die freundliche und hilfsbereite Aufnahme in diesem Hause, die mir, einem persönlich unbekannten (nur der Name und die Person meines Vaters waren bekannt), entlassenen, vom Krieg gebeutelten und von der Ungewißheit um das Schicksal der Familie bedrückten jungen Mann, zuteil wurde, werde ich nie vergessen.

Da ich als Bibliothekar der Stader Predigerbibliothek, einer großen und alten, bis in das 18. Jahrhundert zurückreichenden Einrichtung mit wertvollen Beständen, angestellt wurde, hatte ich zunächst auch eine sinnvolle Arbeit und ein bescheidenes Einkommen. Daneben liefen vielerlei Bemühungen, mit dem wissenschaftlichen Leben wieder in Kontakt zu kommen. Sowohl in Hamburg wie in Göttingen schienen sich an den dortigen Universitäten Möglichkeiten zu eröffnen.

Daneben war aber auch – von der Landeskirche unterstützt – der Blick auf den Abschluß der praktischen Ausbildung gerichtet. Ich habe wie schon im Lager so auch in diesen Monaten in Stade viel predigen müssen und dabei, gerade angesichts der schwierigen Situation eines großen Teils der Gemeinde (die Flüchtlinge waren sehr viel eifriger im Kirchenbesuch als die Einheimischen), viel gelernt und auch die für einen jungen Geistlichen nicht ungewöhnliche Scheu vor der Kanzel abgelegt.

Die Weihnachtszeit ist angebrochen. Christbäume werden verkauft, und in vielen Orten ist ein traditioneller Weihnachtsmarkt eröffnet worden. (Quelle: Süddeutscher Verlag)

Man kann meine Lage im Dezember 1945 vielleicht so zusammenfassend beschreiben: Ein aus englischem Gewahrsam entlassener Soldat, von Beruf Licentiat der Theologie (also eigentlich ohne Beruf), mit einer durch politische Umstände erzwungenen »Laufbahn« im Buchhandel, landete in einem norddeutschen Städtchen und fand dort hilfreiche und freundliche Aufnahme. Mannigfache Perspektiven taten sich für den weiteren Weg in Wissenschaft oder Kirche auf, blieben aber zunächst sehr vage Hoffnungen. Die äußeren Umstände waren zeitgemäß, aber sicher besser als in den Großstädten.

Auch die größte Sorge, die Ungewißheit hinsichtlich des Schicksals meiner Familie war behoben. Seit Oktober 1945 wußte ich, daß meine Frau und unser Sohn lebten. Auch meine Mutter und meine Schwestern waren nach mancherlei Unbill wohlbehalten. Allerdings hatten alle durch Feindeinwirkung, wie man damals sagte, ihre Wohnungen und den größten Teil ihrer Habe verloren. Langsam kam auch ein regelmäßiger Briefverkehr in Gang. Aber an ein Wiedersehen war in diesen Monaten noch nicht zu denken. Ich war also zunächst auf mich allein gestellt.

So kam nun das Weihnachtsfest 1945. Wenn ich an diese Tage zurückdenke, so fällt mir eigentlich nichts Besonderes ein. Aber vielleicht ist gerade das aufschlußreich. Inmitten einer doch recht deprimierenden Gesamtlage wurde im Pfarrhaus von St. Cosmae et Damiani in Stade Weihnachten so gefeiert, wie man es aus vergangenen Zeiten gewohnt war. Natürlich waren die Tage nicht unberührt von dem, was sich in der Welt abgespielt hatte und noch abspielte. Es ging alles sehr bescheiden zu. Geschenke fielen weithin aus, und die Verpflegung war zeitgemäß, d. h. nicht gerade üppig.

Aber das alles beherrschte nicht die Stimmung. Die Tage

waren vielmehr geprägt von einer Ruhe und Gelassenheit, die erstaunlich, vor allem aber auch wohltuend waren. Sicher spielten die Gottesdienste in der schönen Cosmae-Kirche eine wichtige Rolle. Ich selbst mußte am ersten Feiertag den Frühgottesdienst (um 7 Uhr, wenn ich mich recht entsinne) halten, zu dem sich allerdings nur wenige Teilnehmer eingefunden hatten. Dieser Frühgottesdienst war alte Tradition, also mußte er gehalten werden.

Aber diese Gottesdienste waren keine vom sonstigen Leben isolierten Vorgänge. Es war gerade in diesen Weihnachtstagen beeindruckend, wie alles sich zu einer Einheit zusammenfügte: gottesdienstliches Leben, Gemeindearbeit und Alltagsleben im Pfarrhaus. Das war keine Idylle im Sinn der biedermeierlichen Verzeichnung eines deutschen Pfarrhauses. Vielmehr war dieses Haus, in dem ich nun das Fest begehen konnte, geprägt von einer bestimmten kirchlich-theologischen Haltung, die zugleich eine kultivierte Einstellung zu den Dingen dieser Welt einnahm.

Man pflegt diese Richtung in der neuzeitlichen Kirchengeschichte als »Kulturprotestantismus« zu bezeichnen: ein etwas unscharfer Begriff, der mancherlei unterschiedliche Strömungen in Theologie und Kirche des 19. und des beginnenden 20. Jahrhunderts bezeichnen soll. Richtig ist an dieser Bezeichnung, daß es um das Verhältnis des Christentums zur modernen Kultur, oder anders gesagt um die Beziehung von Evangelium und Welt geht.

Seit der Mitte des 19. Jahrhunderts mehren sich die Stimmen in der Kirche, welche die tatsächlich sich vollziehende Trennung von Christentum und Kultur überwinden wollen, und das nicht durch den Rückgriff auf alte dogmatische Formeln. Es ist nicht zu übersehen, daß dabei »Kultur« immer die vom deutschen Idealismus bestimmte Kultur meint. Allerdings treten, je länger desto mehr, die neuen Probleme der Naturwissenschaften und die sozialen Fragen in vollem Umfang hinzu.

Christentum und Kultur sollen miteinander versöhnt werden, und das heißt, daß die Kirche, ohne den zentralen Inhalt ihrer Verkündigung aufzugeben, auf die Probleme der Zeit eingehen muß. Nur so kann das Evangelium, das nach Meinung dieser Theologen die alleinige Grundlage aller »sittlichen Kultur« ist, dem Menschen der Gegenwart wirksam und hilfreich verkündet werden. Es ist nicht überraschend, daß man sich in diesen Kreisen, die sich in verschiedenen Zeitschriften (»Christliche Welt«, »Evangelisch-Sozial«) und auf vielen Kongressen zu Worte meldeten, mit Sorgfalt und Sachverstand der vielfältigen kulturellen und sozialen Fragen angenommen hat. Kunst und Literatur wurden ebenso in Blick genommen wie Wirtschaftswissenschaft und Soziologie. Aber all diese Bemühungen sind nicht auf Erweiterung der Bildung ausgerichtet (das nebenbei auch), sondern sollen dem Ziel der Versöhnung von Christentum und Kultur dienen.

Daß der Kulturbegriff vor allem von der Tradition des deutschen Idealismus bestimmt war, wie er im Bürgertum der zweiten Hälfte des 19. und zu Beginn des 20. Jahrhunderts maßgeblich war, hat sicher auf viele Gebildete anziehend gewirkt. Auch der Fortschrittsglaube der Zeit spielte eine Rolle. Damit werden aber die Grenzen und Gefahren sichtbar, die in diesem Ansatz lagen. Eine Massenbewegung ist aus diesen Gedanken nie entstanden.

Senior Starcke, der seit 1908 die Pfarrstelle an der St.-Cosmae-Kirche in Stade innehatte und in dessen Haus ich nun wohnte, war ein typischer Vertreter dieser Richtung. Theologisch sehr beschlagen, literarisch hoch gebildet, sozial engagiert und vor allem in der Jugendarbeit sehr erfolgreich, repräsentierte er den »freien Protestantismus« in überzeugender Weise. Nationalsozialismus und »Deutsche Christen« waren für ihn von Anfang an inakzeptabel gewesen.

Das alles prägte nicht nur die Gemeinde, sondern auch das Leben im Pfarrhaus. Und an einem Tage wie Weihnachten 1945 war diese freie und in ihrer Art auch immer kultivierte Weise, das Leben in schwieriger Situation zu meistern, eine Labsal. Man mag das alles als ein Relikt bürgerlicher Mentalität abwerten. Gewiß war manches »bürgerlich« und wies auf Wurzeln im 19. Jahrhundert zurück. Aber es war eben doch mehr. Die Tradition einer angeblich längst vergangenen Epoche in Kirche und Theologie war hier lebendig und bewährte sich.

Das ist für mich, obwohl sich Kirche und Welt gewaltig verändert haben, auch heute noch der bleibende Eindruck jenes Weihnachtsfestes und hat mich jedenfalls dazu angehalten, jene Traditionen nicht gering zu achten.

INGE SCHOENTHAL FELTRINELLI

Hunger hatten wir immer

Weihnachten 1945 liegt für mich Lichtjahre weit zurück. Meine Erinnerungen sind verschwommen – Hunger, Kälte und das Gefühl von ungeahnter Freiheit fallen mir zu diesem Datum ein.

Meine Jugend verbrachte ich in der kleinen Universitätsstadt Göttingen. Göttingen war von Bomben verschont geblieben; außer einer Luftmine, die einen riesigen Krater hinterließ, hatten wir vom Krieg fast nichts erlebt. Erst 1945, mit den unendlichen Karawanen von Flüchtlingen, die aus dem Osten durch die Stadt gen Westen zogen, wurden wir mit dem Grauen des Krieges konfrontiert.

Ich ging in das Lyzeum, in der Nazizeit Mädchen-Oberschule genannt. In den acht Jahren meiner Schulzeit waren sieben Töchter von Nobelpreisträgern dort Schülerinnen. In meiner Klasse war die Enkeltochter des großen Physikers Max Planck. An ihren Geburtstagen (mit den üblichen armseligen, hausgemachten Torten aus Ersatzzucker und Ersatzbutter) saß der alte Herr in einem Thonet-Schaukelstuhl und fragte uns alle ab: was unsere Interessen waren, was wir werden wollten. Wir jedoch hatten nur einen Wunsch: uns so schnell wie möglich umzuziehen, um Charaden aufzuführen. Unsere Bedürfnisse waren so bescheiden, wir hatten noch nie Nylons gesehen, trugen Kniestrümpfe und Kleider aus Gardinen, hausgemacht. Hunger hatten wir immer.

Nach der Schule gingen wir auch im kältesten Winter mit den häßlichen Kochgeschirren (in der Schule gab es eine Hilfsspeise der englischen Besatzungsarmee) in eine Eisdiele und aßen kiloweise Kunsteis. Ich erinnere mich, daß das erste Nachkriegsweihnachten uns den ersten Lichterglanz und einen rührend spärlichen Weihnachtsmarkt bescherte. Dort verkaufte man alles und versuchte alles gegen Eßbares einzutauschen. Wir radelten zu den Bauern aufs Land mit Familiensilber und Silberfüchsen, um für Weihnachten ein paar Kartoffeln oder ein Huhn zu ergattern. Ich bin mein ganzes Leben allergisch gegen Steckrüben oder rote Rüben geblieben, das war das einzige, was man unentwegt und in jeder Form zu essen bekam.

Die Weihnachtsgeschenke wurden selbst gebastelt. Meine Strick- und Stickfähigkeiten waren völlig unterentwickelt, so daß ich wie ein Junge mit Laubsäge und Sperrholz kleine Gebilde und Figuren verfertigte.

Ich erinnere mich an die Christmesse am Weihnachtsabend: Die Kirche war überfüllt wie nie – die Menschen lachten, sprachen miteinander, der Frieden war endlich ausgebrochen.

Wir wohlbehüteten kleinen Mädchen begriffen langsam, was passiert war in diesen langen Kriegsjahren. Radio, Wochenschauen im Kino brachten die ersten Filme über die Konzentrationslager, die ersten Prozesse gegen die Nazis begannen.

Das Deutsche Theater in Göttingen unter Hilpert offerierte ein aufregendes Programm von Sartres »Fliegen« bis Zuckmayers »General« – wir gingen fast täglich ins Theater, mit Schülerkarten zu einer Mark auf den »Olymp«, im obersten Rang.

Diese Nachkriegsmonate und -jahre waren hart, aber ich möchte sie nicht missen. Wir haben gelernt, uns jeder Situation anzupassen, wir waren dankbar für ein Ei, wir haben unsere Menschenkenntnis geschult im täglichen Kampf um Lebensmittel, Textilien und Bücher; wir haben gelernt, nachzudenken über Sätze wie: »Nach Auschwitz kann man keine Gedichte mehr schreiben« – wir haben begriffen, daß jeder für seine Taten und seine Existenz selbst verantwortlich ist.

Viele von uns haben nach Weihnachten 1945 das Leben mit dem Vorsatz begonnen, daß unsere Generation alles versuchen würde, um die Wiederholung eines so totalen, furchtbaren, sinnlosen Krieges zu verhindern.

THEO SOMMER

»Das war eine bitterböse Zeit«

Weihnachten 1945? Ich glaube, das war der tiefste Punkt meines ganzen Lebens.

Die Vergangenheit war dahin, Gott sei Dank: der Krieg und die trügerische Hoffnung auf Sieg, die Eisernen Kreuze auf den Uniformröcken und die auf den Todesanzeigen der Gefallenen, die hohlen Fanfarenstöße der Sondermeldungen im Großdeutschen Rundfunk und das Elend der Bombennächte. Die Zukunft aber erschien uns verhängt, verstellt von Ungewißheiten, Unwägbarkeiten, Unentrinnbarkeiten. Und die Gegenwart war unsägliche Last.

Ich habe tief graben müssen in meinem Gedächtnis, um die Bilder vom Heiligabend dieser ersten Nachkriegsweihnacht aus den Abgründen der Erinnerung zu heben.

Hatten wir einen Weihnachtsbaum? Beim Grübeln geriet mir die Szene plötzlich wieder vor Augen. Wie ich mit zwei Klassenkameraden in der Dämmerung losziehe in den Straßdorfer Wald, Axt und Säge in einen Kartoffelsack eingewickelt. Wie wir durch den Schnee stapfen, einen Schlitten hinter uns herziehend. Wie wir drei kleine Tannen schlagen, wobei uns das Herz so laut im Halse pocht, daß wir darüber unsere Axthiebe kaum hören können. Wie wir unsere Beute auf Schleichwegen nach Hause bringen...

Wir hatten also einen Weihnachtsbaum. Auch silberne

Kugeln und Lametta und bunte Schleifen. Mutter hatte sie im Frühjahr mitgenommen, als die Amerikaner unsere Wohnung beschlagnahmten, auf einem Handwagen schleppte sie – Betten, Tische und Stühle hoch übereinandergetürmt – die Habe der Familie Tour um Tour in die neue Bleibe, auch den Christbaumschmuck. Aus Teelichtern – »Hindenburglichter« hießen sie damals – wurden Kerzen gegossen, Wollfäden mußten als Dochte herhalten. So brauchten wir unser »O Tannenbaum« nicht ins Leere zu singen.

Vater sang, wie immer, daneben. Er war, nun: unmusikalisch, mochte am liebsten Marschmusik. Er war siebzehn Jahre lang Berufssoldat gewesen, »Spieß« erst, dann Offizier. Im Sommer 1943 geriet er bei Tunis in einen Fliegerangriff; ein Bombensplitter zerfetzte sein Gedärm. Monatelang lag er im Lazarett, dann schulte er auf die Zahlmeisterlaufbahn um. Zuletzt war er Stabsintendant. Das Kriegsende erlebte er, halbtot nach der ersten Nachoperation, auf einer Mainwiese in einem amerikanischen Gefangenenlager. Er war 36 Jahre alt. Er hatte sechs Kinder, das jüngste im Februar geboren; er selber mußte ihm damals, da die Hebamme nicht durchkam, im Luftschutzkeller zur Welt verhelfen. Die Ärzte verordneten Vater nach der Entlassung strengste Diät und gaben ihm höchstens noch eine Handvoll Jahre. (Da täuschten sie sich: Er lebte bis 1978.)

Hatten wir es warm an den Feiertagen? In der großen, alten Dienstwohnung in der Bismarckkaserne – jener Bismarckkaserne in Schwäbisch Gmünd, die später die vielbelagerte, vielumstrittene Mutlanger Pershing-Einheit beherbergte – saßen seit dem Kriegsende die Amerikaner. Den Sommers war ein bescheidenes Häuschen am Siedlungsweg zugewiesen worden, der NSDAP-Ortsgruppenleiter, der es bewohnt hatte, war samt Familie geflüchtet. Die meisten

Möbel, die Mutter gerettet hatte, standen in der Garage. Im Erdgeschoß war das Wohnzimmer; oben lagen zwei kleine Schlafzimmer. Dann gab es noch im Souterrain zwei winzige Räume. Einer, acht Quadratmeter groß, war mein Reich. Es war ein kaltes, feuchtes Gemach, nicht zu beheizen, Wasser rann die Wände herunter, das winters zu Eis gefror. Abends legte mir Mutter heiße Backsteine ins Bett, eingewickelt in eine alte Decke. Geheizt wurde überhaupt nur das Wohnzimmer. Es machte schon Schwierigkeiten genug, dort den alten Kachelofen warm zu halten.

Seit dem 3. August gab es in Nordwürttemberg und Nordbaden wieder eine Zeitung. Zunächst hieß sie *Stuttgarter Stimme* (»Herausgegeben von der amerikanischen Armee für die deutsche Zivilbevölkerung«) und kam einmal wöchentlich heraus. Vom 18. September an erschien dann die *Stuttgarter Zeitung*, ein Lizenzblatt, das zweimal die Woche herauskam. Von Anfang an war Heizmaterial ein Thema, das die Leser brennend interessierte.

Es mangelte an Kohle. Die meisten Gaswerke hatten schließen müssen. Wasserkraft gab nicht genug her. Ende Oktober ordneten die Amerikaner an, den Stromverbrauch um 30 Prozent zu drosseln. Zwischen 11 und 13 Uhr, dann wieder von 17 bis 21 Uhr wurde der Strom ganz abgeschaltet. Die Benutzung elektrischer Heizöfen blieb auch in der übrigen Zeit verboten. Elektrische Kochplatten waren ohnedies Mangelware.

Wie viele Familien, so hatten auch wir uns eine »Kochkiste« gebaut: je 75 Zentimeter hoch, breit und tief, ausgeschlagen mit Holzwolle und Zeitungspapier, in der Mitte eine Höhle für den Topf. Der faßte zwölf Liter Suppe. Soviel brauchte Mutter – nicht, um uns sattzukriegen, das gelang nie, doch wenigstens, um uns vorübergehend den Magen zu füllen und das schlimmste Hungerknurren eine Zeitlang zu unterbinden. Über das Ganze kam eine alte Wolldecke, darauf der Kistendeckel – danach ab unter ein Federbett. Die Speisen wurden nur angekocht und garten dann einige Stunden vor sich hin.

Lange vor Weihnachten kam der erste Frost, es fiel der erste Schnee. In den Schulen, die mittlerweile ihre Pforten wiedereröffnet hatten, im Oktober die Volksschulen, im November die Oberschulen, saßen die Kinder mit blaugefrorenen Nasen. Wir mußten Holz oder Briketts mitbringen, damit das Schulgebäude wenigstens angewärmt werden konnte. In Heidelberg, so lasen wir in der *Stuttgarter Zeitung*, wurde die Jugend aufgefordert, sich zur Tanzstunde mit einem Brikett oder zwei Holzscheiten einzustellen. Viele Gemeinden ließen um diese Zeit Familien zum Holzeinschlag in die Wälder.

Mutter und ich hatten das Glück, zu solch einer Brennholzexpedition zugelassen zu werden. Zwanzig Familien wurden auf einen Lastwagen mit Anhänger verladen und über 25 Kilometer in den Wald bei Bartholomä verfrachtet, Äxte und Sägen mußten wir mitbringen. Dann ging es ans Bäume-Fällen, Äste-Abschlagen, Stämme-Durchsägen. Wir ackerten und asteten, bis wir in der grimmigen Kälte völlig durchgeschwitzt waren. Jeder Familie wurden zwei Festmeter Holz zugebilligt. Die aufsichtführenden Förster maßen mit Argusaugen nach. Dann wurden die Laster beladen, wir setzten uns obenauf und stemmten uns mit den Füßen in die Stämme, um von dem Geäst, das uns in die Gesichter schlug, nicht heruntergefegt zu werden; einer Frau schlug ein Zweig ein Auge aus. Es war eisig im Walde, noch eisiger auf der Fahrt. Aber Weihnachten hatten wir es dank unserer Anstrengung zu Hause wenigstens warm.

Gleichwohl, innerlich fröstelte mich. Meine Gedanken gingen zurück zu Weihnachten 1944. Welch ein Jahr, das seitdem vergangen war!

Zwölf Monate zuvor war ich vierzehneinhalb Jahre alt, ein Hitlerjunge, der den dreieckigen Aufnäher »AHS Heiligendamm« am Ärmel des Braunhemdes trug, Schüler der Adolf-Hitler-Schule 9, die auf der Ordensburg in Sonthofen ihr Domizil hatte.

Nach dem Weihnachtsurlaub waren wir nicht mehr zu Atem gekommen. Wecken um fünf, zum Frühstück zwei Scheiben Graubrot mit Vierfruchtmarmelade, danach Abmarsch, den Burgberg hinunter, eine Feldflasche mit dünner Brotsuppe am Koppel, in die Fabrik des Grafen Hagenburg. Bis Mittag nieteten wir dort im Akkord Aluminiumspanten für den neuen Düsenjäger Me 262 und frästen Steuerungsteile für die V-2, die Wunderwaffe des Führers; alles für 30 Pfennig Stundenlohn. Anschließend drei bis vier Stunden Volkssturmausbildung; dem Mathematikerzieher wurde bei einer Panzerfaustübung in der Turnhalle der Kopf abgeschossen. Abends noch drei Stunden Schulunterricht. Schließlich todmüde ins Bett.

Das ging so bis Ende März. Dann brach die Götterdämmerung an. Wir hängten die HJ-Uniform an den Nagel, zogen uns Drillichzeug mit dem Ärmelstreifen »Volkssturm« an und erhielten Soldbücher. Um den 10. April herum wurde ich mit zwei Gleichaltrigen nach Berlin zum SS-Reichssicherheitshauptamt beordert. Dort sollten wir die Pläne für den »Werwolf« – den geplanten Partisanenkrieg in den Alpen – abholen. Wir gelangten jedoch nur bis kurz vor Eger. Zurück also »ins Reich«. Zwischen Marktredwitz und München schossen uns amerikanische Jagdbomber drei Lokomotiven vor dem Zug weg.

Stationen des Untergangs: SS-Kampfschule Wasserburg

181

am Inn – dort hatte man auf unsere Werwolf-Pläne gewartet. Fliegeralarm in München, ein überfüllter Luftschutzkeller unter dem Starnberger Bahnhof. Als die Sirenen »Entwarnung« heulten, kaufte ich mir den »Völkischen Beobachter« vom 20. April und las im Bericht des Oberkommandos der Wehrmacht, daß amerikanische Panzerspitzen in den Raum Göppingen/Schwäbisch Gmünd vorgedrungen seien. Beim Lesen schoß mir der unfromme Gedanke durch den Kopf: »Jetzt brauchst du wenigstens nicht mehr jede Woche einmal nach Hause zu schreiben!«

Von Sonthofen per Fahrrad zum Verteidigungskampf um das 120 Kilometer entfernte Ulm. Doch dort standen schon die Amerikaner, wir konnten den Motorenlärm ihrer Panzer jenseits der Donau hören. Da unsere strategischen Dienste nicht benötigt wurden, beteiligten wir uns an der Ausräumung des Heeresversorgungslagers Neu-Ulm und packten uns soviel Lebensmittel auf, wie die Räder tragen konnten. Gegen zwei Schoka-Cola und eine Büchse Dosenwurst ließ sich damals schon ein Sturmgewehr eintauschen. Für den Endkampf schien uns dies nicht das schlechteste.

Die Sonthofener hatten mittlerweile die Ordensburg gestürmt. Wir organisierten uns in dem allgemeinen Chaos einen Lastwagen, beluden ihn mit Zeug aus der Kleiderkammer und mit Lebensmitteln aus den Burgvorräten. Ein kriegsverletzter Erzieher setzte sich ans Steuer. In Hindelang wollte uns die Bayerische Heimwehr unsere Schätze abjagen. Wir hatten Angst vor den Grauköpfen, wollten uns aber nichts wegnehmen lassen. Als wir zwei Maschinengewehre in Stellung brachten und ein paar Feuerstöße über die Köpfe hinwegjagten, zogen sie ab.

In einer Almhütte im Retterschwanger Tal ließen wir uns nieder. Wir trennten uns die »Volkssturm«-Streifen von den Ärmeln, sprengten den Laster in die Luft, vergruben unsere

Waffen und legten im Gelände Verstecke für unsere Vorräte an. Fortan spielten wir Kinderlandverschickungslager. Am 8. Mai ging ich frühmorgens mit zwei Freunden auf Bergtour. Als wir abends zurückkamen, war die Almhütte leer. Die Franzosen hatten während des Tages alle abgeholt.

Ich schlug mich nach Sonthofen durch und hielt mich als Hilfsarbeiter in einer Gärtnerei über Wasser, bis ich im Juli einen Passierschein nach Schwäbisch Gmünd erhielt. Er trug den Vermerk: *à pied, avec sa bicyclette* – zu Fuß, mit seinem Fahrrad. Solange ich mich in der französischen Zone befand, mußte ich mein Rad schieben: Deutschen war das Radfahren untersagt. Bei Kempten begann die amerikanische Zone. Dort durfte ich endlich aufsteigen. Dort auch sah ich an der Grenze zwischen den Besatzungszonen die ersten riesigen Bildtafeln mit den niederdrückenden Aufnahmen aus den befreiten Konzentrationslagern. Sie gaben meinem Denken, meinem Leben eine andere Richtung.

Inzwischen war ich fünfzehn geworden. Wieder radelte ich durch Kempten, Memmingen, Neu-Ulm. In Senden bot mir eine junge Frau ein Nachtquartier an, um neun Uhr abends war ja *curfew*: Sperrstunde, dann mußten alle Deutschen von der Straße. Die junge Frau hatte Kunst studiert. Sie zeichnete mit Rötelstift ein Porträt von mir. Es zeigt einen ernsthaften Jungen, für den eine Welt zusammengebrochen war und der keine Ahnung hatte, welche neue Welt seiner harrte.

Ulm: ein Ruinenfeld. Die Schwäbische Alb: überall Jeeps der US-Army. Der Hohenstaufen. Die Straße führte dort an einem Lager vorbei, in dem mehrere tausend russische Exkriegsgefangene untergebracht waren. Ich wußte nicht, daß vier Wochen zuvor in einem Wald nahebei ein Junge erschlagen worden war, dessen Beschreibung haargenau auf mich paßte. Als ich schließlich zu Hause die Gartentür aufstieß, sah mich meine sechsjährige Schwester entgeistert an. Dann machte sie auf dem Absatz kehrt und rief ins Haus: »Mutti, der Theo ist gar nicht tot!«

Es war mir fünf Monate später nicht besonders weihnachtlich zumute. Seitdem hatte ich in einer Plakettenfabrik gearbeitet, mich mit amerikanischen Soldaten angefreundet, englische Bücher zu lesen begonnen. Von November an ging ich wieder zur Schule; sie hieß nun nicht mehr Hindenburg-Oberschule, sondern Oberschule für Jungen. Es war nicht einfach gewesen, überhaupt wieder zugelassen zu werden; der frühere Adolf-Hitler-Schüler mußte ziemlich strampeln. Aber die meiste Zeit brachte ich sowieso damit zu, Mutter dabei zu helfen, daß unsere achtköpfige Familie etwas zu beißen hatte. Vater war körperlich zu sehr geschwächt, die Geschwister waren alle noch klein. So blieb viel an mir hängen.

Wir besaßen einen Garten von zwei Ar Größe, in dem wir Gemüse, Salat, Kartoffeln, ein paar Beeren zogen; der mußte gegossen, gejätet, umgegraben werden. Wir sammelten auf langen Waldwanderungen zentnerweise Pilze und trockneten sie. Wir lernten Wildgemüse pflücken und zubereiten: Hirtentäschel, Löwenzahn, Gänsemiere, Pimpernell, Brennesseln. Haselwurz schroteten wir in der Kaffeemühle zu Pfeffer, gebrühte Eicheln zu Nußmehl, Gerste zu Grütze, geröstete Gerste zu Malzkaffee. Mutter hatte das im Ersten Weltkrieg von ihrem Lehrer Querchfeld gelernt, als sie Kräuter für Lazarette sammelte. Ich stellte mich morgens um vier vor der Freibank an, die um neun öffnete; um halb acht, wenn ich zur Schule mußte, löste Mutter mich in der Schlange ab. Wenn man Glück hatte, bekam man einen Schweinskopf, ein paar Pferdekoteletts oder wenigstens eine Handvoll Suppenknochen.

Wir gingen Ährenlesen, für neun Pfund Ähren gab es ein Pfund Mehl; sammelte man mehr als neun Pfund pro Person, wurde es von der Brotkarte abgezogen. Wir stoppelten Kartoffeln auf den abgeernteten Feldern. Wir zogen im Herbst mit Rüttelsieben und Rechen in die Buchenwälder oder klaubten, ein Kissen unter den Knien, die vollen Bucheckern mit der Hand aus dem dürren Laub, für viereinhalb Kilo gab es einen Liter ungereinigtes Öl; die Flaschen wurden zu einem Fünftel mit Salz gefüllt, dann in die Sonne auf die Fensterbank gestellt, bis sich nach vier oder sechs Wochen der Schmutz im Salz abgesetzt hatte. Und wir gingen auf dem Lande hamstern, zwanzig, dreißig Kilometer – zu Fuß oder, solange wir genug heile Schläuche und Mäntel hatten, mit dem Fahrrad.

Einige Bauern haben uns damals viel geholfen. Die Behörden sahen ihnen scharf auf die Finger, ob sie auch ihr Ablieferungssoll erfüllten. Dennoch gab der eine, wenn wir unsere wöchentliche Rundtour machten, jedesmal einen Eßlöffel Schmalz, der andere ein Ei, der dritte einen Blumentopf voll Kartoffeln, der vierte eine Tüte Mehl – es kam immer genug für ein oder zwei Mahlzeiten zusammen. Manchmal halfen wir dafür in der »Heuet« mit oder bei der Kartoffelernte; ein Sack »Erdäpfel«, wie man auf der Schwäbischen Alb sagte, fiel dabei allemal ab. Doch bei anderen Bauern gab es nichts ohne materielle Gegenleistung: einen halben Liter Milch für eine Tischdecke, ein halbes Dutzend Eier für sechs Frotteehandtücher. Eines Tages sagte uns ein Lindacher Landmann: »Jetzt habe ich die Aussteuer für alle drei Töchter zusammen – Wäsche, Silber, alles.« Mutter konnte sich nicht die Antwort verkneifen: »Da fehlt wohl nur noch der Perserteppich im Kuhstall?« Seitdem war auf diesem Hof nichts mehr für uns zu holen.

Gab es ein richtiges Weihnachtsessen? Gewiß. Wir hielten ja Kaninchen. Im Hof stand ein Stall voller Blauer Wiener und Belgischer Riesen, ungefähr zwanzig an der Zahl. Für sie mußte jeden Tag Löwenzahn gesammelt werden. Wir sichelten auch Wiesenränder ab und machten an Wegsäumen Heu. Die Küchenabfälle – sofern wir diese nicht noch der direkten menschlichen Verwendung zuführten – gehörten ihnen, nur die Hühner machten sie ihnen streitig, die wir auch hielten (anderthalb Hühner pro Kopf und Nase waren behördlich erlaubt, meine ich mich zu erinnern, wobei ich mich immer gewundert habe, wie das wohl in Haushalten mit ungerader Kopfzahl gehandhabt wurde).

Zum Festdiner servierte Mutter Salzkartoffeln und Kaninchenbraten. Ich weiß nicht mehr, ob es eine Vorspeise gab, vielleicht eine Flädlessuppe. Zum Nachtisch wurde Reismehlpudding mit selbstverfertigtem Backobst aufgetragen. Die Großen tranken Bier. Der Ausstoß lag seit Mitte Oktober schon wieder bei 65 Prozent des Vorjahres. Das Bier hatte freilich nur 2 Prozent Alkohol (statt 6 Prozent wie das Friedensbier, so ließ sich der Ausstoß verdreifachen). Die kleineren Geschwister brachen in Tränen aus, als sie den Braten rochen: »Unsere Kaninchen Julie und Jupp!« Aber was vermögen Anhänglichkeitsgefühle gegen das Hungergefühl?

Dieses Hungergefühl war ja ewig da. Zu den Festtagen hatte es Sonderzuteilungen gegeben: 5 Gramm Fett pro Tag; 400 Gramm Zucker (die allerdings von der Ration des nächsten Jahres abgezogen werden sollten); auf die Abschnitte K 27 und E 27 jeweils 500 Gramm Weißbrot oder 375 Gramm Kochmehl. Als Mutter das Weißbrot frisch aus dem Backofen von unserem guten Bäcker Frey brachte, aß ich meinen 1000-Gramm-Kipf in zehn Minuten ratzekahl auf. Dem alten Frey bewahrt die Familie übrigens ein ehrendes Angedenken: Er zweigte immer wieder einmal ein Weißbrot für Vater mit seinem Bauchschuß ab, und zuweilen schob er Mutter ein paar Pfund Reismehl und Kastanienmehl zu, woraus sich Wassersuppen fürs Frühstück kochen ließen.

Üppig war der Speiseplan nicht. Es gab eine Scheibe Brot morgens, eine abends. Meist verteilte Mutter ihre Scheibe unter die Kinder. Mittags zauberte sie, oft verzweifelt, doch immer erfinderisch, einen Eintopf, einen Auflauf oder einen »falschen Hasen« aus Pilzgehäcksel. Die tägliche Ration des Normalverbrauchers belief sich auf 1200 Kalorien. Da war es schon ein Lichtblick, als der englische Oberkommandierende Montgomery zur »Schlacht gegen den Winter« aufrief. Noch mehr Eindruck machte die Ankündigung des amerikanischen Generals Lucius D. Clay am 8. Dezember: »Vom 10. Januar an werden wir eine Durchschnittsration von 1550 Kalorien zulassen.« Lebensmittellieferungen aus den Vereinigten Staaten sollten dies möglich machen.

Diese Meldung ließ Hoffnung sprießen. Am 19. Dezember verkündete der württembergische Ministerpräsident Reinhold Maier: »Die Nahrung ist in der bisherigen Kalorienzahl gesichert. Der Hunger und der Hungertod sind gebannt.« Es war höchste Zeit. Die *Stuttgarter Zeitung* berichtete am 22. Dezember, daß im Kreis Göppingen drei Viertel der Menschen zwischen 20 und 65 Jahren fünf bis fünfzehn Kilogramm Untergewicht hätten. Anderswo sah es genauso aus.

Waren wir guten Muts? In den letzten Kriegsmonaten hatte es sich so eingebürgert, daß man einander zum Abschied nicht »Auf Wiedersehen« oder »Servus« zurief (»Tschüs« war damals in Süddeutschland noch nicht gebräuchlich), sondern: »Bleib übrig!« Wir waren übriggeblieben. Jetzt galt wiederum das damals vielzitierte Rilke-Wort: »Überstehen ist alles.«

Das Überstehen war nicht leicht. Seine Kriegsverletzung hinderte Vater daran, schwere Arbeit zu verrichten; ohnehin war in Gmünd kein Bombenschutt wegzuräumen. Für verantwortungsvolle, körperlich leichtere Tätigkeiten kam er fürs erste nicht in Frage, denn er war, wer weiß aus welchen Gründen, 1940 oder 1941 noch der Partei beigetreten. Zunächst einmal mußte er einen der 13 Millionen Fragebogen ausfüllen, die die Amerikaner damals ausgaben, und ein Spruchkammerverfahren über sich ergehen lassen; am Ende – 1946 oder 1947, die Prozedur zog sich hin – wurde er als Mitläufer eingestuft.

Doch inzwischen mußten wir ja auch leben. Die paar tausend Mark auf dem Sparkonto waren bald aufgezehrt. Vater kaufte für einen Stuttgarter Unternehmer alte Bücher auf, mit denen damals ein schwunghafter Handel getrieben wurde; das hatte den Vorteil, daß immer frische Lektüre im Hause war. Und dann fing er an, für die Firma Rettenmaier, die Abzeichen herstellte, Embleme, Pokale, Tierkreiszeichen-Anhänger – aus Tombak, Alpaka oder Silber – Heimarbeit zu übernehmen. Das Geschäft brachte nicht viel ein, aber es blühte, denn die amerikanischen Soldaten trugen alle emaillierte *badges* am Revers. Ich sehe Vater noch vor mir, wie er vor dem Fenster am Feilnagel saß und im Pfennigakkord Medaillen aussägte – nicht sonderlich geschickt, oft verdrossen, manchmal wütend. Wenn wieder einmal das Sägeblatt brach, konnte es passieren, daß er Werkstück und Werkzeug in hohem Bogen aus dem Fenster schleuderte.

Nach und nach brachte er es jedoch zu beträchtlicher Fertigkeit. Wenn ein größerer Auftrag drängte, half ich mit; Mutter glättete mit der Feile die Grate. Später sägte Vater auch Märchenfiguren aus Sperrholz aus. Das ging so bis

1948, als er Anstellung bei der Kreissparkasse fand. Bis dahin freilich war, was er verdiente, zum Leben zu wenig und zum Sterben zu viel. Im Herbst 1945 war er froh, wenn er es auf 45 bis 50 Mark monatlich brachte.

Also ging Mutter putzen. Jeden Abend, wenn sie die sechs Kinder abgefüttert und die Kleinen ins Bett verfrachtet hatte, säuberte sie die Zeichenbüros der Firma Schenk Filterbau, oft nach ermüdenden Hamsterfahrten. Als die ersten Gablonzer Gürtler sich in der Gold- und Silberstadt Gmünd niederließen, fädelte sie zu Hause Halsketten auf, montierte Armbänder, bastelte Anhänger zusammen. »Piepelarbeit«, sagte sie. Mehr kam an Klagen nie über ihre Lippen.

Außerdem wusch und bügelte sie für die amerikanischen Soldaten in der Nachbarstraße. Das Waschen ging ja, dafür brachten die GIs soviel Ivory-Seife mit, daß es auch für die Schmutzwäsche der Familie reichte. Aber das Bügeln war eine Schinderei. In die Hemden mußten vorn zwei Bügelfalten geplättet werden, hinten und in jeden Ärmel eine; das kostete Nerven. Dafür gab es aber Dosen mit Spinat oder Erbsen, ab und zu eine Fünf-Liter-Dose Ananas, dann und wann Schokoladenriegel *(Hershey bars)*, eine Packung Zigaretten oder *K-Rations*, die eisernen Rationen der Amerikaner, Päckchen so groß wie ein Kleenex-Karton, eingehüllt in Wachspapier, darin auch immer ein Alutütchen Nescafé. Gelegentlich schleppten die Soldaten die riesigen Kochtöpfe aus der Mannschaftsküche zum Schrubben an. Meistens befanden sich darin noch so viele Reste, daß es für eine oder zwei Mahlzeiten langte.

Die Mütter waren in jenen Zeiten die stillen Heldinnen: immer müde, immer zerschlagen, aber von ungeheurer Zähigkeit und Energie und Einfallskraft. Sie verausgabten sich für uns. Ohne sie hätte aus meiner Generation keiner überlebt. So singe ich gern das Hohelied meiner Mutter. Sie wird nächstes Jahr neunzig, seit achtzehn Jahren ist sie Witwe. Ihr Rücken ist ein bißchen krumm geworden: der Witwenbuckel; aber heute, noch immer, genießt sie ihr Leben, reist durch die Welt und besucht die über den ganzen Globus verstreuten Kinder.

Als ich mit ihr im Frühjahr 1995 über die erste Nachkriegsweihnacht sprach, geriet sie erst ins Nachdenken, dann ins Erzählen. »Junge, das war eine bitterböse Zeit«, war ihr Resümee. »Ich frage mich manchmal, wie wir sie eigentlich überstanden haben.« Zweifelnd fügte sie hinzu: »Ich weiß nicht, ob die jungen Menschen heute...« Ihre Stimme verlor sich in Gedanken und Gedenken. Dann brach es aus ihr heraus: »Nur einmal vierzehn Tage solcher Not in all dem Überfluß...« Wiederum verwehte der Satz im Ungefähren. Aber ich verstand. Sie dachte an die Jungen, die nie die Mahnung gehört haben: »Iß deinen Teller auf!«; denen kaum je ein Wunsch abgeschlagen wird; die niemals haben lernen müssen, sich zu bescheiden. Mein Einwand klang schwach: »Gott sei's gedankt, Mutti, daß sich die Zeiten geändert haben!«

Damals kreiste alles um drei Fragen. Erstens: Wie werden wir satt? Es war das Thema Nr. 1. Zweitens: Wo kommen wir unter? Als die ersten Flüchtlingszüge eintrafen, mußten alle zusammenrücken, Zimmer abgeben, Einquartierung aufnehmen. Drittens: Wann ist die Familie wieder vereint?

Ich habe erzählt, wie Mutter uns durchfütterte. Ich habe geschildert, wie wir untergebracht waren – eng genug, daß uns keine Flüchtlinge zugewiesen wurden. Bleibt nachzutragen, wie beglückend es war, daß die Familie sich vollzählig um den Weihnachtsbaum versammeln konnte.

Vater war seit Juni wieder daheim, ich seit Juli. Im August oder September stieß auch Opa Römhild dazu, der Großva-

190

ter mütterlicherseits. Er war, ein Endfünfziger damals, chemischer Vorarbeiter bei der Zellwolle in Saalfeld, im letzten Kriegswinter noch eingezogen worden und nach der Kapitulation in englische Gefangenschaft geraten. Sein Zuhause war Rudolstadt in Thüringen, aber die Briten entließen niemanden in die russische Zone. So kam er zu uns. Er arbeitete im Tiefbau, schachtete Gräben aus und reparierte Straßen.

Zu Weihnachten besuchte uns seine Frau, die sich über die grüne Grenze geschlagen hatte. Auf dem Rückweg wurde sie abgefangen und eine Nacht lang eingesperrt. An der Zellenwand prangte der Spruch: »Hier sitz ich, als Deutscher von Deutschen gefangen, weil ich von Deutschland nach Deutschland gegangen.« Im April 1946 machte sich Opa Römhild, vom Heimweh gepeinigt, zu Fuß auf den Heimweg. Kaum war er vierzehn Tage in Rudolstadt, wurde er abgeholt. »Hedwig, du mußt jetzt ganz tapfer sein, ich muß mit«, sagte er noch zur Großmutter. Er wurde nie wieder gesehen. In einem Tal im Wald fand man Jahre später seine Gebeine – seine und die einiger anderer, die dort von den Russen erschossen worden waren.

Weihnachten 1945 feierte er noch mit uns. Auch Vaters Mutter und der Stiefvater, der in Berlin beim Auswärtigen Amt als Registrator angestellt gewesen war, saßen vor dem Christbaum, während des Sommers hatten auch sie sich in Gmünd eingefunden. Auf dem Hohenzollern, wo der Urgroßvater dreißig Jahre lang Burgverwalter gewesen war, residierte noch ein Großonkel mit seiner Familie. Von den übrigen Rudolstädtern und Berlinern wußten wir, daß sie überlebt hatten, ausgebombt die einen, ohne Arbeit die anderen, doch immerhin. Nur einer war im Krieg gefallen, 1941 in Kreta, mein Vetter Kurt Martin; nicht einmal zwanzig war der blutjunge Fallschirmjäger geworden.

Was wir einander schenkten, damals unterm Weihnachtsbaum? Ich weiß es nicht mehr so genau. Die Mädchen hatten Topflappen gehäkelt. Mutter legte mir einen selbstgestrickten Pullover auf den kargen Gabentisch. Den kleinen Geschwistern hatte ich Märchenfiguren ausgesägt und einfache Holzspielzeuge gebastelt. Oder war das ein Jahr später? Für Vater gab es einige Packungen amerikanischer Zigaretten, willkommene Abwechslung nach dem selbstgezogenen Tabakskraut (Marke »Siedlerstolz« oder auch »Balkonien«), bei dessen Rauchbarmachung Vater beträchtliche Findigkeit entwickelte.

Jeder Erwachsene durfte ja ohne Versteuerung fünf (oder fünfzehn?) Tabaksetzlinge anpflanzen, keinen einzigen mehr; das Finanzamt schickte immer wieder Kontrolleure, die in den Beeten die Pflanzen zählten. Die Tabakblätter wurden nach der Ernte getrocknet, dann fest zusammengerollt in Weckgläser gesteckt, sachte mit dem Saft der Zwetschgen vom Baum im eigenen Garten beträufelt, zum Fermentieren eine Stunde lang gekocht, wieder glattgestrichen, auf Zeitungspapier getrocknet, aufs neue gerollt und schließlich ganz fein geschnitten. Mehr als qualmender, stinkender Machorka kam bei der Prozedur trotz aller Anstrengung nicht heraus.

Das Zeitungspapier, auf dem Vater seinen Tabak trocknete, war knapp. Nur 70 000 Exemplare der *Stuttgarter Zeitung* wurden im Herbst 1945 für die 150 000 Haushalte der Region gedruckt; glücklich, wer da eines abbekam. Und das Blatt war schmächtig: einmal die Woche vier Seiten, einmal acht Seiten. Jede Zeile wurde verschlungen.

In der Zeitung wurden Sonderzuteilungen angekündigt. Bekanntmachungen regelten Arbeitseinsätze zur Trümmerbeseitigung; Unbelastete konnten eine Ablösesumme bezahlen, für ehemalige PGs war der Einsatz Pflicht. Städte verkündeten Zuzugsverbote. Die ersten Kulturveranstaltungen wurden angezeigt: Ausstellungen wie »800 Jahre Gmünder Kunst«, Aufführungen der Württembergischen Landesbühne (Lessings »Miss Sarah Sampson« oder »Dr. med. Hiob Prätorius« von Curt Goetz), Konzerte, Dichterlesungen. Lehrgänge für Kriegsversehrte wurden angeboten, das Rundfunkprogramm – täglich 11.45 bis 23.00 Uhr – veröffentlicht, Kurse für Pilzsucher mitgeteilt, Suchdienstmöglichkeiten plakatiert.

Wichtig war die Aufklärung über das Gesetz Nr. 8, das Entnazifizierungsgesetz: »Wer wird nun entlassen?« Auch die Meldungen über die allmähliche Wiederaufnahme des Post- und Bahnverkehrs. Oder Hinweise wie der am 10. November, wonach das Tragen von Uniformen der Wehrmacht vom 1. Dezember an nicht mehr gestattet sein werde – sie sollten zumindest gefärbt sein, jedoch nicht schwarz, blau oder olivgrün. Diese Verfügung wurde am 8. Dezember wieder aufgehoben, es gab nicht genug Färber und Farbstoffe.

Wichtig waren auch Aufrufe wie jener vom 21. November, erlassen auf Befehl der Militärregierung, zur Kleidersammlung für Ausländer. Jeder mußte danach ein »Großstück (Mantel oder vollständiger Anzug)«, ein »Mittelstück (Hose, Rock)« und eine Wolldecke abgeben gegen Empfangsbescheinigung. Ein Zusatz lautete: »Von ehemaligen Parteimitgliedern wird freiwillige Mehrabgabe erwartet.« Und wichtig – in einer Zeit, da noch immer jeden Abend um halb elf die Ausgangssperre in Kraft trat – war auch die Mitteilung, daß die »Ausgehzeit« an Heiligabend bis 3.00 Uhr morgens des ersten Weihnachtsfeiertags ausgedehnt werde: »Diese Erleichterung soll den Besuch der Mitternachtsmesse und anderer Gottesdienste ermöglichen.«

Die Presse spiegelte, in Leitartikeln und Leserbriefen, zugleich die Stimmung der Menschen wider. So schrieb der Kommentator der *Stuttgarter Zeitung* am 24. Oktober: »Wir Deutschen sind sehr krank, manchmal scheint uns das Sterben viel näher als die Aussicht auf Genesung. Einer fressenden Fäulnis drohen wir zu erliegen. Die apokalyptischen Reiter waren über uns gekommen. Noch donnert uns der Hufschlag in den Ohren. Nun sind wir so müde, möchten Ruhe, Rast, Geborgenheit, Vergessen . . .«

Am 22. Dezember standen in der Lokalspitze unter der Überschrift »Flüchtlingsgedanken« die Sätze: »Im Sturme des Geschehens wird mein Leben fortgeblasen wie ein loses Blatt. Gestern daheim, heute in der Fremde, morgen wo? . . . Ich friere, wenn ich an die Leiden meiner Landsleute im Osten denke, die nicht wie ich Dach und Brot und Gewand haben, denen der Winter brutal ans Leben geht, den Frauen, Müttern, Kindern, Greisen, Gebrechlichen. Weihnachten, das Fest des Friedens für alle, die guten Willens sind! Mir würgt es im Halse . . . Soll alles denn umsonst gewesen sein? Oder soll alles so weitergehen, Jahr um Jahr? Glaubt mir, mein Herz ist ausgeblutet, aber es schlüge wieder wärmer, wenn aus der furchtbaren Ernte dreier Jahrzehnte endlich ein neues Licht käme, das uns voranleuchtet in die Zukunft besseren Zusammenfindens.«

Ähnliche Düsternis sprach zwei Tage später aus dem Weihnachtsleiter der *Stuttgarter Zeitung*. Sein Verfasser war Staatsrat Professor Dr. Karl Schmid. Damals kannte ihn niemand, ein Jahrzehnt später war er, inzwischen zu Carlo Schmid gemausert, einer der profiliertesten, populärsten und wortmächtigsten SPD-Politiker. Er machte aus seinem Herzen keine Mördergrube. Seinem Text stellte er den Vers eines altfranzösischen Hugenottenliedes voran: »Unser Leben ist ein Wandern / Hin durch Winter und durch Nacht

/ Über unserem Pfad ein Himmel / den kein Leuchten helle macht.« Und dann beschrieb er, was alle empfanden:

»Das deutsche Volk wird heuer das Weihnachtsfest in einer Freudlosigkeit feiern müssen, wie sie so dunkel und so allgemein noch nie in der Geschichte, die wir übersehen können, über die Lande unserer Zunge eingebrochen ist: Hunderttausende werden hungern an diesem Tag; Hunderttausende werden frieren. Millionen wird der Gedanke an die Toten und Verschollenen benagen, Millionen werden in der Fremde eingepfercht des Hauses gedenken, das sie und ihre Kinder warm hegte und das nun wüst in Trümmer liegt; und dort im Osten werden sich die Millionen Ausgestoßener um die spärlichen Feuer drängen, an denen der Elendszug für eine Nacht haltmachen mag, und mit leergeweinten Augen zu einem Himmel starren, der nur wenigen Antwort geben wird; und uns, die wir noch eine Heimat haben, wird dieses Bild vor Augen treten, wenn immer uns am Baum im gesparten Schmuck vergangener Jahre vor der genügsamen Freude der Kinder ein leichteres Schwingen durch die Seele rieseln will und unserer Freude die Unbefangenheit nehmen.«

Unbefangene Freude vermochte auch ich, der Fünfzehnjährige, an Weihnachten 1945 nicht zu empfinden. Ich kannte die Ursache unseres Elends, auf die Carlo Schmid hingewiesen hatte: Hitlers verbrecherische Verstiegenheit. Ich teilte auch das Gefühl, das sich in seiner schönen Formulierung ausdrückte: »das ahnende Wissen um die eigene Schuld«. Aber sein Vertrauen, daß es uns gelingen werde, »das Chaos, in dem wir hausen, ordnend zu überwinden«, erschien mir wie Pfeifen im Dunkeln: Ausfluß der Angst eher als der Zuversicht.

Niederlage oder Befreiung? Den müßigen Streit, der die Deutschen vor dem 50. Jahrestag der Kapitulation beschäftigte, hätten wir damals nicht begriffen. Wohl fühlten wir uns alle befreit: vom Krieg, von den alten Ängsten. Aber der Frieden barg seine eigenen Schrecken. Neue Ängste umkrallten unsere Seelen. »Alles ist aus, wir können anfangen« – heute klingt der Satz plausibel. Aber wer vermochte in der Wirrnis der Zeit wirklich schon die Chance des Neubeginns zu erkennen? Dem skeptischen Blick enthüllte sie sich erst nach und nach.

Schmids Weihnachtsleitartikel trug die Überschrift: »Steigender Stern in dunkler Nacht«. Damals konnte ich diesen steigenden Stern nicht sehen. In meinem Gemütszustand spiegelte sich eher die totale Mondfinsternis vom 19. Dezember wider. Auch das Gedicht Friedrich Hebbels, »Die Weihe der Nacht«, das die Redaktion neben Schmids Leitartikel gesetzt hatte, konnte mich nicht überzeugen: ». . . Und von allen Sternen nieder / strömt ein wunderbarer Segen / Daß die müden Kräfte wieder / Sich in neuer Frische regen. / Und aus seinen Finsternissen / Tritt der Herr, so weit er kann / Und die Fäden, die zerrissen / knüpft er alle wieder an.«

Heute weiß ich: Hebbel hatte recht, und Carlo Schmid hatte recht. Meine Verzagtheit entsprach den Umständen, nicht den menschlichen Möglichkeiten. Und so war Weihnachten 1945 wirklich der tiefste Punkt meines Lebens. Von da an ging es aufwärts, mit allen und mit allem.

Freiheit hinter Stacheldraht

»God damned fuckin' German POW's«, fluchte der baum-
lange farbige Sergeant vom Lagerbewachungskommando
und begann zum vierten Mal das Arbeitskommando abzu-
zählen. Dreimal hatte die Zahl nicht gestimmt, und auch
dieses vierte Mal wich sie wieder um einen Gefangenen von
der vorhergehenden Zählung ab. Der Sergeant, noch neu in
diesem Dienst, hatte nicht bemerkt, welchen Schabernack
die gefangenen deutschen Offiziere sich mit ihm erlaubten.

Beim morgendlichen Ausrücken zum Arbeitsdienst mußte das Kommando (»Detail« geheißen) gezählt und beim
abendlichen Einrücken die Zahl verglichen werden, um fest-
zustellen, ob nicht jemand sich »unerlaubt entfernt« habe.
Gezählt wurde rottenweise, drei Mann waren eine »Rotte«,
wie in alten Wehrmachtzeiten. Der Sergeant zählte also
»drei, sechs, neun, zwölf« usw., indem er die schlanke Hand
mit den unwahrscheinlich schönen langen Fingern im Takt
auf und ab bewegte. Ging nun am Ende der Kolonne die
Zahl nicht auf, gab es also eine »blinde« Rotte, so konnten
sich die restlichen Gefangenen entweder in zwei unvollstän-
dige Rotten teilen, also zwei mal zwei hintereinander, oder
es mußte einer allein hinterherlaufen. Bei einem besonders
unbeliebten Wachmann konnten die Gezählten mit weiteren
Variationen des Zahlenspieles aufwarten.

So verging auch am Morgen des 24. Dezember 1945 ein längerer Zeitraum, bis die Zahl endlich stimmte und damit der Arbeitsbeginn hinausgeschoben war. Weitere Zeit vertrödelte man damit, daß sozusagen im Trauermarschtempo marschiert wurde.

Allzuviel durfte man allerdings den französischen Wachmännern nicht zumuten, denen, als eine Art Arbeitsbeschaffungsmaßnahme, die bewaffnete Begleitung zu den jeweiligen Arbeitsstätten übertragen war. Ging es doch darum, sie bei Laune zu halten und den Sinn des ganzen Manövers nicht zu stören. An einer bestimmten, sorgfältig ausgesuchten Stelle fand nämlich auch an diesem Morgen des Heiligen Abends die Begegnung mit einem Gefangenen-Arbeitskommando in französischem Gewahrsam statt. Diese im Vergleich zu uns POWs der US-Army in armseligen Verhältnissen lebend – die Franzosen hatten in dieser Zeit selbst nicht viel zu konsumieren –, erwarteten das Treffen mit uns sehnlichst, besonders heute zu Weihnachten. Hatten die Gruppen sich genähert, zog man in Gegenrichtung nahe aneinander vorbei. In die vorsichtig ausgestreckten Hände wanderten von den »reichen« Ami-Gefangenen zu den armen »Franzosen« mancherlei kleine Geschenke. Das ging vom Weißbrot über Kekse zu Tabak und kleinen Cornedbeef-Portionen zu weiteren Lebensmitteln, die sich die glücklicheren Kameraden getreulich abgespart hatten. Natürlich durften die Wachleute nicht vergessen werden. Sie bekamen sogar das Beste.

Soweit ich mich erinnere, hat die Übergabe stets geklappt. Nie wurde das stille Einvernehmen mit den Bewachern gestört, nie hat jemand die Gebenden oder Nehmenden denunziert. Nicht jeder der US-Gefangenen hatte so viel, daß er davon abgeben konnte, allen aber ging es besser als den armen »Franzosen«, übrigens auch vielfach besser als manchen französischen Bürgern, denen es zu dieser Zeit noch an fast allem mangelte. Es ist, so erkannten wir schon damals, auch das Gewinnen und Verlieren von Kriegen relativ bis in alltägliche Einzelheiten.

Die GIs lebten vergleichsweise in Saus und Braus. Das galt für die Verhältnisse in unserem Standort Reims im besonderen. Hier gab es eine bedeutende »Supply-Division«, ein Nachschublager für alle Güter des täglichen Soldatenbedarfs. Neben Kleidung aller Art, Schuhen und Lebensmitteln gab es vor allem die begehrten PX-Artikel, also die für uns unvorstellbar reichlichen Kantinenwaren mit Süßigkeiten, Toilettenartikeln, Zigaretten, bis hin zu Nylonstrümpfen für die Angehörigen des WAC (Woman Army Corps). Letztere waren vor allem anderen begehrt, auch bei den Französinnen. Es wurde kräftig damit geschoben – gelegentlich einträchtig mit und zwischen GIs und deutschen Gefangenen.

So trotteten wir dann zwar langsam, aber stetig unserer Arbeitsstätte zu. Ich hatte keinen schlechten Job erwischt, war ich doch in einem Großraumbüro der Supply-Division als Schreiber beschäftigt. Dorthin kamen die Abholer der Truppenteile, oftmals aus süddeutschen Garnisonen, mit ihren Anforderungen.

Die Warenlager und das Büro befanden sich auf dem umfangreichen Gelände des Güterbahnhofes in Reims. Es war abgegrenzt und eingezäunt und galt als amerikanisches Gebiet. Hier fuhren die Nachschub-LKW vor den »Warenhäusern« vor und wurden von Kriegsgefangenen beladen. Die amerikanischen Fahrer und Begleiter erledigten ihre Formalitäten in unserem Büro. Ich hatte neben anderen die abgeholten Waren abzubuchen, nachgeführte hinzuzubuchen und sonstige einfache Büroarbeiten zu erledigen.

Die Warenabholer waren für uns interessante Verbindungsleute zur deutschen Außenwelt. Wir befragten sie nach den heimatlichen Zuständen, erhielten meist bereitwillig Auskünfte. Da auch wir ihre Wünsche freundlich erledigten (bei der Befolgung von Anforderungen konnte man durchaus schon mal mehr oder weniger gefällig Mangelwaren verweigern oder auch aufrunden), ließen sich des öfteren die Boten aus der Heimat als Kuriere einsetzen; sie nahmen Briefe mit und haben sie tatsächlich, wie sich später herausstellte, trotz Verbotes fast durchweg redlich an die Adressaten weiterbefördert.

Innerhalb der Einzäunung war das Supply-Division-Personal für uns verantwortlich. Die Aufsicht war großzügig, um nicht zu sagen, unglaublich lässig. Die Amerikaner vertrauten »ihren« Gefangenen nahezu blindlings, hatten diese ihnen doch praktisch alle Arbeiten abgenommen. Natürlich arbeiteten sie, wie alle Gefangenen, möglichst auch zum eigenen Nutzen. Der konnte in Reims, je nach Arbeitsplatz, größer oder kleiner sein. Es wurde jedenfalls viel geschoben und gestohlen. Da jedoch die Warenbilanzen vielfach frisiert wurden, ging es bei Kontrollen meist glimpflich ab.

Zu den von mir verwalteten Waren gehörten leider vor allem Unterwäsche, Socken und Stiefel. Damit war unter den obwaltenden Umständen nichts zu verdienen, zumal da ich die Sachen nur abstrakt verwaltete und sie nie zu sehen bekam.

Uns Deutschen, denen das Sparen und Knapsen nicht erst seit Kriegsbeginn als nationale Tugend anerzogen war, brachte der Reichtum und die Verschwendung der Amerikaner immer wieder zum Staunen. Warum, dachte so mancher, sollte man nicht ein bißchen für sich selbst abzweigen? Wurde doch offensichtlich niemand geschädigt, merkte niemand etwas, und manch einer, der klaute, rühmte sich lächerlicherweise gar noch, dem Feind geschadet zu haben.

Gewiß, gelegentlich wurde schon mal jemand erwischt – ein Restrisiko blieb, und die MP (Militär-Polizei) paßte wohl auf. Die Strafen waren gegebenenfalls hart. Für kleinere Delikte gab es Disziplinarstrafen. Tage- oder gar wochenlang wurde man unter freiem Himmel und auf hartem Zementboden in einen Stacheldrahtkäfig gesperrt und für alle sichtbar ausgestellt. Ob dieser Stacheldraht-Pranger als ehrenrührig zu gelten habe, darüber gab es Diskussionen. Bei größeren Diebereien kam es zu Militärgerichtsverhandlungen und Urteilen. Darüber kursierten unglaublich erscheinende Berichte. Die Angeklagten bekamen amerikanische Pflichtverteidiger, wegen ihrer Deutschsprachigkeit oft Juden. Diese legten sich mächtig ins Zeug, um ihre Mandanten nach allen Regeln und Kniffen der Kunst herauszupauken.

Ich meine heute noch, daß diese rechtsstaatliche Gerichtspraxis für uns der erste handfeste Beweis für gelebte Demokratie gewesen ist, selbst oder gerade wenn diese bei einem meist schuldigen Gefangenen angewendet wurde.

Wenn ich mich recht erinnere, wich der 24. Dezember 1945 nicht wesentlich vom sonstigen Alltag ab. Es herrschte die in dieser Jahreszeit in Nordfrankreich übliche naßkalte Witterung. Straßen und Häuser waren noch von der kriegsbedingten Vernachlässigung gezeichnet. Unsere Gefangenen-Weihnachtsstimmung war genau so grau wie der Alltag. Wenige sprachen miteinander, alle hingen ihren Gedanken nach. Diese drehten sich, nachdem der große Hunger vorbei war, um die ersehnte Entlassung, über deren Termin nichts zu erfahren war. Unsere amerikanischen »Kollegen« – mein unmittelbarer Vorgesetzter war ein freundlicher, pausbäckiger Obergefreiter, der mir immer ein wenig hinterwäldlerisch vorkam – waren vielleicht etwas aufgeräumter als sonst.

Ich machte mich, an meinem Arbeitsplatz angelangt, mit mäßigem Eifer an den Packen Lieferscheine, den ich aus dem Eingangskörbchen fingerte, und begann zu »posten«, d. h. die Shirts und Trousers und Socks auf den Karteikarten abzutragen und neue hinzuzusetzen.

Ich wunderte mich einmal mehr über die sonderbaren Mengenverhältnisse. Von einigen Artikeln waren ...zigtausende, von anderen nur wenige vorhanden, bei wieder anderen gab es Minusbestände, von denen gleichwohl lustig abgeholt wurde. Das galt besonders für die begehrten Fallschirmspringer-Stiefel, die anscheinend einem erstaunlichen Verschleiß ausgesetzt waren, denn sie wurden immer wieder nachgeordert. Mein deutscher Kollege, der für die Ausgabe zuständig war, verteilte »Mangelware« (wenn es denn so etwas gab) nicht gegen Vergünstigungen, sondern eher nach Freundlichkeit der Antragsteller. Ich fand, daß er freundlich grinsende Schwarze vor grimmig blickenden Yankees bevorzugte. Mit den farbigen Soldaten verband uns ohnehin so etwas wie das gemeinsame Bewußtsein des Underdog-Daseins.

Um einiges unterschied sich dann der heutige Vorweihnachtstag doch von gewöhnlichen Tagen. Einige kleine, für mich damals nicht gar so unbedeutende Begebenheiten erwiesen das.

Es begann damit, daß unser Corporal »seinen« beiden Gefangenen einen Candy-Riegel schenkte, leicht verlegen dabei und womöglich an das verbleichende Fraternisierungsverbot denkend. Dann aber folgte etwas doch recht Erstaunliches, wenngleich es kaum mit dem Heiligen Abend zu tun haben konnte.

Mit der üblichen Verspätung und vorgetäuschten Eile, dabei Wind machend und Rasierwasserdüfte verbreitend, rauschte der Leiter unseres Büros herein, ein Oberstleutnant mit unaussprechlichem italienischen Namen. Als er, den langen Weg durch das ganze Büro in Richtung seines »Glaskastens« zurücklegend, bei mir vorbeikam, wehte der von ihm erzeugte Wind ein Blatt Papier von meinem Gefangenenschreibtisch. Meinen und seinen Status bedenkend, wollte ich mich bücken, um den Weg wieder freizuräumen. Doch der Oberstleutnant blieb stehen, beugte sich zu Boden, hob das Papier auf und legte es mit freundlichem Nicken, jedoch keineswegs so, als ob er der Geste Bedeutung beimesse, auf meinen Tisch zurück. Doch ich empfand das so, war doch das ein Zeichen, daß es nach mancherlei Demütigungen in den »human relations« wieder aufwärts ging. Immerhin waren wir offiziell noch immer das Nazigezücht, lag die Aufdeckung der KZ-Greuel erst Monate zurück, deren Bilder man uns anzusehen befohlen hatte. Wie hätte sich wohl ein deutscher Offizier im gleichen Falle einem gefangenen Juden gegenüber verhalten?

Als ich dann einmal hinausgehen mußte, wir nutzten Gänge zur Toilette gerne als Abwechslung im Einerlei, beobachtete ich, wie ein Captain vor dem Betreten unseres Büros eine gerade angerauchte Zigarette, eine überlange Pall Mall, wieder löschte und in einen Blumenkasten warf. Dort lag sie, lang, blütenweiß und verlockend, und ich beschloß, sie bei meiner Rückkehr vom Klo aufzuheben und damit ein bisher streng beachtetes Prinzip zu durchbrechen. Da POWs nie Zigaretten als Rationen empfingen, durfte man sich damit nicht ertappen lassen, weil sie nur gestohlen sein konnten. Außerdem wollte ich nicht so weit sinken, doch war heute Weihnachten. Doch als ich dann zurückkam, wildentschlossen, mir das herrliche Stück zu greifen – da war es weg. Ein anderer hatte weniger Skrupel gehabt.

Etwas anderes war noch passiert auf dem Weg zum Klo: Ich begegnete einem der Militärpolizisten, die unser Gelände »schützten«. Mehr gelangweilt als wachend streifte er umher. Normalerweise beachteten wir einander nicht: Dieses Mal war es anders. Der MP kam auf mich zu, ich war ein wenig erschreckt und gleichzeitig froh darüber, daß ich die Zigarette vorerst, wie ich meinte, hatte liegen lassen. Er aber streckte mir spontan seine Hand entgegen, und die enthielt ein echtes, wahrhaftes, köstliches Cremetörtchen. Ungläubig und zögernd griff ich zu, murmelte ein »Thank you«, erhielt dafür in unverständlichem Slang eine kurze Antwort, ein Lächeln, und der Spuk war vorbei.

Wenn hier deutlich erkennbar wird, daß es uns Gefangenen, wie es sein soll, recht gut ging, so darf dabei nicht vergessen werden, daß wir alle das schlimme Hungerlager von Attichy hinter uns hatten, das keiner jemals vergißt, der im Frühjahr 1945 dort war. Zu jener Zeit waren die KZ mit den Hungerleichen und den gerade noch lebenden Skeletten entdeckt und befreit worden. Von dem Entsetzen der Befreier bekamen wir dann einiges ab. Unsere mitgefangenen Ärzte rechneten für unsere plötzlich drastisch gesenkten Rationen 800 Kalorien pro Tag aus, und das für junge Leute, die schon vor der Gefangennahme vielfach unterernährt waren. Diese folgenden Wochen und Monate hatten uns hungerkrank gemacht, physisch und noch mehr psychisch. Denn bei guter Ernährung kann man Gewichtsverlust, wenn er nicht zu lange anhält, relativ schnell wieder aufholen, vergessen kann man den erlittenen Hunger nie. Um diesen Qualen zu entgehen, meldeten wir uns fast alle, als sich die Gelegenheit ergab, zum Arbeitseinsatz. Dazu waren Offiziere – ich war gerade ein kleiner Kriegsleutnant – an sich nicht verpflichtet.

So kam es denn, daß wir, endlich in Reims an den besser gefüllten Suppenkübeln gelandet, immer noch unsere Hunger- und Eßträume mit uns herumschleppten. Wir aßen, ja wir fraßen alles, was wir kriegen konnten. Das waren vor allem die Essensrationen, welche wir Neuen aus Attichy von jenen Mitgefangenen zugesteckt bekamen, die sich auf ihren Arbeitsstellen mit amerikanischer Heeresverpflegung auf vornehmere Weise den Bauch vollschlugen. So kam es auch bei mir dazu, daß ich unheimliche Mengen von kaltgewordener Suppe zu mir nahm – was unseren schwachen Mägen nicht gut verträglich sein konnte. Aber gleichviel, die krankhafte Angst, am nächsten Tage könnte es womöglich nichts mehr zu essen geben, zwang alles hinein.

Manch einen später zu uns stoßenden ehemaligen Leidensgefährten konnten wir dabei beobachten, wie er einen regelrechten pseudoreligiösen Kult entwickelte, um die köstliche Mahlzeit durch rituelle Handlungen möglichst in die Länge zu ziehen. Immerhin hatte ich bei meiner Ankunft in Reims gerade noch knapp einen Zentner gewogen – angekleidet, versteht sich. Es ist ja später bekannt geworden, daß die »Freßwelle« der fünfziger Jahre in Deutschland auf derartige Hunger-Traumata mit zurückzuführen ist.

Aber, wenn es uns schon so ging, wieviel grauenhafter mußten erst die Gefangenen gelitten haben, die unter ungleich schlimmeren Umständen leben mußten, an der Spitze oder vielmehr am traurigen Ende der Hungerschlange die KZ-Häftlinge. Dachten wir daran? Doch, das taten wir, mindestens viele unter uns. Auch insofern gab es wohl eine Fernwirkung, als die Spendenfreudigkeit in der späteren Bundesrepublik besonders hoch war. So hatte also auch die Hungerkur von Attichy noch eine gute Seite.

Vor diesem Hintergrund wird man die magische Köstlichkeit des Cremetörtchens, noch dazu aus solcher Hand, besser ermessen können.

Denk' ich an diese erste Kriegsweihnacht, so waren es die geschilderten kleinen Freuden, die, vor der allgegenwärtigen Sorge um das Schicksal derer zu Hause, die Düsternis ein kleines bißchen erhellten. Zwar waren diejenigen unter uns, die ihre Heimat in den Westzonen hatten oder ihre Familien dort in Sicherheit wußten, meist durch eine kurze, über das Rote Kreuz vermittelte Nachricht informiert. Von den amerikanischen Soldaten, mit denen wir unsere Nach-Hause-Sehnsucht besprachen, bekamen wir immer wieder zu hören, wir sollten froh sein, daß wir hier wären. In Deutschland sähe es schrecklich aus, alles kaputt und nichts zu essen. Aber das war uns kein Trost. Erst einmal nach Hause kommen, sagten wir uns, das andere wird sich finden.

Viel ärmer waren natürlich die daran, deren Wohnort hinter dem Eisernen Vorhang lag und die keine Verbindung zu ihren Angehörigen hatten. Sie quälten sich ewig mit der Frage herum, wohin sie, wenn es denn endlich einmal dazu kommen sollte, entlassen werden wollten. Denn dieses Entlassungspapier mit dem gewünschten Zielort, das stellte sich später heraus, war entscheidend für die Aufenthaltserlaubnis – man durfte sich ja nicht einfach irgendwo niederlassen. Man gab dann die Adresse von Verwandten oder Freunden im Westen an: manch einer durfte sich gar einem Lagergefährten anschließen, und wenn er besonders viel Glück hatte, war das einer mit nahrhaftem, ländlichen Hintergrund und Bedarf an entsprechender Arbeitshilfe. Es fehlten ja überall gesunde jüngere Männer.

Bei mir war es der Gedanke an die Eltern im zerstörten Solingen. Einen Sohn hatten sie schon verloren – auf dem Marsch nach Stalingrad war er im August 1942 gefallen. Mein anderer Bruder war an der Ostfront. Er, der schon als Achtzehnjähriger am 31. Januar 1933 auf die Nachricht von Hitlers Ernennung zum Reichskanzler zu uns jüngeren Geschwistern am Frühstückstisch gesagt hatte: »Jetzt gibt es

Krieg«; der seine NS-Gegnerschaft bis zur Unbesonnenheit bei jeder Gelegenheit zum Ausdruck gebracht hatte, war jetzt, nach acht Jahren ungewolltem Militär- und Kriegsdienst, in die letzte Abwehrschlacht im Osten und damit in eine aussichtslose Situation geraten. Das letzte wußte ich damals noch nicht, es ist aber eingetreten: am ersten Tag seiner Gefangenschaft erlag er, vermutlich irrtümlich, einem schießwütigen sowjetischen Bewacher.

Gedanken, die einem immer wieder durch den Kopf gingen, gerade und auch zu Weihnachten. Doch hatte dieser Tag noch ein ziemlich dramatisches Ereignis mit freundlichem Ende für mich bereit. Kam da kurz vor dem Rückmarsch ins Lager einer der alten Obergefreiten zu mir, der einen der beneidenswerten nahrhaften Jobs hatte und mir schon manches Mal einen Kanten Brot und Besseres zugesteckt hatte. Er bat mich, eine üble Konterbande für ihn ins Lager zu schmuggeln. Das geschah öfter, denn Offiziere, denen man naiverweise das Schmuggeln oder gar Stehlen offenbar nicht zutraute, wurden am Lagertor seltener oder doch nur flüchtig kontrolliert.

Dieses Mal aber ging es um Schnaps, genauer gesagt: um gestohlenen Whisky. Eine damit gefüllte Wehrmacht-Feldflasche sollte ich mitnehmen, wofür mir ein Anteil daran zugesichert wurde (ich verzichtete darauf, ging es mir als Attichy-Geschädigtem doch immer nur ums Essen). Nun, dann sollte es eben etwas anderes Gutes sein. Ich zögerte und hatte schlimme Ängste und den Stacheldrahtkäfig vor Augen. Aber dann tat ich's aus dem zwiespältigen Gefühl der Treueverpflichtung heraus doch.

Mir kam es vor, als müsse man den Whisky hundert Meter weit riechen. Alle schienen sich nach mir umzudrehen, als wir rottenweise vor die Soldaten des Lagerbewachungskommandos traten. Dann kam ich endlich an die Reihe. Die

Feldflasche in der einen Hand, hob ich beide Arme so hoch es ging, um mich abtasten zu lassen. Ausgerechnet heute mußte das natürlich passieren. Aber meine Taschen und die übrige Kleidung waren o.k. – ich konnte gehen. Ich atmete mindestens so erleichtert auf, daß man es so weit hören konnte, wie der Whisky gerochen hatte.

Nie wieder, sagte ich mir dann laut, und ich habe mich daran gehalten; aber erst gab es noch den Lohn der üblen Schmuggeltat.

Mein alter Obergefreiter kam in unsere Wohnbaracke, um meine Last abzuholen. Und er belohnte mich mit einer pfundschweren Konservendose mit herrlichem Frühstücksspeck. So etwas hatte ich noch nie im Leben bekommen. Geteilt wurde mit den engsten Freunden, das war allgemein üblich. Aufheben konnte man wegen der ständigen Razziagefahr ohnehin nichts, was nicht zu den amtlichen Rationen gehörte.

Einer, dem ein Anteil zugedacht war, hatte Nachtschicht gehabt und schlief daher bis in den späten Nachmittag hinein. Ich schlich mich an seine Liegestatt, einen langen Streifen köstlich duftenden Specks zwischen zwei Fingern haltend, und ließ diesen vor seiner Nase und den noch geschlossenen Augen hin- und herbaumeln. Bald fing er an zu schnuppern, seine Nüstern blähten sich – und dann öffnete er die Augen und sogleich den Mund.

Gegen solchen weihnachtlichen Freundesdienst konnte die offizielle Abendverpflegung nicht ankommen. Immerhin gab es über das übliche Brot- und Suppengericht hinaus aus dem besonderen Anlaß des Heiligen Abends für je hundert (!) Mann eine Tafel Schokolade. Es war eine Heeresration zu etwa 150 Gramm, in tropenfestem Wachskarton verpackt, mit der mir unvergeßlichen sinnigen Aufschrift: Caution! Moscito Bites Malaria cause (Vorsicht! Moskitostiche verursachen Malaria). Doch mußte jetzt noch das Problem gelöst werden, wie die auf jeden Mann entfallenden 1,5 Gramm aufgeteilt werden könnten. Nichts einfacher als das. Gefangene sind unglaublich findig, wenn es sich um das eigene Wohlergehen handelt. Ein Apotheker unter uns bastelte mittels einiger Fäden, einiger Hölzchen und etwas Konservendosenbleches eine Art Apothekerwaage zusammen. Eine Rasierklinge vervollständigte das Präzisionswerkzeug. Unter den wachsamen Augen einer zahlreichen Zuschauerschaft schabte unser Apotheker tatsächlich ziemlich genau die 1,5 Gramm von dem harten Schokoladenriegel. Immerhin war das der Anfang von Besserem. Im ganzen war damit das Weihnachtsfest gar nicht so schlecht verlaufen.

Das galt für mich besonders, wenn ich das letzte Jahr bilanzierte. Um Weihnachten 1944 hatten wir in Bereitschaft gelegen, um noch an der Ardennenoffensive teilzunehmen. Wir biwakierten bei Eis und Schnee in Zelten am Rande eines Eifelwaldes und durften uns in kleinen Gruppen nur stundenweise im einzigen Haus in der Nähe, einem einfachen Dorfgasthaus, etwas aufwärmen. Alles war in Nebel gehüllt, einschließlich der Straße, auf der die letzte deutsche Offensivarmee ihre Bahn zog, an der Spitze ein hervorragend ausgerüstetes Panzerkorps der Waffen-SS, bei dessen Anblick den ewig Siegesgläubigen die Augen leuchteten. Wußten sie doch nicht, daß die Kraftstofftanks der Panzer nur zur Hälfte gefüllt waren, erst in Antwerpen sollte nachgetankt werden. Dann folgte, ebenfalls eine Elitetruppe, eine Fallschirmjäger-Division. Die sah schon bescheidener aus! Fahrzeuge nur vereinzelt, zusammengewürfelte Typen, offensichtlich das letzte Aufgebot. Dann folgten Infanterieeinheiten. Ihre Waffen, Munition und Ausrüstung führten sie auf z. T. abenteuerlichen Gefährten mit sich: Fahrräder

mit und ohne Gummireifen, geschoben natürlich; Bollerwagen, Kinderwagen und Kindersportwagen.

Am Abend dieses 24. Dezember 1944 wurde unsere Bat-
terie für kurze Zeit zusammengerufen. Zur sogenannten
Befehlsausgabe sollte im Auftrag der obersten Führung eine
Ansprache mit einem Textauszug aus Friedrich des Großen
Ansprache an seine Soldaten vor der Schlacht bei Leuthen
(1757) gehalten werden, in der der König Siegeszuversicht in
der nahezu aussichtslosen Lage seiner unterlegenen Truppen
zu verbreiten suchte (»Sieg oder Tod«). Damals hatte das geklappt. Dieses Mal nicht. Aber das Schicksal, die Ansprache
zu verlesen, hatte mich getroffen. Vielmehr als die Schlacht
bei Leuthen beschäftigte mich damals die Lage meiner Angehörigen. Ich suchte in Gedanken meine armen Eltern im
damals gerade erst zerstörten Solingen, wovon ich durch ein
englisches Flugblatt erfahren hatte. Die Eltern wiederum
bangten um mich, den letzten von drei Söhnen.

Warum gerade ich übriggeblieben war, darüber habe ich
an diesem ersten Weihnachtstag nach dem Krieg immer wieder gegrübelt. Meinem älteren Bruder war ein Jahr zuvor
gerade das zweite Kind geboren, und es hatte nur kurze Zeit
gelebt. Im thüringischen Evakuierungsort war es an Krank-
heit und Mangel gestorben.

Im Vergleich dazu war das Weihnachtsfest 1945 so traurig
nicht verlaufen. Beim Rückblick auf das vergangene Jahr
fühlte ich mich – und das bis heute – an die Überschrift in
einer Lagerzeitung von Attichy erinnert, die da lautete:
»Freiheit hinter Stacheldraht.«

Einige Tage später, am Silvestertag, erinnerte ich mich einmal mehr an diese Überschrift, als ich Zeuge einer Groteske
wurde, wie man sie nur unter unseren manchmal mehr
komischen als tragischen Umständen erleben konnte.

Bei einem meiner Güterbahnhof-Streifzüge landete ich

vorübergehend in einer der Textilwarenlagerhallen. Ich traf einen Bekannten und schwätzte eine Weile mit ihm. Heute war nichts zu tun, keine Wache zu sehen. Die Gefangenen lungerten um einen Blechofen, eine Art Bunker- oder Werkstattofen herum. Darin hörte man ein lustiges Feuer bullern. Sofort erhob sich in mir die Frage nach dem Brennstoff. Die Antwort ließ nicht lange auf sich warten. Als das Feuer heruntergebrannt war, schleppte einer der Anwesenden einen funkelnagelneuen Army-Wintermantel an, faltete ihn mit kundigen Händen maßgerecht auf die Größe der Feuertür und lancierte ihn in das niedergebrannte Feuer. Mir blieb die Sprache weg. Meine Mitgefangenen schien die Sache weniger zu verwundern. »Ja, so ist das«, meinte einer mit freundlichem Grinsen, »früher wurden bei uns Divisionen ›verheizt‹, heute verheizen wir Ami-Mäntel.«

Ich empfand diese Art von Silvester-Feuerwerk als eine eigenartige Auslegung der »Freiheit hinter Stacheldraht«. Abgesehen davon, daß ich seit den Synagogenbränden von 1938, den Feuerstürmen der Bombennächte und der Krematorien in den KZs kein Feuer mehr lustig finden konnte. Übrigens bis heute nicht.

Warten auf den Vater

Wir saßen zu dritt im Wohnzimmer, nahe beim Ofen, denn obwohl der Raum klein war, wurde es nur schwer warm. Das Holz brannte schnell weg, und ich half meiner Mutter, indem ich regelmäßig nachlegte, damit das Feuer nicht ausging. Dieser Heilige Abend hatte so wenig Festliches an sich, wie ich es noch nie erlebt hatte. Obwohl wir schon seit zwei Jahren hier in Lübbenow in der Uckermark wohnten, war alles anders als sonst. Eigentlich hätte es doch das friedlichste Weihnachtsfest seit langem sein sollen – schließlich war seit wenigen Monaten der Krieg zu Ende. Ich hatte mich darauf gefreut, endlich wieder einmal friedlich mit der Familie beieinander zu sitzen – nichts anderes wünschte ich mir. Endlich wieder einmal ein Weihnachsfest verbringen ohne Angst vor Alarm und plötzlichen Angriffen. Aber was ich mir so sehr gewünscht hatte, war nicht eingetreten – die Familie war nicht komplett. Vater war noch immer nicht zurückgekehrt, und wir hatten keine Ahnung, wo er sich aufhielt, wann er kommen würde, ob er überhaupt wiederkehren würde. Die Russen hatten ihn im Mai bei ihrem Einmarsch einfach abgeholt. Mutter hatte versucht, über Bekannte und Verwandte eine Nachricht zu bekommen, um wenigstens Weihnachten beruhigt feiern zu können. Auch ich hatte immer wieder versucht, irgendwo einen Anhaltspunkt zu finden und mir vorgestellt, wie meine Mutter strahlen würde, wenn ich ihr zu Weihnachten eine Nachricht bringen könnte. Ich war gerade sechzehn Jahre alt, mein Bruder dreizehn, und wir spürten beide ganz deutlich die Spannung, die im Raum lag, obwohl sich meine Mutter verzweifelt bemühte, uns nichts von ihrer Angst spüren zu lassen und uns nicht zu verunsichern. Bei jedem Geräusch schreckte sie hoch, schaute aus dem Fenster und gab die Hoffnung nicht auf, daß dieser eine Wunsch in Erfüllung ginge, und diese innere Unruhe übertrug sich natürlich auch auf uns Kinder.

Trotzdem versuchten wir, den Gedanken zu verdrängen und wenigstens ein klein wenig weihnachtliche Stimmung aufkommen zu lassen. Unter anderen Umständen wäre es meiner Mutter leichtgefallen, uns von den Sorgen abzulenken. Doch an diesem Fest hatte sie praktisch nichts, womit sie die Situation hätte verschönen können. Weihnachtskarpfen oder Gänsebraten, die sonst nie gefehlt hatten, lagen weit jenseits des Erreichbaren. Sonst hatte Mutter uns mit leckeren Weihnachtssüßigkeiten verwöhnt, die sie trotz aller Sparsamkeit immer irgendwie herbeigezaubert hatte, aber jetzt konnte sie uns das Fest auch mit solchen Schlemmereien nicht versüßen. Als Festmahlzeit gab es in diesem Jahr Steckrüben, mal roh, mal gekocht, und Mutter hatte nicht einmal ein Stückchen Speck oder Fett, um die Mahlzeiten etwas nahr- oder schmackhafter zu machen. Wir hatten uns an den fahlen Rübengeschmack gewöhnt und waren froh, daß es überhaupt irgend etwas zu essen gab.

Auch äußerlich konnten wir kaum den Schein des Festlichen erzeugen. Nachdem meine Eltern auf dem Treck von Russen geplündert worden waren, hatten wir gerade noch das Notwendigste. Das einzig Weihnachtliche in der Stube war ein kleiner, dürrer Weihnachtsbaum, den Mutter notdürftig, aber liebevoll geschmückt hatte. Eine Nachbarin

Erstes Nachkriegsweihnachtsfest in München. Inmitten einer gespensti-
schen Ruinenlandschaft zeigt dieses Foto den kleinen Weihnachtsbaum am
Eingang der Residenz, von wo aus der Blick über ein Ruinenfeld bis zur
Salvatorkirche geht. Über eine Entfernung von fast einem Kilometer dazwischen hat kein Gebäude den Krieg überstanden.

hatte ihr ein klein wenig Lametta und ein paar Kugeln geborgt, so daß der Baum eine Spur von Glanz verbreitete, und wir waren stolz, zumindest dieses kleine Weihnachtsbäumchen zu haben. Wenn zusätzlich ein paar Kerzen in dem ärmlichen Raum etwas sanftes, warmes Licht gespendet hätten, wäre direkt eine weihnachtliche Atmosphäre aufgekommen. Aber wir waren schon froh, ein wenig Holz für den Ofen zu haben – Kerzen waren beim besten Willen nicht zu bekommen gewesen. Unsere Mutter hatte sich bemüht, sich feierlich zurechtzumachen, wie es früher üblich gewesen war. Sie hatte sich immer wunderschön gekleidet, aber jetzt hatte sie die wenigen übriggebliebenen Kleidungsstücke gerade eben so flicken können, daß sie nicht wie Lumpen wirkten. Die spärliche Kleidung half nur, uns ein wenig warm zu halten – von Festlichkeit konnte keine Rede sein. Meine Hose war viel zu kurz und schon viele Male gestopft und mit Flikken zusammengehalten, mein Hemd war verwaschen, und es fehlte ein Knopf, den ich verloren hatte. Ich hatte sogar versucht, ihn wiederzufinden, aber es war vergebens, und Mutters Schachtel mit alten Knöpfen, die sie sonst immer sorgfältig abgetrennt und aufgehoben hatte, war ebenfalls von den Russen eingesteckt worden. Es war geradezu lächerlich, und ich schämte mich entsetzlich, daß ich diesen Knopf verloren hatte. Auch an Geschenke war nicht zu denken, wir wußten das, und ich versuchte, den jüngeren Bruder von diesem Gedanken abzulenken, obwohl ich selber wehmütig an vergangene Feste dachte. Viel mehr als die Tatsache, daß ich kein Geschenk bekam, tat es mir leid, nicht einmal meiner Mutter eine kleine Freude machen zu können. Während ich weg war von zu Hause hatte ich andere Sorgen, und als ich endlich daran dachte, daß ich irgend etwas finden müßte, war es zu spät, es war einfach nichts da, und ich wußte beim besten Willen nicht, woher ich etwas bekommen könnte.

Gegen Abend gab es Malzkaffee, der ohne Zucker bitter schmeckte, aber wenigstens wärmte. Wie früher sangen wir dazu Weihnachtslieder. Meine Mutter konnte wunderbar singen, und sie schaffte es, durch den Gesang eine Zeitlang die bedrückende Atmosphäre zu vertreiben und etwas weihnachtliche Stimmung aufkommen zu lassen.

Mitten in unseren Gesang hinein klopfte es plötzlich, und wir zuckten alle zusammen, teils vor Schreck, teils voller Hoffnung, es möge vielleicht der Vater oder zumindest eine Nachricht von ihm sein. Meine Mutter sprang auf und lief zur Tür, und wir liefen hinterher. Mein Herz klopfte laut, und ich preßte fest die Fäuste zusammen. Es war stockfinster draußen, und ein eisiger Wind zog herein, als die Tür aufging. Ich glaube, ich hielt für einen Moment den Atem an und schloß kurz die Augen. Aber wenige Augenblicke später hörte ich schon die Stimme einer Bekannten, und mein Magen krampfte sich ein wenig zusammen. Das Auftauchen der mir eigentlich ziemlich fremden Dame nahm mir unvermittelt die Illusion, der Vater könnte doch plötzlich noch vor der Tür stehen. Die Stimme meiner Mutter zitterte leicht, und ich konnte die Enttäuschung heraushören, in der nur noch minimale Hoffnung mitschwang, die Nachbarin möge irgendwelche Neuigkeiten bringen. Mutter bat sie herein, aber sie wollte nicht lange bleiben. In ihrem Haus war der Strom ausgefallen, und sie hatte sich nun durch die Dunkelheit geschlagen, in der vagen Vermutung, wir könnten eine Kerze für sie haben. Wo sollten wir eine Kerze herhaben, und dann auch noch eine zuviel, die wir ihr hätten geben können! Mir kam das Ansinnen der Nachbarin geradezu absurd vor, und ich spürte, wie in mir Ärger aufkam, weil sie uns in unserem Gesang unterbrochen und somit wieder in die Realität zurückgebracht hatte und an unsere Angst erinnerte. Jetzt setzte sie sich auch noch mit in die

Stube und fing an zu erzählen, wie sie gerade gestern Nachricht von ihrem Mann bekommen habe und daß er vielleicht bis zur Jahreswende wieder zu Hause sein werde. Ich konnte sehen, wie diese Erzählung meiner Mutter Mut machte. Ihre Wangen röteten sich vor Aufregung, und sie begann, die Frau auszufragen über alle Kleinigkeiten, sich an jedem Anhaltspunkt festzuklammern. Zuerst verspürte ich einen gewissen Neid. Warum mußte sie uns von ihrem Glück erzählen und uns unsere Ungewißheit nur noch stärker bewußt machen. Wieso hatten nicht wir diese wundervolle Nachricht von unserem Vater erhalten? Während ich, halb widerstrebend, das Gespräch verfolgte, wurde ich langsam von dem neuen Optimismus angesteckt und erträumte mir, wie wir unseren Vater begrüßen würden. Meine Gedanken begannen abzuschweifen, wie und wo ich etwas Geld verdienen könnte, damit Mutter ihm ein Willkommensmahl bereiten könnte. Sogar ein neues Kleid wollte ich ihr kaufen, damit sie sich schön machen konnte für ihn. Vielleicht konnte mir irgend jemand helfen, mir etwas Geld borgen oder eine Arbeit vermitteln – ich ging sämtliche Leute durch, die auch nur annähernd in Frage kamen, wußte aber, daß die Chancen schlecht standen. Mit meinem Bruder zusammen wollte ich das Haus in Ordnung bringen, damit alles so schön und ordentlich war, wie es nur ginge. Vater sollte merken, daß wir unsere Mutter unterstützten, daß wir ihm alle Ehre machten. Er sollte stolz auf uns sein. Ich träumte mich so in diese Idee hinein, daß ich regelrecht aufschrak, als die Tür laut zufiel. Die Nachbarin war gegangen. Mein Bruder spielte gelangweilt mit einem Stück Papier, und seine Augen waren schon klein vor Müdigkeit. Mutter kam wieder herein und nahm uns beide fest in die Arme. Sie versicherte uns, daß wir unseren Vater bald wieder bei uns haben würden. Es könnte gar nicht mehr lange dauern, sie wußte es ganz sicher. Dann begannen wir, alle Hinweise, die sie erhalten hatte, noch einmal genau durchzusprechen, Zusammenhänge zu finden, uns ein Bild zu machen, wo er war, wie lange es noch dauern würde. Obwohl Mutter uns eigentlich nicht zu sehr mit ihren Gedanken belasten wollte, konnte sie sich nicht beherrschen und mußte alles wieder und wieder durchdenken, und unsere jugendliche Phantasie beflügelte sie zu immer kühneren Vermutungen und Träumen. Es war bereits spät, und mein Bruder schlief neben uns schon ein. Wir gingen ins Bett. Im Schlafzimmer war es eiskalt, und ich rollte mich unter der Bettdecke fest zusammen. Eigentlich war ich müde, konnte aber dennoch nicht einschlafen, weil mir immer noch die Gedanken an Vater im Kopf herumspukten. Je länger ich darüber nachdachte, desto bewußter wurde mir, an was für dünnen Fäden unsere Hoffnung hing. Die Gewißheit, die wir aus den kleinsten Anhaltspunkten geschöpft hatten, erschien mir plötzlich nahezu lächerlich, und es kehrte wieder diese Angst zurück, es könnten nur Hirngespinste sein, die uns verblendeten. Wahrscheinlich machten wir uns alle etwas vor, verbarg auch Mutter ihre Angst vor uns, indem sie immer wieder neue Möglichkeiten erfand, wo Vater sein konnte. Vielleicht würde ich nicht Geld herbeischaffen müssen, um Vaters Begrüßung zu feiern, sondern um meine Mutter und meinen Bruder zu unterstützen. Ich versuchte, mir auszumalen, was ich genau tun würde, aber es war alles so unklar und schwer einzuschätzen, daß ich den Gedanken wieder wegschob. Vaters Posten als Gutsverwalter konnte ich nicht einnehmen, ich war viel zu jung. Wer wußte schon, wie es überhaupt weiterging. Es war alles so schwer vorstellbar, und ich verstand so viele Dinge nicht. Was bedeutete es, daß die Russen jetzt plötzlich überall waren, es wurde soviel geredet, und das verunsicherte mich. Mir war alles fremd, und ich war mißtrauisch, was meine Zukunft anbelangte. Eigentlich fühlte ich mich noch viel zu jung, um selbst über mein Leben zu entscheiden, vielleicht würde ich das aber schon bald müssen, ohne meinen Vater um Rat fragen zu können. Mir war unheimlich zumute, obwohl ich auch eine gewisse Neugier darauf verspürte, was ich aus meinem Leben machen würde. Die Unvorstellbarkeit war ängstigend und spannend zugleich. Wenn ich nicht schon gespürt hätte, wie ernst alles war, wäre es mir vielleicht wie ein Spiel vorgekommen, in dem ich den Verlauf bestimmen konnte und das die Nerven kitzelte. Aber mir war bewußt, daß alles viel zu wichtig war, als daß es ein Spiel hätte sein können. Mir ging ein Gespräch durch den Kopf, das ich vor kurzem auf der Straße mitgehört hatte: Ein älterer Mann beschwerte sich, weil er glaubte, bespitzelt worden zu sein, und das von einem guten Freund, im Interesse der Russen. Eigentlich hatte ich die Geschichte nicht geglaubt, aber sie ging mir nicht mehr aus dem Kopf. Und nun verspürte ich eine panische Angst davor, mein bester Freund könnte mich bespitzeln. Zwar wußte ich nicht, warum jemand Interesse an mir oder meiner Familie haben sollte, aber mir kamen dennoch alle noch so winzigen Unkorrektheiten in Erinnerung, die Anlaß zu Ärger geben könnten. Wie in einem schlimmen Traum stellte ich mir vor, wie ich alle Gedanken in mir vergrub, mich plötzlich nicht mehr traute, irgendeine Meinung zu äußern, jeder um mich herum mißtrauisch gegenüber den anderen war. Obwohl mir alles unwirklich vorkam, hatte ich doch Angst davor, und ich fand nichts schlimmer, als wenn ich niemandem mehr trauen dürfte. Ich steigerte mich regelrecht in dieses grauenhafte Szenario hinein und stellte mir vor, daß ich meinen Vater, meine Mutter und meinen Bruder vor irgendwelchen Spitzeln schützen müßte. Und da war wieder mein Vater, ich sah ihn ganz deutlich vor mir und wollte ihn umarmen und fühlte plötzlich die ganze Last der Zukunft von meinen Schultern genommen. Wahrscheinlich war ich schon eingeschlafen.

Am nächsten Morgen erwachte ich vollkommen verwirrt und wußte nicht mehr, ob ich all dies tatsächlich gedacht hatte oder ob es ein wirrer Traum gewesen war. Das wohlige Gefühl, unter dem Schutz meines Vaters würde alles auf einmal ganz leicht werden, wich wieder der Realität, daß er nicht da war. Meine Mutter bereitete in der Küche unser spärliches Frühstück vor, und ich war froh, daß wenigstens sie da war.

Ich trat kurz vor die Tür und atmete die frische, eiskalte Morgenluft ein, nahm Hoffnung in mich auf.

Als wir auch Monate später nach diesem unruhigen Weihnachtsfest keine Nachricht von Vater erhalten hatten, vermuteten wir schließlich, daß er ganz nah bei Neustrelitz in dem jetzt von den Russen eingerichteten KZ umgekommen war.

Im Januar 1995 erhielt ich die traurige Bestätigung.

GYULA TREBITSCH

Der Weihnachtsbaum im Kino

Zu allen Zeiten hat jeder Mensch *seine* Geschichte und *sein* subjektives Erleben, andererseits stehen dem auch die kollektiven Erfahrungen eines Zeitabschnitts gegenüber. Diese Gleichzeitigkeit erlebte ich sowohl während des Krieges als auch in späteren Momenten.

Ich erinnere mich mit viel Freude an das erste Weihnachtsfest nach meiner Befreiung aus dem Konzentrationslager Wöbbelin. Rückblickend ist es schwer zu beschreiben, was man damals gefühlt hat, wie man auf die Sehnsüchte (die wir alle gehabt haben) und ihre kleinen Erfüllungen reagiert hat, und daß nach erst 237 Tagen des Lebens in Freiheit diese Freiheit und das Fest und die Freude darüber für mich und meine Freunde in diesem Ausmaß fast unvorstellbar gewesen waren.

Das Weihnachtsfest ist für mich über seine religiöse Bedeutung hinaus ein völkerverbindendes Zeichen für Verständnis und Frieden. Von Jugend an war es für mich immer ein Symbol für besonders schöne Tage, die ich auch heute nicht missen möchte.

Deshalb war ich sehr glücklich, als wir im Itzehoer Lichtspieltheater, in dem ich nach dem Krieg arbeitete, 1945 die Idee hatten, einen Weihnachtsbaum aufzustellen. Seinen Platz bekam er im Vorraum. So einfach, wie ich es heute erzähle, war es damals nicht, einen Tannenbaum zu bekom-

223

men. Eine mit mir damals befreundete Itzehoer Familie hatte wiederum Kontakt zu einer bäuerlichen Familie, die half, das Wunder Tannenbaum zu ermöglichen.

Plötzlich stand nun in unserem Kino der Weihnachtsbaum. Seine Anwesenheit löste unglaubliche Freude aus. Der Tannenbaumschmuck war teilweise selbstgemacht oder kam von Mitarbeitern, die ihre irgendwo in schon vergessenen Kisten und Kartons aufgefundenen Restbestände herbeibrachten. Wir hatten sogar elektrische Kerzen leihweise erhalten, weil eine Brandgefahr für das Lichtspieltheater ausgeschlossen werden mußte.

Eine große Überraschung für uns war auch, daß wir tagtäglich kleine Geschenke unter dem Baum vorfanden, die von Kinobesuchern dort hingelegt wurden – zur Freude der Beschäftigten des Kinos.

»Das Leben verstehen kann man nur rückwärts, aber leben muß man es vorwärts«, hat Søren Kierkegaard gesagt. Deshalb erzähle ich die Geschichte vom Weihnachtsbaum im Kino. Die Menschen – man konnte es spüren – wollten endlich wieder fröhlich sein, die schwere, bedrückende Zeit hinter sich lassen, Schönes miteinander erleben. Der leuchtende, geschmückte Tannenbaum machte den Vorraum des Kinos zu einem kleinen, bescheidenen Festsaal. Ab und zu ein dankbares Verweilen der Blicke auf dem Baum, wobei ein Sinnbild von Schopenhauer die Situation traf: »Am Baum des Schweigens hängt seine Frucht, der Friede.«

Das erlebten wir jetzt, in vollem Bewußtsein dankbar für den Frieden. Fröhlichkeit und besinnliche Momente wechselten an diesem ersten Weihnachtsfest nach dem Krieg. Jetzt im Frieden gaben uns diese warmen Empfindungen Zuversicht für die Zukunft. Die Menschen öffneten wieder weit ihre Herzen, weil sie das Bedürfnis hatten, anderen Menschen Gutes zu wünschen. Man konnte sich wieder offen in die Augen sehen. Hoffnung breitete sich aus, nahm Formen an für ein neues, wieder besseres Leben. Wenn auch die weiten Trümmerlandschaften an den grausamen Krieg erinnerten, so hat die festliche Weihnachtsstimmung auch Optimismus für den Wiederaufbau geschaffen.

Es war schon merkwürdig, in einem Kino, wo die Filme das Leben der Menschen und das Weltentreiben widerspiegeln, Weihnachten zu feiern; wo sich in den Filmen Wirklichkeit und Darstellung sogar vermischen. Aber es war eine große Erleichterung zu wissen, daß die Wirklichkeit jetzt Frieden hieß. Das zeigten untrüglich die Kerzenlichter am Weihnachtsbaum und die unbeschwerte Freude der Menschen um ihn herum.

Dieses Weihnachtsfest 1945 war eines meiner schönsten Erlebnisse. Ich werde es nie vergessen.

MICHAEL VERMEHREN

Wir Nichtnazis und die Engländer

Pelzerhaken war nicht unser Zuhause. Glücklicher wären wir wohl gewesen, diese erste Weihnacht nach Kriegsende in unseren gewohnten vier Wänden, inmitten unseres eigenen Hausrats zu verbringen. Doch die Budapester Straße in Berlin, in der wir gewohnt hatten, war zerstört, und unsere Möbel, unsere Bücher und vor allem unsere Bilder standen auf irgendwelchen Speichern, von denen sie einmal zu uns zurückfinden würden, wie wir hofften. Vergeblich, wie sich später herausstellte.

Aber derlei rechnerische Gedanken über das Ausmaß unserer persönlichen materiellen Kriegsverluste kamen uns kaum. Wir waren noch allzu erfüllt von der freudigen Überraschung, daß wir alle am Leben waren, meine Frau, meine Eltern, meine Geschwister und ich. Auch war uns Pelzerhaken, wohin es uns verschlagen hatte, gar nicht so unlieb. Denn dieses Nest lag an der Lübecker Bucht, die uns, die wir aus Lübeck stammten, innig vertraut war. Für Jahre hatten wir als Kinder in Travemünde gewohnt, und den Kranz der Fischerdörfer bis nach Neustadt hinauf kannten wir gut.

Übrigens hatten wir keine Wahl, denn die Entscheidung für Lübeck und seine Umgebung trafen nicht wir, sondern die Gestapo. Wir waren seit Beginn 44 ihre Häftlinge gewesen, meine Eltern und ich im KZ Sachsenhausen-Oranienburg bei Berlin, meine Schwester Isa anfänglich im KZ

Ravensbrück und dann zum Schluß in einer Reihe ähnlicher und gleich gefährlicher Quartiere.

Weshalb? Wir waren genau besehen wohl ein Fall von Sippenhaft. Zwar fiel das Wort von amtlicher Seite nicht, ja, mir wurde in meiner KZ-Zelle sogar eine Verurteilung wegen Beihilfe zum Hochverrat zugestellt, doch der Anlaß für unsere Verhaftung war eindeutig. Mein jüngerer Bruder war aus einer eher untergeordneten Stellung beim deutschen Militärattaché in Istanbul zu den Engländern übergegangen. Zusammen mit seiner Frau, die aktiven Widerstandsgruppen nahestand und deshalb Anlaß gegeben hatte, als Staatsfeindin verdächtigt zu werden. Wir Vermehrens hingegen waren zwar stets überzeugte Nichtnazis gewesen, mehr aber auch nicht. Wir bemühten uns, die Jahre des Dritten Reichs – die wir von Anfang an für gezählt hielten – mit Anstand zu überstehen, ohne Unrecht zu begehen oder unseren jüdischen Freunden untreu zu werden.

Der kluge Klaus Harpprecht, der nicht zur Nachsicht neigt, wohl aber abzuschätzen weiß, welche Belastung einem Normalbürger zugemutet werden kann, hat einmal dafür plädiert, die Angst als Beweggrund zu respektieren. Ich als Hansestädter kann nur lebhaft zustimmen. Das Heldentum gehörte nicht gerade zu den Tugenden, die man in unseren Kinderstuben predigte.

Nach vierzehn Monten wurden wir – meine Eltern und ich – drei Wochen vor Kriegsende aus dem KZ entlassen. Sehr plötzlich und ohne die üblichen Formalitäten. Ein Anrufer aus dem Gestapo-Hauptquartier, der sich mit dem Codewort legitimierte, hatte die Anordnung gegeben. Wir tippten auf einen Beamten, der meine Frau bei dem einzigen Besuch, der ihr genehmigt worden war, zu uns hinausbegleitet hatte und wohl von ihren Tränen gerührt war. Er war kein SS-Angehöriger, wie er ihr unterwegs erzählt hatte, sondern von der Ordnungspolizei abkommandiert worden.

Wie dem auch sei, der Befehl kam gerade noch rechtzeitig. Seit Wochen schon hatten wir das Grollen der Artillerieduelle an der Oderfront gehört. Am Tage nach unserer Freilassung überquerten die Russen den Fluß. Sie drangen so schnell nach Berlin vor, daß der Kommandant von Sachsenhausen 24 Stunden später seine 20 000 Häftlinge in Marsch setzte, um ihre Befreiung zu verhindern. Ein Fußmarsch von vielen Tagen, den meine Mutter gewiß nicht überstanden hätte. Wohin sollte er führen? In dieselbe Richtung, in die der Kommandant auch uns geschickt hatte: nach Norden, wo es zwischen den Fronten, die von Westen und Osten heranrückten, in Schleswig-Holstein noch einen Zipfel des Dritten Reichs gab.

Das Haus in Pelzerhaken, in dem meine Frau einen winzigen Christbaum schmückte, lag nahe am Strand. Es bestand nur aus zwei kleinen Räumen. Aber nichtsdestoweniger war dieses Häuschen damals ein unerhörter Glücksfall, den ich dem Wirrwarr zwischen Siegern und Besiegten in den Tagen vor und nach der Kapitulation verdankte.

Ich hatte fürs erste auf dem Sofa von Freunden, die an der Lübecker Bucht zu Hause waren, eine Unterkunft gefunden. Sie besaßen ein Fahrrad, das sie mir borgten, und so fuhr ich ständig umher. In unmittelbarer Nähe endete ein Kapitel der Zeitgeschichte, und ich wollte zuschauen, soweit es irgend ging.

Auf allen Straßen, die von Süden heraufführten, marschierten schon seit einer Woche deutsche Truppen nach Norden. Ein erstaunlicher, verwirrender Anblick, dieser Strom von intakten Einheiten aller Wehrmachtsteile, die in guter Ordnung vorbeizogen, um unweigerlich in einem Gefangenenlager zu enden.

Dann entstand eine Pause von einem knappen Tag, die Straßen blieben leer, bis die Sieger auftauchten. Es waren englische Truppen. Alle Welt atmete auf. Zwar wußte man mehr oder weniger, daß es vier Besatzungszonen geben sollte und wo ihre Grenzen sein würden. Doch in so unmittelbarer Nähe der Demarkationslinie wie hier – sie verlief am gegenüberliegenden Ufer der Bucht – lebte jedermann mit der Angst vor den Russen. Was die vielen Flüchtlinge aus dem Osten berichteten, war entsetzlich genug.

Mit meinem Fahrrad erreichte ich die Küste zwischen Pelzerhaken und dem Nachbardorf Haffkrug just in dem Augenblick, als dort eine erste Kolonne englischer Panzer haltmachte. War es wegen der zwei großen Passagierdampfer, die seit dem Vortage in der Bucht lagen? Einst hatten sie dem Transatlantikverkehr gedient, während der Kriegsjahre dann als schwimmende Lazarette und jetzt waren sie, wie die Fischer erfahren hatten, randvoll mit Tausenden von politischen Häftlingen besetzt, die man aus ostpreußischen KZs abtransportiert hatte. Eine ähnliche Wahnsinnstat wie der Abmarsch der 20 000 aus Sachsenhausen, nur diese mit tödlichem Ausgang.

Über uns erschien eine Staffel englischer Bomber. Sie flogen hinaus in die Bucht, zogen eine niedrige Schleife über den beiden Schiffen und drehten dann ab. Bereiteten sie einen Angriff vor? Ich rannte zu einer Gruppe englischer Offiziere, die neben den Tanks standen und sagte ihnen, daß die beiden Schiffe schwimmende KZs seien. Sie hatten davon keine Ahnung und versuchten, über die Funkanlage eines Tanks den zuständigen Befehlshaber zu informieren. Vergeblich, oder jedenfalls zu spät. Die Flugzeuge erschienen von neuem, warfen ihre Bomben ab, beide Schiffen wurden wiederholt getroffen, begannen zu brennen und legten sich auf die Seite. Nur wenige Gefangene konnten sich retten. Die Leichen der übrigen wurden noch für Wochen und Monate an den Strand geschwemmt.

Einer der Offiziere, älter als die übrigen, fragte mich, ob ich politisch unbelastet sei. Ich zeigte ihm meinen Entlassungsschein aus dem KZ. »Gut, das sollte genügen. Ich stelle Sie an als Dolmetscher und Verbindungsmann zu den deutschen Behörden. Ich bin der neue Militärgouverneur für diese Gegend und habe niemanden, der deutsch spricht.« Ich war einverstanden, und so entschied es sich, wo ich für die nächsten zwölf Monate leben und arbeiten würde. Und als meine Frau im Spätsommer endlich aus ihrem heimatlichen Österreich ausreisen konnte, durften wir beide mit Erlaubnis der englischen Militärregierung das Häuschen in Pelzerhaken beziehen. Die Besitzerin hatte es fluchtartig verlassen, aus Angst, die Russen könnten eines Nachts die Demarkationslinie überschreiten.

Den Weihnachtstag 1945 habe ich als kalt, feucht und trübe in Erinnerung. Ganz im Gegensatz zum Kapitulationsmonat Mai, der so warm und strahlend war, daß selbst Flüchtlinge bei der Rast am Straßenrand ein wenig aufatmeten. Jetzt tat die Natur nichts, um die bitteren Tatsachen unserer Lage zu beschönigen. Zwar waren die Dörfer und Städtchen hier oben von Bombenangriffen verschont geblieben, es gab keine Zerstörungen, dafür aber die verwesenden Leichen am Strand, die Wracks, die aus dem Wasser ragten, die Flüchtlinge aus dem Osten in solchen Scharen, daß sie nur noch durch polizeiliche Einquartierungen notdürftig untergebracht werden konnten, und Zehntausende von ehemaligen Zwangsarbeitern, die bis zu ihrer Repatriierung versorgt sein wollten. Kein Mensch hatte sein Zuhause allein für sich und die Seinen, sondern mußte es mit wildfremden Menschen teilen. Hinzu kamen die Kälte, ohne Kohlen zum Heizen, und der Hunger. An beides war man seit dem Krieg gewöhnt, hatte aber nicht erwartet, im ersten Friedensjahr noch dünner zu werden, noch mehr zu frieren.

Meine Eltern und meine Schwester waren für den Abend aus Hamburg herübergekommen, wo sie untergekommen waren und mein Vater seine Tätigkeit als Anwalt wiederaufnahm. Wir waren herzlich und weihnachtlich miteinander, hielten uns auch an den Brauch, den wir von Kindheit an gewohnt waren, lasen das Evangelium und sangen die alten Lieder. Hatten auch, dank ererbter Beziehungen, Marzipan aufgetrieben und »braune Kuchen«, eine Lübecker Spezialität. So gut wie einst bei meiner Großmutter – bevor sie ausgebombt wurde – waren sie natürlich nicht. Immer noch staunten wir, daß wir allesamt mit dem Leben davongekommen waren und schauten einander mit behaglicher Zufriedenheit an.

Meine Schwester Isa hatte fast ein halbes Jahr länger auf ihre Befreiung warten müssen. Das KZ Ravensbrück war gefährlicher gewesen als das unsrige, weil die Wachen, von denen man ja weitgehend abhing, undiszipliniert waren und zudem korrupt. Anfang Februar wurde sie plötzlich aus ihrer Zelle geholt und nach Berlin verfrachtet. Damit begann eine Reise, von der sie erst im Sommer zurückkehrte und die aufregender und auch aufschlußreicher war, als alles, was meine Eltern und ich erlebt hatten. Meinem Vater zuliebe hatte sie ihre Erlebnisse aufgeschrieben und das Manuskript jetzt als Weihnachtsgeschenk mitgebracht.

Das erste Ziel ihrer Reise war das Gestapo-Hauptquartier in Berlin. Doch als man sich näherte, stand alles in Flammen. Amerikanische Bombenflugzeuge beendeten eben einen ihrer Angriffe. Die SS-Begleiter berieten sich und wichen aus nach Potsdam, wo sie meine Schwester im Polizeigefängnis abgaben. In ein richtiges Gefängnis! Mit einem geordneten Strafvollzug und Wärtern in Zivil! Ein Wunschtraum jedes KZlers. Meine Schwester wurde nicht enttäuscht, ganz im Gegenteil. Auf Einladung des Polizeichefs verbrachte sie ihre Tage im Offizierskasino, wo sie in Gesellschaft anderer Häftlinge ähnlicher Art wie sie selbst die englischen Nachrichten anhören durfte. Untrügliche, hoffnungsvolle Zeichen der Auflösung!

Dieses Kasinoidyll ging nach wenigen Wochen plötzlich zu Ende, und meine Schwester wurde ins KZ Buchenwald transportiert, wo sie mit einer Auslese in- und ausländischer Häftlinge zusammengesteckt wurde. Die Mehrzahl wurde zu diesem Zeitpunkt von der SS-Führung wohl als Tauschobjekte gewertet, für die man im gegebenen Augenblick die eigene Straflosigkeit einhandeln könnte. Da gab es ausländische Minister, allen voran den französischen Expremier Léon Blum und seine Frau, den österreichischen Kanzler Schuschnigg samt Frau und Kind, Mitglieder prominenter Familien wie einen Neffen von Molotow, einen Churchill, einen Bourbon, einen Horty, italienische Prinzen und Generäle. Unter den Deutschen Hjalmar Schacht, Niemöller, regimefeindliche Generäle und natürlich Angehörige der Anführer der Erhebung vom 20. Juli, wie Stauffenbergs, Goerdelers. Insgesamt über 150 Menschen. Sie wurden in fünf Autobusse verladen. Bewacht von dreißig SS-Männern unter dem Befehl eines Sturmbannführers ging die Fahrt erst nach Dachau und dann weiter südwärts. Jenseits des Brenners verlor der Sturmbannführer den Kontakt zu seiner Befehlsstelle. Er wußte nicht mehr wohin, noch wann er den mitgeführten Hinrichtungsbefehl für acht seiner Häftlinge ausführen sollte, mit dem er – ohne Namensnennung – gedroht hatte. Im Südtiroler Dörfchen Niederndorf ereilte ihn sein Schicksal. Hier stand noch deutsches Militär. Einem der Generäle unter den Häftlingen gelang es, den Kontakt aufzunehmen, eine Kompanie rückte an, und der Sturmbannführer und seine Leute verdrückten sich. Ein paar Tage später erschien eine vorausgeschickte Abteilung der fünften US-Armee, übernahm die Verantwortung für die Häftlinge und transportierte sie allesamt nach Capri zu ausführlichen Verhören, die bis in den Juli hinein dauerten. Dann erst kehrte meine Schwester zu uns zurück.

Von ihrem Weihnachtsgeschenk, dem ausführlichen Bericht, erfuhr etwas später der Verleger Christian Wegner. Er bat um das Manuskript und veröffentlichte es unter dem Titel »Eine Reise durch den letzten Akt« – ein Buch, das mich noch heute ergreift. Und brüderliche Zuneigung vergoldet meine Meinung gewiß nicht.

Meine Schwester war begreiflicherweise mit ihren Gedanken noch bei ihren erstaunlichen Erlebnissen. Wir anderen standen unter dem Eindruck der Gegenwart. Was uns bewegte, auch an diesem Weihnachtsabend, waren die Gegensätze zwischen der englischen Besatzungsmacht und uns Deutschen. Die Engländer begannen bereits, uns ein wenig auf die Nerven zu gehen, obwohl sie doch, was mich und meine Familie betraf, unsere Befreier gewesen waren. Zudem hatten wir unter ihnen persönliche Freunde. Einige stammten aus den Vorkriegszeiten, andere hatten wir seit dem Kriegsende dazugewonnen. Sie kamen uns manchmal ein wenig herablassend, ein wenig gönnerhaft vor, glaubten gar, uns demokratischen Volksschulunterricht erteilen zu müssen, was uns gerade gegenüber Hansestädtern recht unangebracht schien.

Im Grunde waren ihnen nur zwei Typen von Deutschen wirklich begreiflich: die Nazis aller Schattierungen, die man verabscheute, und die winzige Gruppe von erklärten und aktiven Antinazis, die man ein wenig bewundern mußte. Deutsche hingegen wie meine Eltern und ich, die vor allem überleben, gleichzeitig aber auch brav bleiben wollten, kamen ihnen manchmal bei aller Sympathie wohl ein wenig zwielichtig vor.

Hin und wieder ergaben sich aber auch bedrückende Demonstrationen dessen, was die Engländer bei uns vermißten und glaubten, uns beibringen zu müssen. Nur waren selten Zuschauer geladen.

So erzählte uns mein Vater vom Strafprozeß gegen den populären deutschen Boxer Max Schmeling, der eben in Hamburg stattgefunden hatte. Vor einem frisch importierten englischen Richter, mit Allongeperücke und roter Robe. Alle deutschen Richter waren noch amtsenthoben. Die Anklage gegen den ehemaligen Weltmeister lautete auf falsche Behauptungen über die politischen Pläne der Besatzungsmacht, damals ein schweres Delikt. Er sollte gesagt haben, daß die Absicht bestünde, ihm die Umerziehung der verirrten deutschen Jugend anzuvertrauen. Zeuge der Anklage war ein englischer Hauptmann – genau besehen eine sehr hübsche junge Frau, von Beruf Redakteurin und als Korrespondentin im Militärbereich von der Armee in eine Offiziersuniform gesteckt. Jawohl, sagte sie, das habe Schmeling ihr erklärt. Zwei weitere, aber männliche Offiziere bestätigten ihre Aussage. So sei es gewesen. »Sie schienen beide« in ihre Kameradin verliebt zu sein«, sagte mein Vater und fand es sehr begreiflich. »Sie war ganz reizend.«

Schmeling seinerseits erklärte über einen Dolmetscher, daß er lediglich von einem ersten, tastenden Gespräch erzählt habe. Dann trat sein Verteidiger auf, ein Kollege meines Vaters, der wie manche Hamburger Anwälte auch in England Jura studiert hatte und vor englischen Gerichten zugelassen war. Er bat eingangs den Richter zu verzeihen, daß er nicht die Perücke trug, die ihm als Teil seiner Amtstracht zustände. Sie sei leider bei einem Luftangriff verbrannt. Dann wandte er sich mit scharfer Stimme an die verliebten Hauptleute. Er verzichte darauf, sie unter Eid aussagen zu lassen, um zwei so jungen Männern nicht durch einen Meineid ihre Karriere zu verderben. Denn er glaube kein Wort von ihren Aussagen. Anschließend vertagte der Richter die Sitzung bis zum Nachmittag.

Gleich nach der Wiedereröffnung rief er Schmeling auf und fragte ihn, wie sicher er sich im Englischen fühle. »Es kommt aufs Thema an«, sagte der Exweltmeister. »Wenn es ums Boxen geht, verstehe ich alles und kann alles sagen.« »Und sonst?« fragte der Richter. »Sonst hapert es.«

Darauf verkündete der Richter das Urteil. Er sprach Schmeling frei und setzte hinzu, er sei der einzige gewesen, der sich an die Wahrheit gehalten habe. Die Offiziere dagegen ermahnte er mit Strenge, sich in Zukunft verantwortlicher zu benehmen.

»Ein erhebendes Erlebnis«, sagte mein Vater. »Daß ein deutscher Anwalt die englischen Offiziere öffentlich anfauchen darf, daß ein englischer Richter nicht dran denkt, der englischen Besatzungsmacht diese verdiente Blamage zu ersparen, das war vorbildlich.«

Meine eigenen Erfahrungen an meinem damaligen Arbeitsplatz, der englischen Kommandantur in Neustadt, waren ähnlich. Auch am 24. Dezember hatte der Tag damit begonnen, daß sich der Chef der Ortspolizei zum Rapport meldete. Er war ein Veteran, trug seine Tschako seit dreißig Jahren, hatte seinen Diensteid treuester Pflichterfüllung schon dreimal geschworen: auf Kaiser Wilhelm, auf die Weimarer Republik, auf Hitler. Jetzt diente er mit der gleichen blinden Treue der Besatzungsmacht. »Melde gehorsamst: heute nacht 32!« Mein Chef, ein Hauptmann namens Rockley, verantwortlich für Sicherheitsfragen, sah angewidert auf. »Reinbringen«, sagte er kurz, und ich übersetzte hin und her. Der Raum füllte sich mit 32 Flüchtlingen aus der russischen Zone. Männer, Frauen, Kinder. Allesamt in einem erbärmlichen

Zustand, Verzweiflung in den Gesichtern, daß die geglückte Flucht gleich hinter der Demarkationslinie gescheitert war. »Die deutsche Polizei«, sagte jetzt der Hauptmann »ist von der alliierten Kontrollkommission angewiesen, Grenzübergänger ohne entsprechende Passierscheine zu verhaften.« Ich übersetzte. »Meinerseits«, fuhr er fort, »habe ich jetzt die Pflicht, Sie in die Zone zurückzuschicken, aus der Sie geflohen sind.« Ich übersetzte und löste Proteste und Tränen aus. »Doch will ich hinzufügen«, sagte der Hauptmann und lächelte zum ersten Mal ein wenig, »daß ich nicht die Absicht habe, diese Pflicht zu erfüllen. Sie sind frei!« Als ich seine Worte auf deutsch wiederholte, gab es bewegende Ausbrüche von Erleichterung und Dankbarkeit. Ich war diese Szene ja gewohnt, jedesmal, wenn der Ortspolizeichef einen Fang Flüchtlinge zu melden hatte, spielte sich dasselbe ab, und mir kamen keine Tränen der Rührung mehr wie beim ersten Mal. Rockley war ein braver Mann, privat ein Polizist aus Birmingham, ein typischer »Bobby«, und als solcher wisse er, wie er mir einmal sagte, »when to do the decent thing«.

Aber meine Pflichten bescherten mir auch deprimierende Erfahrungen. Es gab aufgeblasene Offiziere, die unsereins mit jedem Wort verletzten, es gab Stäbe, die ganze Schlösser requiriert hatten und darin hausten wie die Vandalen. Doch erinnerte ich mich an die deutschen Besatzungstruppen in Frankreich und Italien, die sich auch nicht besser benommen hatten.

Die trübsten Erlebnisse hatte ich jedoch mit Landsleuten. Neustadt grenzte an den Landkreis Oldenburg, den die Engländer zu einem riesigen Gefangenenlager erklärt hatten. Und zwar unter deutscher Bewachung. Ein deutscher General regierte hier, gestützt auf bewaffnete deutsche Militärpolizei. Kein Engländer betrat den Kreis. Unter den Gefangenen – eine runde Million zu Anfang – gab es einen alten Freund, Peter von Zahn. Wir machten es möglich, ihn im Wagen meiner Mutter, die ehrenamtlich für das Rote Kreuz tätig geworden war und den Kreis besuchen durfte, als ihren Fahrer hinauszuschmuggeln. Das war ein erheiterndes Erfolgserlebnis.

Sonst aber weckten meine dienstlichen Fahrten in den »Kral«, wie man den Kreis jetzt nannte, bedrückende Erinnerungen an Deutschlands jüngste Vergangenheit. Die Unterhaltungen auf den stattlichen Bauernhöfen oder in den Wirtshäusern waren häufig sehr ähnlich wie die in den Jahren des Dritten Reichs. In diesem Winkel von Schleswig-Holstein, abgeschlossen von der Außenwelt, hatte sich sein Ungeist noch erhalten. An KZs glaubte man kaum, an Vernichtungslager noch viel weniger; man traute den Juden zu, das alles erfunden zu haben, und hatte sogar, ganz im Geiste von damals, an Stelle der Juden, die ja verschwunden waren, eine neue Minderheit dazu verdammt, gehaßt und verachtet zu werden, nämlich die Deutschen aus dem Osten. Natürlich waren sie lästig: Sie wurden in den Dörfern und auf den Höfen einquartiert, verlangten Land und Arbeit, da sie ja meistens selber Bauern waren, sprachen ein Deutsch, das man kaum verstand, waren zudem überwiegend katholisch, eine hier oben fast unbekannte Variante des Christentums, die man befremdlich und verdächtig fand. Die mitleidlosen und feindseligen Kommentare der satten Oldenburger Bauern erweckten den schrecklichen Verdacht, daß nicht viel fehlte, um die ostdeutschen Landsleute als rassisch fremd und minderwertig abzustempeln.

Meine Erzählungen über die Arbeit bei den Engländern schienen eine magnetische Wirkung zu haben. Am Weihnachtsabend klingelte es, und in der Tür stand Bob Carmichael, der Dolmetscher unserer Abteilung. Er habe große Sehnsucht nach einem deutschen Weihnachtsfest, ob er sich ein wenig dazusetzen dürfe? Natürlich, denn was ihn trieb, war nur zu begreiflich. Er war ein deutscher Emigrant, Berliner, hatte Caspari geheißen, seinen Namen aber anglifizieren müssen, als er Soldat wurde. Er stieß zwei Wochen nach der Kapitulation zu uns, ein großer mediterraner Typ, wohl ein Sefarde, dessen Vorfahren im 16. Jahrhundert Spanien verlassen hatten. Dem Range nach gerade noch nicht Offizier, aber jedenfalls höherrangig als die Sergeanten, die seit Monaten zur Abteilung gehörten. Der Dienstälteste unter ihnen stürzte zu Rockley: »Sir, hat dieser Judenjunge womöglich das Recht, mir Befehle zu erteilen?« Er erhielt eine scharfe Antwort: »Sergeant, Sie sind lange genug in der Armee, um die Rangabzeichen zu kennen. Also, was fragen Sie noch?«

Bei uns im Familienkreis erwies er sich als liebenswürdiger und gebildeter Unterhalter. Es stellte sich heraus, daß er meine Schwester in Berlin erlebt hatte, als sie zum Ensemble des berühmten Kabaretts »Katakombe« gehörte, und die Erinnerung daran ermunterte ihn zu dem Anerbieten, uns mit einer Marlene-Dietrich-Parodie zu amüsieren. Nein konnten wir schwer sagen und erwarteten einen verlegenen Dilettantismus, aber nein, ganz im Gegenteil, er war großartig, und wir lachten hemmungslos. Offensichtlich waren seine Jugendjahre in Berlin heiter und sorglos gewesen. Wenn Berlin einmal wieder frei sei, sagte er, werde er sofort dorthin zurückkehren. Dort seien »Leute wie er« akzeptiert gewesen, als Nachbarn, Freunde und Mitbürger. In England dagegen gebe es Schranken, über die man wohl erst nach einer Generation hinwegkomme.

Wenn ich zurückdenke an die Unterhaltungen, die wir an jenem langen Weihnachtsabend in der Familie führten, sehe ich einen bemerkenswerten Unterschied zu den Themen, die uns früher bewegt hatten, wenn wir zusammensaßen. Die Weihnachtstage waren immer die Gelegenheit gewesen, bei der unsere Familie mit großer und zärtlicher Fürsorge bedacht hatte, was jeder von uns tun solle, um glücklich zu sein und gleichzeitig – selbstverständlich – im hanseatischen Sinne »voranzukommen«.

Wir dachten viel weniger an die Zukunft, als es eigentlich notwendig und natürlich gewesen wäre. Standen wir doch auf der Schwelle eines neuen Zeitabschnitts, sowohl der eigenen deutschen wie auch der Weltgeschichte. Es würde neue Ängste und neue Sorgen geben, aber auch neue Möglichkeiten, gerade für Leute mit einem »nazifreien« Vorleben – so wie wir.

Aber wir lebten von der Hand in den Mund. Wir hatten ein Dach über dem Kopf, zu essen hatten wir ebenfalls, wenn auch wenig, materielle Sorgen darüber hinaus so gut wie keine, denn zu kaufen gab es wenig, und die Reichsmark entwertete sich von Woche zu Woche. Geld zum Ausgeben hatten nur die Händler auf dem Schwarzmarkt, jedoch keiner von unseren Freunden und Verwandten. So lebte man arm und höchst genügsam inmitten von anderen genügsamen Armen, fühlte sich dabei fast gemütlich und dachte nicht an die kommenden Realitäten, die sich für den aufmerksamen und nachdenklichen Beobachter gewiß schon ankündigten, drohend und hoffnungsvoll zugleich.

An diese Form der Apathie hatte man sich schon im Kriege gewöhnt. Handelnd eingreifen in das eigene Schicksal konnte man kaum, vorausdenken höchstens für ein paar Tage, und wenn der Zufall es wollte, daß sie angstfrei verliefen, war man übermäßig glücklich. Hinzu kam jetzt Tag für Tag die faszinierende Ablenkung durch das Schauspiel rund um uns herum. Meine Arbeit war ja alles andere als langweilig, die Tätigkeit meiner Mutter ebensowenig, und meinem Vater erzählten seine Klienten, soweit sie überlebt hatten, darunter Anastasia, die angebliche Zarentochter, ihre eigenen teils bunten, teils schauerlichen Leidensgeschichten.

Als Familie faßten wir nur einen gemeinsamen Entschluß für die Zukunft. Wir hatten uns oft gefragt, wie wir uns verhalten sollten, wenn uns einer der KZ-Bewacher oder einer der Quälgeister von der Gestapo über den Weg lief. Wir gingen sie alle durch, diese Kerle, vor denen wir über ein Jahr lang gezittert hatten, und fanden bei jedem von ihnen den einen oder anderen Zug, der es uns unmöglich machte, ihnen durch eine Anzeige mit all ihren Folgen den Weg zur Besinnung und zur Reue zu verstellen. Nur auf eine Ausnahme einigten wir uns: den Kommissar Franz Sonderegger, den würden wir ohne zu zögern dem nächsten Polizisten übergeben. »Die Ratte«, so nannten ihn die Insassen der KZs, in denen er sein Unwesen trieb. Es hieß von ihm, daß er mit besonderer Grausamkeit folterte, und ich glaube es durchaus. Denn schon allein, wenn er nur Angst und Schrecken verbreitete, Menschen quälte, ohne noch zuzuschlagen oder Fingernägel rauszuziehen, bereitete ihm das ein solches Vergnügen, daß er nicht an sich halten konnte und dabei heiter pfiff. Einen Wiener Walzer, als er mich in meine Zelle wies und die Tür hinter mir zuknallte. Und er pfiff auch, wiederum die schwerelose Melodie eines Wiener Walzers, als er ein paar Minuten später meine Eltern in ihre Zelle schräg gegenüber einwies. Ich hörte es durch die Tür. Mein Vater protestierte wütend. Sonderegger pfiff. Dann brach er ab: »Reden Sie keinen Unsinn. Bitten Sie mich lieber um meine Pistole, um selber Schluß zu machen. Das hätte Sinn!« Sprach's und pfiff weiter. Daß sein Lieblingskomponist Jude war, schien er nicht zu wissen.

Die unentschlossene Planlosigkeit, die mir bei unserem Familiengespräch rückblickend auffällt – ausgenommen meine Schwester, die alles darauf anlegte, möglichst bald Nonne zu werden –, läßt sich auch damit erklären, daß wir kein Vertrauen in die Zukunft hatten. Die Erinnerung ans KZ war wie

241

ein Geschwür, das wir in uns trugen, und wenn wir um uns herum Physiognomien erblickten, die Sonderegger ähnelten, dann drohte es, aufzubrechen. Ebenso bedrohlich erschien uns die Lage Deutschlands. Die unberechenbaren, furchterregenden Russen standen mitten in Deutschland, mitten in Österreich, und nichts deutete darauf hin, daß sie je wieder abziehen würden. Ganz im Gegenteil: daß sie nach Westen vorrücken würden, erschien viel wahrscheinlicher.

So begann ich unter dem Druck dieser Ängste einen Vorschlag zu erwägen, den ich anfänglich nicht ernst genommen hatte. Ich zog einen Brief aus der Tasche, den ich schon seit einer Weile mit mir herumtrug, und las ihn meiner Familie vor. Er stammte von meinem Schwager, dem Mann einer Schwester meiner Frau, und enthielt seinen Vorschlag an mich, mitsamt Frau und Kind nach Kolumbien zu kommen. Dorthin hatte es ihn selbst verschlagen – als halbjüdischen Sohn eines liberalen Politikers der Weimarer Republik –, und er war als Anwalt und Universitätsprofessor erfolgreich. Deutschland habe keine Zukunft, wohl aber die Länder der westlichen Hemisphäre. So schrieb er. Und er galt in der Familie als erzgescheit.

Kolumbien war damals noch eine Friedensinsel. Bürgerkriege und Rauschgift gab es noch nicht. Aber dennoch... Kolumbien? So würde man heute kopfschüttelnd fragen. Damals nicht. Meine Eltern waren einverstanden, trotz der schmerzlichen Trennung, alle Freunde, die ich konsultiert hatte, waren nicht skeptisch gewesen, sondern neidisch, und so reifte an diesem Weihnachtsabend unser Entschluß, die Reise anzutreten, sobald es möglich wäre. Eine Fahrt ins Blaue, eine Flucht fast, die glücklicherweise nach einem Jahrzehnt einen Sinn bekam, als Peter von Zahn mich zum Reporter seiner »Windrose« für Lateinamerika machte.

Mit der Hoffnung war es nicht weit her

An die Weihnachtstage und insbesondere an den Heiligen Abend des Jahres 1945 habe ich keine konkrete Erinnerung mehr. Gewiß waren meine Eltern, mein Bruder Bernd und ich an diesem Abend beisammen. Und wir werden auch unter den kümmerlichen Bedingungen jener Zeit in einem der zweieinhalb Zimmer des beschädigten Hauses, in dem wir damals am Stadtrand von Gießen mehr schlecht als recht untergekommen waren, beim Licht einiger Kerzenstummel und einem Tannenzweig, vielleicht sogar vor einem kleinen Bäumchen beieinander gesessen und die Weihnachtsgeschichte gelesen haben – so wie es zu Hause der Brauch war. Aber auf Einzelheiten, darauf beispielsweise, ob kleine Geschenke auf dem Tisch lagen, ob der Kanonenofen wenigstens an diesem Abend etwas Wärme spendete oder was meine gute Mutter zum Essen aufgetrieben und zubereitet hat, kann ich mich trotz lebhaften Bemühens beim besten Willen nicht mehr entsinnen. Wahrscheinlich waren wir ganz einfach froh, daß wir am Leben und wieder zusammen waren. Und die Weihnachtsbotschaft wird an diesem Abend eine ganz besondere Bedeutung für uns gehabt haben.

Hingegen bin ich mir der Gedanken und Empfindungen, die mich in dieser Zeit erfüllten, durchaus noch bewußt. Zunächst: Ich war Ende Juli 1945 als 19jähriger nach zwei Jahren Kriegsdienst ein wenig verhungert und deshalb spin-

deldürr, sonst aber wohlbehalten aus amerikanischer Kriegsgefangenschaft nach Hause zurückgekehrt. Meine Verwundung war ausgeheilt, die Gefangenschaft in einem amerikanischen Lager war erträglich gewesen und mein Kriegserleben
bei aller Härte an Grausamkeit und unmittelbarer Betroffen-
heit mit dem, was viele meiner Generation an anderen Fronten mitgemacht hatten, nur bedingt vergleichbar. Nach meiner Rückkehr arbeitete ich einige Wochen als Küchenhelfer
bei einer US-Kompanie und dann als Beifahrer bei einem
Fuhrunternehmer, der mit zwei Holzgas-Lastern seinen
Betrieb wieder in Gang zu setzen versuchte. Anschließend
nahm ich in meiner alten Schule – einem humanistischen
Gymnasium – an einem sogenannten Abiturkurs teil, weil die
Gültigkeit meines Abiturs, das ich im März 1943 abgelegt
hatte, eine Zeitlang zweifelhaft erschien. Als diese Zweifel
behoben waren, begann ich im Februar 1946 mein Jurastudium an der Universität Marburg.

Im Vordergrund des täglichen Lebens stand in diesen
Wochen und Monaten der Kampf um Nahrung und um
Heizmaterial. Ein – notdürftiges – Dach über dem Kopf hatten wir, obwohl meine Eltern einmal ausgebombt waren
und ihr erstes Notquartier in einem Gutshof innerhalb kür-
zester Frist verlassen mußten, weil sich dort eine US-Versor-
gungseinheit niederließ. Aber Lebensmittel und Holz oder
auch ein halber Zentner Kohle waren nur mit größter Mühe
und, von den spärlichen offiziellen Zuteilungen abgesehen,
fast nur auf dem Tauschwege und längeren Hamstertouren
aufzutreiben. Ich sehe mich noch auf der Treppe zum Brem-
serhäuschen eines Güterwagens mit einem Sack, in dem ich
einen Zentner erbettelter Äpfel verstaut hatte, während der
Fahrt mühsam die Balance halten. Jedenfalls habe ich nie in
meinem Leben so jämmerlich gefroren wie damals, und oft
genug sind wir nach dem Ende meiner Küchenhelferzeit

ziemlich hungrig zu Bett gegangen. Deutlich habe ich auch noch die zerstörten Häuser und Straßenzüge der Gießener Innenstadt vor Augen.

Dennoch war die stärkste Empfindung – jedenfalls in der ersten Zeit – die Erleichterung darüber, daß der Krieg und das massenhafte Töten und Sterben zu Ende war, daß keine Bomben mehr fielen, daß man zu Hause war und sicher sein konnte, auch am nächsten Tage noch zu leben. Insofern habe ich das Kriegsende als Befreiung von einer schweren Last empfunden. Aber es war die Befreiung von einer unerträglich gewordenen und schlechthin sinnlosen Lebenssituation. Nicht bereits die bewußte Erkenntnis der Befreiung von einem verbrecherischen Gewaltregime, das nicht nur dem eigenen Volk, sondern viel mehr noch und zuerst den anderen europäischen Völkern furchtbare Leiden zugefügt hatte – bis hin zum Völkermord.

Einer solchen Erkenntnis stand wohl entgegen, daß 1945/1946 die Menschen in existentieller Weise mit den eigenen Leiden konfrontiert waren. Mit der Vertreibung aus den Ostgebieten und dem Sudetenland etwa, mit den Begleiterscheinungen des Einmarsches der sowjetischen Truppen in Ostdeutschland, mit den Zerstörungen des Luftkriegs und mit dem Tod oder der Gefangenschaft von Millionen von Angehörigen. Das Leid der anderen, das ganze Ausmaß der von uns zu verantwortenden Verbrechen, die KZ-Greuel und selbst der Holocaust drangen demgegenüber nur allmählich ins allgemeine Bewußtsein. Deshalb war weithin nur vom Zusammenbruch, von der totalen Niederlage und der Vergeblichkeit aller Anstrengungen und Opfer in den zurückliegenden Jahren und nicht von der Befreiung im heutigen Sinne die Rede. Zudem gab es auch auf dem Hintergrund des Nürnberger Kriegsverbrecherprozesses, der im Herbst 1945 begonnen hatte, immer wieder Versuche der

245

Selbstrechtfertigung etwa der Art, daß Hitler zwar ein Unheil gewesen sei, daß England, Frankreich und andere europäische Staaten aber mit ihm bis 1939 Verträge geschlossen und ihm ein Zugeständnis nach dem anderen gemacht hätten. Auch der deutsch-sowjetische Vertrag vom August 1939 und die Beteiligung des Auslandes an den Olympischen Spielen 1936 in Berlin spielten dabei eine Rolle. Wie – so wurde gefragt – hätte man sich gegen ein Staatsoberhaupt wenden sollen, dem das Ausland so weit entgegengekommen sei?

Natürlich waren das nicht Äußerungen der politischen Repräsentanten – soweit es sie damals überhaupt schon gab. Und erst recht nicht Äußerungen derer, die vor 1945 verfolgt worden waren oder Widerstand geleistet hatten. Aber es waren Einstellungen, denen man vor allem unter den ehemaligen Soldaten – und nicht nur unter ihnen – häufig begegnete. Noch ganz am Anfang stand auch die Diskussion über die Bewertung dessen, was am 20. Juli 1944 – also knapp eineinhalb Jahre zuvor – geschehen war. Der bedrückende Zwiespalt, daß viele ihre Pflicht zu tun und ihr Land und ihre Angehörigen zu verteidigen glaubten und im Ergebnis doch nur die Lebensdauer eines verbrecherischen Regimes verlängerten, wurde nur sehr allmählich als solcher erkannt.

Ich selbst habe mich an solchen Diskussionen durchaus beteiligt. Und ich habe auch gespürt, daß die Argumente der Selbstrechtfertigung nicht weit trugen. Aber ich wäre nicht redlich, wenn ich bestreiten wollte, daß auch ich damals von den Kriterien und Einsichten, von denen aus ich diese Zusammenhänge später beurteilt habe, noch ein ziemliches Stück entfernt war. Wahrscheinlich war damals auch die Auswirkung der Indoktrination, der meine Generation über ein Jahrzehnt lang ausgesetzt war, noch zu stark. Von dem Mangel an demokratisch-rechtsstaatlichen Erfahrungen und der Vertrautheit mit den sich daraus ergebenden Beurteilungsmaßstäben ganz zu schweigen.

Über die Zukunft habe ich mir um die Jahreswende 1945/ 1946 nicht allzuviel Gedanken gemacht. Nicht weil ich schlechthin Angst gehabt hätte. Sondern weil ich zu sehr mit den Alltagssorgen beschäftigt war. Pessimistischen Prognosen, daß es sehr lange dauern werde, bis wir wieder Boden unter die Füße bekämen und noch viel länger, bis Deutschland seine Souveränität zurückerlangen und nach außen wieder in Erscheinung treten würde, habe ich nicht widersprochen. Noch keine Themen waren die deutsche Teilung und der Ost-West-Gegensatz oder gar der kalte Krieg. Die Ansätze dazu traten erst später hervor. Und auch die Züricher Rede Winston Churchills, in der er seine Vision eines Vereinten Europas unter Einschluß Deutschlands entwikkelte, stand noch ebenso in den Sternen wie der Marshallplan. Im Gegenteil – die noch nachwirkenden Ideen des sogenannten Morgenthau-Plans, demzufolge Deutschland wieder zu einem Agrarstaat werden sollte, und die in Gang kommenden Demontagen ließen eher befürchten, daß sich die Lebensverhältnisse zunächst noch verschlechtern würden.

Mit der Hoffnung war es also an Weihnachten 1945 nicht sehr weit her. Wenn uns damals einer vorausgesagt hätte, wo wir dann schon in den fünfziger Jahren standen oder gar heute stehen – er wäre auf der Stelle für verrückt erklärt worden. Ich meine deshalb: Gerade im Rückblick auf Weihnachten 1945 haben wir von heute her gesehen allen Anlaß, unserem Schicksal dankbar zu sein. Und allem entgegenzutreten, was unser Gemeinwesen von neuem gefährden könnte. Nicht von ungefähr nenne ich dabei den Nationalismus, den Ausbruch aus der Europäischen Einigung und die Schimäre von einem deutschen »Sonderweg« an erster Stelle.

Peter von Zahn

Die Bruderschaft der Einsamen

Wo sich in dieser stillen Nacht die Familien zusammenfinden, da bleiben viele Plätze leer. Die sie einnehmen sollten, sind vielleicht nicht mehr unter den Lebenden, oder sie weilen wer weiß in welchem verlassenen Winkel dieser Erde. Sie liegen in kahlen Lazaretträumen. Sie ziehen über die kalten Landstraßen oder nächtigen im Schmutz der Wartesäle. Andere starren in fernen Ländern hinter Stacheldraht die Wände ihrer Baracken an und können nur ihre Gedanken heimsenden – in Häuser, von denen sie nicht wissen, ob sie noch stehen, und zu Menschen, die wie auf einem fremden Gestirn zu wohnen scheinen. So undurchdringlich ist die Schweigezone, die um sie aufgerichtet ist.

Gemeinsam ist uns heute weniger die Freude am Fest als die Trauer um die, die nicht zugegen sind. Durch das ganze Volk, durch den ganzen Erdteil zieht sich eine unsichtbare Bruderschaft der Einsamen, Heimatlosen und Getrennten. Für diese Bruderschaft möchte ich sprechen. Vielleicht, daß manche, die sich suchen zu dieser Stunde, ohne es zu wissen, gemeinsam meine Worte hören. Vielleicht ist es doch möglich, ihren Gedanken die gleiche Richtung zu geben, wenn ich in Worte zu fassen versuche, was wir in dieser Weihnacht der Einsamen empfinden dürfen.

Das deutsche Volk muß diese erste Weihnacht des Friedens sehr einsam begehen. Einsam und im Armenhaus der

Welt. Das ist nach all dem Geschehenen nicht verwunderlich. Es kann sogar gut so sein. Denn der äußerliche Frieden, der zu uns im Gewande des Zwangs, der Not und der Bedrängnis gekommen ist, der sollte ja von uns umgeformt werden in einen wahrhaften Frieden, in einen Frieden mit uns selbst. Dazu kann uns gewiß die Einsamkeit helfen, in die unser Volk geraten ist.

Wir werden Zeit haben, uns nachdenklich zu betrachten, und wir werden dann vielleicht zu unserem Erstaunen feststellen, daß wir nicht am Ende unserer Möglichkeiten sind. Wir werden bisher übersehene Eigenschaften, wenigstens im Keim, in uns entdecken, die zu entwickeln dienlicher ist als die Entwicklung neuer Waffen und neuer Rassentheorien. Zum Beispiel den Gerechtigkeitssinn, den man uns eine Zeitlang in der Vergangenheit nachsagte. Oder die Frömmigkeit, mit der wir es in glücklicheren Jahrhunderten hielten, ehe wir uns weismachen ließen, daß sie ein Ballast sei auf dem Wege zu Größe und Ruhm. Oder die liebende Versenkung in das Wesen anderer Völker – ein Vorzug, den man zur Zeit unserer Urgroßeltern noch als solchen empfand. Wenden wir also den Blick nach innen, als sei es ein fremdes und neues Land, das es zu erforschen gilt, und dann zu bepflanzen mit gutem Gewächs. Mancher ahnt es schon: das Beste wird uns in der Stille gegeben. Die großen Formkräfte dieser Welt kündigen sich ja nie mit Fanfaren an und kommen selten in lärmender Gesellschaft nieder. Sie suchen sich einsame Gegenden und stille Nächte für ihre Entstehung aus.

Einen abgelegenen, armseligen Stall zum Beispiel, am Rande der besiedelten Welt und inmitten eines kleinen Völkchens, das nicht eben zu den Geehrten und Mächtigen des Erdenrunds gehörte. Dort zwischen Ochs und Esel und bei einsamen guten Hirten war es damals geschehen.

Wenn wir heute dieser Nacht vor zwei Jahrtausenden gedenken und der Geburt der folgenreichsten Idee, die je Menschen bewegt hat, so werden wir zugleich gewahr, welche Wandlungen das Christentum im Verlauf der Zeiten durchgemacht hat. Wenn nicht alles täuscht, so stehen Christentum und Kirche wiederum in einer gewaltigen Umbildung. Niemand von uns kann sie teilnahmslos mitansehen, denn niemand ist unberührt geblieben vom Geist dieser Lehre. Und deswegen gerade hat ein großes Unbehagen die Menschheit ergriffen mit der Form ihres Glaubens und Unglaubens. Dieses Unbehagen äußert sich in allen Tonarten von schärfster Ablehnung über gespielte Gleichgültigkeit bis zu dem leidenschaftlichen Versuch, den uralten heiligen Worten einen neuen Sinn abzugewinnen. Die Kirche selbst wird von Unruhe ergriffen und fühlt in den drängenden Bewegungen dieser Zeit, daß es lediglich mit der Verkündigung des Wortes und mit seinem Hören, daß es mit der Spendung der Sakramente und ihrem Genuß allein offenbar nicht mehr getan ist. Was früher Mittelpunkt der Lehre war, das scheint sich allgemach an die Peripherie des Christentums zu schieben. Ins Zentrum unserer Gedanken aber rükken die praktischen Forderungen der Nächstenliebe. In anderen Ländern verschließen sich dem die Kirchen und ihre Organisationen immer weniger.

Warum erst jetzt diese Entwicklung? Vielleicht, daß wir durch die hochfliegenden Gedanken der Apostel von allem Anfang an verführt wurden. Für ihre Zeit mag die spekulative Ausbildung der Lehre Christi recht gewesen sein, denn sie fand ja eine in der hohen Lebenskultur des Hellenismus erzogene Gemeinde. Wir aber sind ein Volk, das sich seit langem mehr und mehr barbarisiert. Deshalb scheint mir, daß wir allzu lange das Pensum der Oberprima des Christentums zu absolvieren versuchten, anstatt erst einmal das

Klassenziel der Sexta zu erreichen. Dort lernt man vor allem: christlich handeln. Die feineren Unterscheidungen kommen später.

Vielleicht hängt damit zusammen, daß die Kirchen fast nur noch bürgerlichen Zulauf haben. Das Zeitalter des Bürgers aber, des behüteten, des umfriedeten Bürgertums ist am Verrinnen. Eine neue Gestalt ist auf die Bühne der Weltgeschichte getreten: grau und einsam, trotz millionenfacher Wiederholung, steht der Arbeiter vor uns. Das ist nicht der unabhängige Bourgeois im Zylinder, der Konkurs machen kann, wenn die Geschäfte nicht gehen wollen. Es gibt keine Unabhängigkeit mehr im sozialen Bereich. Das Heer der Arbeiter ist abhängig von den großen Vorhaben der Welt, die nach Sozialismus drängt, weil anders der Bankrott der Menschheit nicht aufzuhalten ist.

Hier läge eine große Aufgabe der Kirchen. Der Sozialismus muß mit einer Religion christlicher Tatkraft innig verwoben werden, oder es wird in der zweiten Hälfte dieses Jahrhunderts eine moralische Eiszeit anbrechen. Schon haben wir uns daran gewöhnt, Wärme nur noch in Form von Explosionen und Brandbomben zu spenden.

Der Arbeiter wird freilich nicht an die Kirchentüren pochen. Die Kirche muß schon zu ihm kommen, sonst wird der Gesellschaftsbau, den die Arbeiter aller Länder mit ihren rissigen Händen errichten, etwas von der Härte und Lieblosigkeit ihres Tuns an Fließbändern und Fräsmaschinen bekommen. Sonst wird zum Schaden aller in unserem schlecht ausbalancierten Volk noch Schlimmeres geschehen, als schon geschehen ist.

Zündstoff ist genug da. Von dem Kelche, der an der großen Mehrzahl von uns nicht vorübergegangen ist, haben manche kaum genippt, einige gar nicht getrunken. Mit Glück und Pfiffigkeit haben sie das Ihre über die Stromschnellen der Zeit gebracht. Und nun sitzen sie triumphierend auf ihrer Habe und denken nur daran: Wie kann ich sie schnellstens mehren? Zugleich zittern sie aber doch vor den Enterbten und Verarmten. Sie sollten sich dieser Angst dadurch entledigen, daß sie freiwillig mithelfen, Not zu lindern, unter welcher Gestalt und wann immer sie auch an ihre Tür klopft.

Inmitten dieser Not ist es schwer, ein Wort des Trostes zu sagen. Mögen wir auch noch so überzeugt sein, daß die dunkelsten Tage vorüber sind, so wird uns doch der Gedanke an Trost heute allzu oft durch eins verbaut: durch die Bitterkeit unseres Gemütes. Diese Bitterkeit tut sich in den herabgezogenen Mundwinkeln und dem kurzen, harten Auflachen unserer Zeit kund. Sie herrscht da, wo einer fühlt, daß er versagt hat, und wo er es sich nicht einzugestehen wagt, weil er zu bequem ist oder auch zu feige, mit sich ins Gericht zu gehen. Wer hätte nicht in diesen letzten fürchterlichen Zeiten oft und oft versagt? Wer hätte nicht, um es deutlicher zu sagen, Konzessionen gemacht, sein Gewissen mißhandelt und seine Menschenrechte verkauft? Davon blieb der und jener schmerzhafte Stachel zurück in unserem Gemüt. Es entstanden Kammern verstockten Leides, aus denen kein anderer Ausweg zu führen scheint als in die Bitternis der Anklage gegen Zeit und Welt und Umstände. Solche Anklagen sind an die falsche Adresse gerichtet und fruchten gar nichts. Aber diese Verhärtung in der Bitterkeit macht Trost fast unmöglich und den Frieden mit uns selbst zu einer Illusion.

Vielleicht wird uns die Einsamkeit die Selbstprüfung erleichtern. Vielleicht, daß wir aus unserem großen Alleinsein die heilsamen und tröstlichen Kräfte entwickeln können, denen der Hader mit dem Geschick und die Bitterkeit der Gedanken einmal weichen müssen. Vergessen wir nicht, daß dem Einsamen zwei Helfer bleiben: die Zeit und ihre Schwester, die Geduld.

Die stille Bruderschaft der Einsamen, der Getrennten und Heimatlosen, ist in dieser Weihnacht so groß, daß fast ein jeder zu ihr gehört. Sie wird mit der Zeit dahinschmelzen, es werden weniger und weniger werden bis zur nächsten heiligen Nacht und schließlich bis zu jenem Zeitpunkt, da der Letzte unter uns wieder gefunden hat, was er sucht. Und wenn dann die Worte von der guten Botschaft erklingen und die alten Lieder gesungen werden, dann werden wir uns vielleicht der heutigen Weihnacht und unserer Einsamkeit erinnern und den Frieden, den wir dann mit uns geschlossen haben, datieren von diesen dunklen Zeiten. Mag uns auch heute noch ihr Sinn verborgen sein, dann werden wir die Worte enträtselt haben, die wir als Kinder so andächtig nachsprachen: Ehre sei Gott in der Höhe und Friede auf Erde den Menschen, die guten Willens sind.

Die Autoren

Hans Walter Berg, geboren 1916 in Varel, studierte an der Ann Arbor University, Michigan. Promotion zum Dr. phil. 1939 an der Universität München. Von 1952 bis 1967 lebte er als Asienkorrespondent deutschsprachiger Zeitungen und Rundfunkstationen (ab 1957 auch des ARD-Fernsehens) in Neu-Delhi, Indien, von 1967 bis 1971 in Hongkong. Anschließend ARD-Sonderkorrespondent. Hans Walter Berg ist Autor der TV-Dokumentarfilmreihen »Gesichter Asiens« und »Asiatische Miniaturen«. Buchveröffentlichungen: »Gesichter Asiens« (1983), »Indien – Traum und Wirklichkeit« (1985) und »Das Erbe der Großmoguln« (1988).

Rut Brandt, geboren 1920 bei Hamar in Norwegen, ging während der deutschen Besatzung in den Widerstand und mußte im Sommer 1942 nach Schweden fliehen. In Stockholm lernte sie Willy Brandt kennen. 1947 folgte sie ihm nach Berlin. Sie heirateten 1948 und bekamen drei Söhne. Die Ehe wurde 1980 aufgelöst. 1992 veröffentlichte Rut Brandt unter dem Titel »Freundesland« ihre Erinnerungen.

Leo Brawand, geboren 1924 in Hannover, studierte nach kaufmännischer Lehre und schwerer Verwundung als Infanterist in Rußland an der »Reichsaußenhandelsschule«. Nach Kriegsende unterrichtete er zunächst an einer privaten Handelsschule. 1946 war er als Redakteur an der Gründung der Zeitschrift »Diese Woche/Der Spiegel« beteiligt und übernahm das Ressort Wirtschaft. 1957 bis 1959 berichtete er für den »Spiegel« aus Bonn, während der »Spiegel«-Strauß-Krise war er Chefredakteur. Von 1971 bis 1981 stand er der Redaktion des »Manager Magazins« vor. Zahlreiche Buch- und TV-Veröffentlichungen; nächstes Buchprojekt: Rudolf-Augstein-Biographie.

CHRISTINE BRÜCKNER, geboren 1921 in Schillinghausen (Waldeck), ist seit 1954 freie Schriftstellerin und hat bis heute zahlreiche Romane und Erzählungen veröffentlicht u. a. »Jauche und Levkojen« (1975), »Nirgendwo ist Poenichen« (1979) und »Wenn du geredet hättest, Desdemona« (1983). Sie ist verheiratet mit Otto Heinrich Kühner und lebt in Kassel. Von 1980 bis 1984 war sie Vizepräsidentin des Deutschen PEN. Sie hat zahlreiche Auszeichnungen erhalten, u. a. 1991 das Bundesverdienstkreuz Erster Klasse.
Der Text »Kinder des Dritten Reiches« entstand 1985 und erschien zuerst in dem Band: Christine Brückner, »Hat der Mensch Wurzeln? Autobiographische Texte«, 1988.

IGNATZ BUBIS, geboren 1927 in Breslau, war während der Jahre 1941 bis 1945 im Ghetto Deblin sowie in den Zwangsarbeitslagern Deblin und Tschenstochau. Nach dem Krieg hielt er sich eine Zeitlang in Breslau, anschließend u. a. in West-Berlin und Dresden auf. Seit 1956 lebt er als Unternehmer in Frankfurt am Main. Zahlreiche ehrenamtliche Tätigkeiten, darunter seit 1992 Vorsitzender des Direktoriums des Zentralrates der Juden in Deutschland.
Das Gespräch mit Karl Corino, Leiter der Literaturabteilung des Hessischen Rundfunks, wurde im Mai 1995 in Frankfurt geführt.

AGNES MARIE GRISEBACH, geboren 1913 in Berlin, wurde Schauspielerin und heiratete 1936. Sie lebte zunächst in Rostock, dann auf der Halbinsel Zingst. Durch Scheidung, Krieg, Nachkriegswirren und Flucht in den Westen verlor sie Besitz und Existenzgrundlagen. Ihre vier Kinder und sich selbst ernährte sie allein, meist mit Büroarbeiten. 1988 veröffentlichte sie mit großem Erfolg ihr erstes Buch »Eine Frau Jahrgang 13«. Es folgten weitere Romane und Erzählungen.

ANTONIUS JOHN, geboren 1922 in Ahlen/Westfalen, ist Wirtschaftsjournalist und Honorarprofessor für Politikwissenschaften an der Universität Koblenz-Landau. Nach der Heimkehr als Artillerie- und Panzeroffizier aus dem Zweiten Weltkrieg war er ab 1948 Journalist für das *Handelsblatt* und den *Rheinischen Merkur* in Bonn. 1972 gründete er ein eigenes »Bonner Redaktionsbüro für Wirtschaft und Politik«. Von 1972 bis 1986 war er Sprecher des Deutschen Bauernverbandes und von 1978 bis 1990 Mitglied des ZDF-Fernsehrates. Er veröffentlichte zahlreiche Publikationen über historische, wirtschaftswissenschaftliche und wirtschaftspädagogische Themen.

HERMAN KALINNA, geboren 1929 in Düsseldorf, studierte Klassische Philologie und Theologie in Bonn, Tübingen, Paris und Genf. Er war von 1961 bis 1962 Studentenpfarrer in Seattle/Washington und von 1962 bis 1966 Pfarrer in Bad Godesberg. Von 1966 bis 1977 war er Oberkirchenrat im Büro des Bevollmächtigten des Rates der Evangelischen Kirche in Deutschland und anschließend bis 1994 Stellvertreter des Bevollmächtigten. Zahlreiche Publikationen, u. a. im »Evangelischen Staatslexikon« (1987) und im »Handbuch des Staatskirchenrechts der Bundesrepublik Deutschland« (1995).

ANNE ROSE KATZ, geboren 1923 in Schöneck bei Magdeburg. Abitur in Stuttgart, frühe Mutterschaft, spätes Studium (Theaterwissenschaft, Kunstgeschichte, Germanistik) in München. Neben ihrer Arbeit als Journalistin schreibt sie Bücher (zuletzt »Die Freiheit der späten Jahre«, 1995), Drehbücher, erotische Gedichte sowie Stücke und hat verschiedentlich Lehraufträge angenommen. Seit März 1995 moderiert sie im Bayerischen Rundfunk die Talk-Show »frank und frei«.

WOLFGANG LEONHARD, geboren 1921 in Wien, emigrierte 1935 in die Sowjetunion. Nach Studium in Moskau und zeitweiser Zwangsumsiedlung nach Nord-Kasachstan wurde er ab 1942 an der Komintern-Schule ausgebildet. Mit der Gruppe Ulbricht kam Leonhard 1945 nach Ost-Berlin. Aus Opposition gegen den Stalinismus floh er 1949 nach Jugoslawien und lebt seit 1950 in der Bundesrepublik Deutschland als Kommentator für Probleme der Sowjetunion und des internationalen Kommunismus. Von 1966 bis 1987 wirkte er zudem als Professor an der Historischen Fakultät der Universität Yale. Zahlreiche Buchveröffentlichungen, darunter: »Die Revolution entläßt ihre Kinder« (1955; Neuauflage 1990).

PETER LUDWIG, geboren 1925 in Koblenz, leistete von 1943 bis 1945 Wehrdienst und begann 1945 in Bonn mit dem Jurastudium. Ab 1946 studierte er in Mainz Kunstgeschichte, Archäologie, Vor- und Frühgeschichte sowie Philosophie und schloß 1950 mit einer Dissertation über das Menschenbild Picassos ab. Neben seiner Tätigkeit in der Wirtschaft ist Peter Ludwig als international bedeutender Kunstmäzen bekannt, der durch Schenkungen und Leihgaben zahlreichen Museen in aller Welt seinen Namen gegeben hat.

GÜNTHER NENNING, geboren 1921, lebt in Wien. Er ist Schriftsteller, Journalist und Fernsehmoderator. Von 1965 bis 1986 war er Herausgeber der Zeitschrift »Forum«, von 1960 bis 1985 Vorsitzender der Journalistengewerkschaft. Günther Nenning ist Mitbegründer der Grünen Partei in Österreich und Autor verschiedener Essaybände; zuletzt erschien »Mehr Opium, Herr! Rückweg zur Religion« (1995).

DIETRICH OPPENBERG, geboren 1917 in Essen, gründete 1946 die NRZ (Neue Ruhr Zeitung) mit starker Verbreitung im Ruhrgebiet und am Niederrhein. Als Herausgeber der NRZ hat er enge Verbindungen zu den bedeutenden Persönlichkeiten aus Politik, Wirtschaft und Gewerkschaften. Von Erwin Barth von Wehrenalp übernahm Dietrich Oppenberg 1982 die ECON-Verlagsgruppe und konnte ihr weitere Verlage angliedern.

RUDOLF PÖRTNER, geboren 1912 in Bad Oeynhausen, studierte Geschichte, Germanistik und Soziologie. Er ist Journalist (seit 1938) und Schriftsteller. Zu seinen zahlreichen Veröffentlichungen zählen erfolgreiche Bücher wie »Mit dem Fahrstuhl in die Römerzeit« (1967), »Die Wikinger Saga« (1971), »Mein Elternhaus« (1984) und »Kindheit im Kaiserreich« (1987).

LOTHAR SCHMIDT-MÜHLISCH, geboren 1938 in Finsterwalde in Mark-Brandenburg, studierte Philosophie, Politik und Theaterwissenschaft in Tübingen, Wien und Bonn. Er war von 1963 bis 1965 Fernsehspiellektor im WDR, anschließend Journalist beim *Bonner Generalanzeiger,* der *Kölnischen Rundschau* und der Zeitschrift *Esprit.* 1971 bis 1973 war er Direktor des Bonner Theaters im Bonn-Center und ist seither bei der *Welt* Chefkorrespondent Kultur. Zu seinen zahlreichen Veröffentlichungen gehören unter anderem

»Affentheater« (1988) und »Glück ist, wenn man trotzdem lächelt« (1994).

WILHELM SCHNEEMELCHER, geboren 1914 in Berlin, studierte Theologie. Er war von 1945 bis 1949 im Kirchendienst. 1949 habilitierte er in Göttingen für das Fach Kirchengeschichte. Ab 1954 war er ordentlicher Professor für Neues Testament und Kirchengeschichte in Bonn, 1967 bis 1968 Rektor der Universität. Von 1982 bis 1985 war er Präsident der Rheinisch-Westfälischen Akademie der Wissenschaften in Düsseldorf.

INGE SCHOENTHAL FELTRINELLI, geboren und aufgewachsen in Deutschland, zog 1960 nach Mailand. Als Fotoreporterin interviewte sie u. a. Hemingway, Picasso und Simone de Beauvoir. Seit 1972 ist sie Präsidentin des italienischen Verlages Giangiacomo Feltrinelli. 1986 wurde sie zum »Chevalier de l'Ordre des Arts et des Lettres de la République Française« ernannt und erhielt 1991 von der Universität Ferrara den Ehrendoktortitel in Pädagogik.

THEO SOMMER, geboren 1930 in Konstanz, Abitur 1949 in Schwäbisch Gmünd, anschließend Studium der Geschichte und Politischen Wissenschaften in Tübingen und in den USA. Promotion zum Dr. phil. Von 1967 bis 1970 Lehrauftrag für politische Wissenschaften an der Universität Hamburg. 1969/70 war Theo Sommer Leiter des Planungsstabes im Bundesministerium für Verteidigung unter Helmut Schmidt. Seit 1958 ist er als Journalist für die Wochenzeitung »Die Zeit« tätig, deren Chefredakteur er von 1973 bis 1992 war. Seitdem ist er Mitherausgeber des Hamburger Wochenblattes. Zahlreiche Buchveröffentlichungen, zuletzt als Herausgeber des Bandes »Reise ins andere Deutschland«, 1986.

EUGEN STAMM, geboren 1919, studierte nach acht Jahren Arbeits-, Wehr- und Kriegsdienst sowie Kriegsgefangenschaft Geschichte, Politische Wissenschaft und Soziologie. Promotion zum Dr. phil. Von 1959 bis zum Eintritt in den Ruhestand war er zunächst Referent und zuletzt stellvertretender Leiter der Landeszentrale für politische Bildung in Nordrhein-Westfalen. Zahlreiche Veröffentlichungen zur politischen Bildung, vornehmlich zu Fragen der Ost-West-Beziehungen, des Föderalismus und auch der modernen Kunst.

KLAUS STEILMANN, geboren 1929 in Neustrelitz, Mecklenburg, flüchtete 1946 aus der sowjetischen Besatzungszone. Nach Lehre und Abitur an der Abendschule arbeitete er einige Jahre in seinem Beruf als Einzelhandelskaufmann in der Damenkonfektion. 1958 gründete er die Klaus Steilmann GmbH & Co. KG. 1992 war Klaus Steilmann aufgrund seines umwelt- und industriepolitischen Engagements Mitglied des Club of Rome. Er wirkt als Sponsor und Initiator vieler wissenschaftlich-kultureller Leistungen, besonders im sportlichen Bereich.

GYULA TREBITSCH, geboren 1914 in Budapest, wurde 1945 aus dem Konzentrationslager Wöbbelin befreit. Nach der Entlassung aus dem Krankenhaus leitete Gyula Trebitsch in Itzehoe zwei Kinos. 1947 kam er nach Hamburg und wurde Gesellschafter und Produktionsleiter der Real-Film GmbH. 1959 gründete er das Studio Hamburg, das sich zu einer der größten Film- und Fernsehproduktionsstätten Europas entwickelte. Er produzierte über 100 Filme, darunter »Des Teufels General«, 1955; »Der Hauptmann von Köpenick«, 1956; »Die Geschwister Oppermann«, 1982. Er ist heute Ehrenvorsitzender der Trebitsch Produktion Holding GmbH & Co. KG und geschäftsführender Gesellschafter der Gyula Trebitsch Produktion und Consulting KG.

MICHAEL VERMEHREN, geboren 1915 in Lübeck, als Sohn einer urhanseatischen Familie. Studienverbot wegen »politischer Unzuverlässigkeit«. Folglich vier Universitäts- und Ausbildungsjahre in England. Kehrte vor Kriegsausbruch nach Deutschland zurück, überstand mit großem Glück die gefährlichen nächsten Jahre, schließlich sogar das KZ. 1947 ging er nach Südamerika, wo er nach einer wechselvollen, recht bunten Anlaufzeit Korrespondent der »Windrose« wurde, dem weltweiten Reporternetz seines Freundes Peter von Zahn. In gleicher Eigenschaft übernahm ihn das ZDF, von dem er 1969, als das Ende der iberischen Diktaturen in Sicht war, nach Madrid versetzt wurde. Heute, als Pensionär, pflanzt er Pinien in Andalusien.

HANS-JOCHEN VOGEL, geboren 1926 in Göttingen, studierte nach Kriegsdienst und Gefangenschaft (1943 bis 1945) in München und Marburg Rechtswissenschaften. 1950 Promotion und Eintritt in die SPD. Von 1960 bis 1972 war Hans-Jochen Vogel Oberbürgermeister der Stadt München, von 1970 bis 1991 Mitglied des SPD-Bundesvorstandes, von 1972 bis 1987 auch Mitglied des Präsidiums und 1987 bis 1991 Parteivorsitzender. Er gehörte von 1972 bis 1981 und von 1983 bis 1994 dem Bundestag an, war 1983 bis 1991 Fraktionsvorsitzender und hatte u. a. die Ämter des Bauministers und des Justizministers inne.

PETER VON ZAHN, geboren 1913 in Chemnitz, studierte Geschichte in Jena und Freiburg. Nach kurzer Tätigkeit in einem Verlag war von 1939 bis 1945 Soldat. Ab 1945 war er

Leiter der Wortsendungen des NWDR, von 1951 bis 1964 Rundfunk- und Fernsehkorrespondent in Washington, seitdem Geschäftsführer der Windrose-Filmproduktion bzw. Anatol AV- und Filmproduktion. Er ist Autor, Regisseur und Moderator zahlreicher Fernsehsendungen, Zeitschriftenkolumnist und als Buchautor zuletzt in Erscheinung getreten mit seinen Erinnerungsbänden »Stimme der ersten Stunde« (1991) und »Reporter der Windrose« (1995). Den Text »Die Bruderschaft der Einsamen« sprach Peter von Zahn am 24. Dezember 1945 als Kommentar im Nordwestdeutschen Rundfunk; abgedruckt in: Nordwestdeutsche Hefte, Hamburg 1946.